誰が日本に罪を着せたのか

島根大学名誉教授
平山　修

桜の花出版

はじめに

本書は戦後教育によって真実の眼を奪われた日本国民に向けた著者の遺言である。

著者の平山修氏は、17歳で終戦を迎えた。戦争中、病床にあった氏は、戦地を体験することなく、国内で戦況を見守っていた。その後、氏を次々とショックが襲った。昭和20年8月7日、広島に原子爆弾が投下され同級生を失った「原爆ショック」、続く15日の「敗戦ショック」そして、それまでの価値観の崩壊が崩壊した、戦後の「国家不信のショック」。

これは、この時代を生きた日本人の誰もが、多かれ少なかれ体験したことに違いない。この経緯は、あとがきに詳しい。

氏は、戦後はずっと食品分野の研究一筋に人生を歩いてこられた。

戦後から70有余年、日本は奇跡の復興を遂げ、戦争のことなど知らない世代が大半となった。しかし、日本は未だ、様々な点で敗戦の悪影響からいまも脱け出せていないのが現実である。敗戦によって勝者から植え付けられた嘘の歴史と、それに対する贖罪意識から、いまだに日本人は抜け出せず、真の独立国たり得ていない、と氏は日本の未来を愁えている。

氏は、人生の終盤にさしかかり、癌と闘いながら、心残りであった日本の近現代史を見直すという仕事にとりかかった。書籍やインターネットの最新情報なども活用しながら、国民に分かり易くまとめようとされている。その底辺には、著者の実体験―当時接していた人々、時代の空気、マスコミなどからもたらされる情報―がある。一つ一つ照らし合わせながら、なるべく客観的にまとめようと腐心(さ)れている。

氏は、最期まで本稿に手を入れられたが、残念ながら9月に逝去され、確認できないままとなった事柄もある。著者の意志を継ぎ、できるだけ尊重する形でまとめたのが本書である。読者諸氏には、著者の言わんとする真意をお汲み取り頂き、本書を歴史的事実を知るきっかけとして頂ければ幸いである。

日本国民が歴史の事実を学ぶことによって、戦後から脱け出し、真の独立国へと歩み出すことが、著者の何よりの願いである。その思いが多くの読者に伝わることを願って已まない。

平成二十八年十月

桜の花出版編集部

誰が日本に罪を着せたのか　●目次

第1章　西欧列強のアジア進出と日本の近代化

第1節　大航海時代から植民地獲得競争時代へ

15世紀、ポルトガルやスペインなどの海洋国家によって大航海時代が始まった。それまでヨーロッパの人たちは、アジアの貴重な物産をアラビア商人を経由して買っていた。しかし、アフリカ南端の喜望峰を迂回してインド洋に到る航路が発見されると、この航路を経て必要な物産を直接入手できるようになり、貿易が一段と盛んになってきた。ところが西欧列強は単なる貿易にあきたらず、南・東南アジアの富を独占するために、次第に軍事力を用いて植民地支配をするという、侵略競争に変わっていった。最初スペイン、ポルトガルがキリスト教の布教という名目で略奪の限りを尽くし、これに続いてオランダ、イギリス、フランスが世界各地への植民地獲得競争に奔走した。

第2節　西欧列強のアジア侵出

イギリスは１６００年インドに侵出し始め、度重なる征服戦争を繰り返してついに全インドを征服した。ついでビルマに対する戦争を開始し（１８２４年）、１８８６年には完全に支配した。さらにマレー半島を植民地化して海峡植民地を形成した（１８９５年）。また、オランダはインドネシアのほぼ全域をオランダ領東インドとして植民地化した（１９０４年）。フランスは、インドシナ半島東部に侵出し、カンボジア、ベトナム、ラオスを植民地化し、フランス領インドシナ連邦をつくった（１８８７年）。ロシアは早くから極東侵出を試み、１７０７年にはカムチャッカを占領し、１７４０年前後にはアラスカ半島やアリューシャン列島を手に入れた。さらに、日本海にウラジオストック港を築き、清国の満州や遼東半島に侵出していた（１８９８年）。アメリカは、遅ればせながら、前征服者スペインを駆逐して、フィリピン、ハワイ、グアムを獲得した。

このように、西欧列強は東南アジアの各国へ侵出し、征服と植民地化を繰り返し、資源の略奪と搾取を続けた。19世紀になると欧米各国のアジア侵出はさらに激しさを増し、列強の植民地獲得競争は日本の周囲にも迫ってきた。

第3節　清国への列強侵出

19世紀初頭の中国（清）では、各軍閥が血で血を争う抗争を続け、内乱と騒乱に明け暮れて史上最悪の内戦国家となっていた。西欧列強はこれにつけ込んでたちまち清国への侵略を始めた。まず、イギリスは清国に貿易を強要し、茶、陶磁器、絹を大量に輸入した。しかし、イギリスはその代わりとなる輸出商品を欠いていたので、代価として大量のアヘン（麻薬）を清国に売りつけようとした。清国がこれを拒否すると、イギリスは圧倒的な軍事力をもって清国を叩いた。これが有名なアヘン戦争である。

その結果、清国は無理やりに開国させられ、香港の割譲をものまされた。さらに、イギリス・フランス連合軍は清国に対して第二次アヘン戦争（アロー戦争）を起こし、開港および公使の駐在を認めさせた。

同様な侵攻はロシア・アメリカによっても行なわれ、不平等な契約を次々と強要された。このように清国は、西欧各国の餌食となり、国内の各地が無残に蹂躙《じゅうりん》される結果となった。

第4節　ペリー来航と日本の近代化

17世紀から19世紀の日本は徳川の封建制国家で、キリスト教の影響を恐れて鎖国状態をとり、外国との交流を禁じていた。この泰平の世の夢を破ったのがペリー来航（１８５３年）である。ペリー艦隊は強力な大砲で脅しながら開国を日本に迫ってきた。ペリー来航は捕鯨船団の補給基地を確保することを表面の目的としていたが、実はアメリカは以前から中国大陸を狙っており、その足固めとして日本に接触してきたのである。中国は既に列強の餌食になっていた。

高杉晋作がたまたま観光で上海へ行き、当時の上海を見て次のように書いている。「中国人のほとんどは外国人の召使いのようだ。英仏人が街を歩けば、中国人は傍らに寄って道を譲る。上海は中国の領土だが、英仏の完全な植民地になっていた」と。このような近隣国の状態は、早晩日本も同じ運命をたどるだろうと、強い危機感を感じさせた。したがって、ペリーと交渉をした幕府は、やむなく開港を決心し、不平等条約をのむに至った。

しかし、日本は列強による国の危険をさとり、勇敢に立ち上がったのである。戊辰戦争を経て幕藩体制を倒し、ついに明治維新の大改革をやり遂げた（１８６８～１８８０年）。当時、幕府側と倒幕側が外国の支援を受けて争えば、列強に乗っ取られる危険性は十分にあったと云える。しかし、その危険を見事避け、西洋文明を取り入れ、富国強兵に努力し、世界列強に伍するべく近代国家を見事造り上げたのである。

当時、東京にいた外国人によると、ヨーロッパで明治維新のような大改革を断行したら、血で血を洗う大惨事になったであろうと。しかし、日本では反乱は起きなかった。藩主以下、武士たちは天皇の布告に従い、刀を捨てて町民になり、近代国家としての基礎を固めていった。この背景には、先見の明ある数多くの指導者が己を捨てて大活躍したからである。明治維新は、実に、世界に例をみない「無血革命」による大飛躍だったのである。

このおかげで日本は列強の侵略から国を守ることができたのである。当時、アジアの諸国の中で最後まで西欧列強の毒牙にかからなかったのは、日本とタイのみであった。明治維新の先輩たちの英知と努力はまさに敬服に値するものであり、日本人の誇りである。

第2章　日本近隣国の覚醒

第1節　朝鮮の独立を求めた日清戦争

明治維新の改革後、日本の周辺では西欧列強による武力進出の脅威が激しさを増していた。日本にとって最大の脅威は、ロシアの極東での南下・侵出であった。17世紀末に太平洋岸に到達したロシアは、カムチャツカ半島を領有し、ウラジオストックに港を開き、朝鮮を植民地にする野望をみせていた。もし、朝鮮がロシアの勢力下におかれれば、日本列島はまさに風前の灯であった。このロシアの脅威に対抗するには、朝鮮が近代化され、日本の友好国になって、ともに防衛することが望ましいと日本は願っていたのである。

当時の朝鮮は１０００年近く中国（清国）に服属してきたが、清国自身が既に老いて西欧列強に抵抗する力を失っていた。朝鮮は宗主国の清国の存在のみにとらわれ、世界の大勢や迫りくる列強の脅威を予知することなく、国内は旧態依然として混迷状態にあった。列強の脅威を強く自覚した日本は、共同防衛を進めるため朝鮮に度々交渉を求めた。しかし、当時の朝鮮は中国を世界の中心とみる「中華思想」を信じ、日本人をむしろ軽蔑していて、明治新政府を相手とせず、呼びかけをすべて拒否した。

ところが、1875年日本の艦船が朝鮮の領海を航行中、朝鮮から砲撃をうけ、日朝間の武力衝突が起きた（江華島事件）。日本政府はこの事件の賠償を要求するという名目で、使節団を載せた軍艦を送り込み、1876年に日朝修好条規（江華条約）を結んだ。

日朝修好条規の締結後、朝鮮は開国し、日本は公使館を設けて内政改革の支援を進めた。ところが、宗主国である清国からの強い干渉があり、日清間の対立が激しくなってきた。日本は日・清両国が共同して朝鮮の改革を助けようと提案したが、清国はこれを拒否した。日本は遂に意を決し朝鮮から清国の勢力を排除するため、宣戦を布告した（日清戦争、1894～1895年）。欧米は日本の敗北を予想していたが、戦闘は日本軍の優勢のうちに進んだ。日本軍は平壌会戦と黄海海戦で勝利し、遼東半島へ侵攻した。そして翌年には山東半島に進出し、澎湖島を占領した。

清国は降伏し、1895年4月下関条約が結ばれた。内容は、①朝鮮を完全な独立国として認める、②遼東半島・澎湖諸島・台湾を日本へ割譲する、③賠償金2億両を支払う、などである。この戦争で朝鮮は独立し、大韓帝国と改名した。

ところが、この日清戦争は、アジア侵出をめざす列強、特にロシアを強く刺激した。講和条約締結の6日後、ロシア、フランス、ドイツは「東洋平和のため」という口実で日本に遼東半島の還付を勧告してきた。いわゆる三国干渉である。しかも、この干渉は武力の威圧のもとに迫ってきたのである。日本は、三大強国を相手にする軍事的、財政的余力がなかったので、涙を飲んでこれを受諾し、遼東半島を清国に返還した。

清国は三国干渉のお蔭で日本から遼東半島を取り戻すことができたのである。しかし、それも束の間、直ぐにロシアによって租借地として奪われた（1898年）。さらに膠州湾はドイツにより、広州一帯はフランスにより租借地として占拠された。三国干渉に参加していないイギリスまでも九龍半島・威海衛《いかいえい》を租借地として強奪した。

日本が三国干渉に屈したため、朝鮮政府内では「日本より強いロシアに依存する方が良策である」と云って、親ロシア派が急速に台頭してきた。ロシアはすかさずこの動きをとらえて、朝鮮北部の龍岩浦を手に入れて軍港にし、さらに南下して朝鮮北部までも手に入れようと動いてきた。このように、ロシアは侵略本能をまる出しにして、満州や朝鮮を狙って南下政策を着々と進めてきたのである。

第2節　ロシア軍の横暴と日露戦争

1・義和団事件

１８６０年来、清国には外国人宣教師が多く入り、治外法権のもとに横暴に振る舞ったので、中国民衆との紛争が頻発するようになった。これに怒って中国の民衆が全国で立ち上がり、とくに義和団が中心となって欧米勢力を排除しようとして反乱を起こした（１９００年）。いわゆる「義和団事件」である。

最初清朝は義和団の鎮圧にあたっていたが、義和団の激しい排外運動の勢いをみて、義和団の味方になり、列国に宣戦布告をした。これに対応して列強（ロシア・イギリス・アメリカ・フランス・ドイツ・イタリア・オーストリア・日本の８カ国）は、一般居留民の保護を名目に２万の兵を共同出兵した。この種の「軍の外国派遣」は日本にとって初めてであり、今日のＰＫＯの前身ともいえる。連合軍はたちまち天津および北京を占領し、清朝は降伏して、外国軍の北京駐屯をも認めた。ところが、派遣された各国の軍隊は暴動を鎮めるだけでなく、民衆を虐殺し略奪して市民の生活を脅かした。

この中で中国人たちを驚かせたのは、日本の軍隊であった。北京を平定して入城した日本軍は、規律が厳しく、末端の兵士に至るまで非行をする者がいなかったのである。これは北京市民にとって有史以来初めて見る経験であると、驚嘆したという。

義和団事件が沈静化した後、各国の軍隊は中国から撤兵していった。しかし、ロシアのみは派遣軍を満州に留め、朝鮮国境に砲台を建設し、さらにシベリア鉄道で兵や軍需品を輸送して、三国干渉で奪い取った遼東半島の旅順を要塞化していったのである。このロシアの露骨な南下政策を目の当たりにして、日本は強く屈辱の憤怒を燃やし、危機意識は極度に高まった。日本はこのロシアの南下政策をくいとめるため、度重なる交渉をもったが、ことごとく決裂し、戦争を避けることはできなかった。

２・日露戦争

当時、ロシアは世界最強の陸軍と強力な艦隊を持つ軍事大国であり、日本のような小国が戦争をしかけても決して勝てる相手ではなかった。しかし、日本は自衛のため国運を賭して勇敢に立ち上がり、ロシアに宣戦を布告したのである。ただしこの陰には、同盟国のイギリスやアメリカがともにロシアの極東アジア南下を警戒し、日本への支持表明をしてくれたことがある。この戦争は短期決戦でしかもいかにして有利に終わらせるかが重要であった。

戦場になったのは中国と満州の地である。日本陸軍は苦戦の末、やっと旅順を占領し、ついで奉天会戦に見事勝利した。旅順攻略は予想以上の大激戦となり、両軍は双方３〜４万という膨大な犠牲者をだした。ロシアは劣勢を跳ね返すため、バルト海からバルチック艦隊を派遣してきた。しかし、日本の連合艦隊はこれを日本海海戦で完膚なきまでに撃滅した。世界の海戦史に残る驚異的な大勝利を収めたのである。

日本海海戦の勝利を好機とみて、アメリカ大統領が仲介に乗り出し、ロシアとの講和交渉（ポーツマス条約、１９０５年）が締結された。ポーツマス条約の内容は、①日本の韓国に対する保護権を認める、②遼東半島の租借権と南満州鉄道および沿線の利権を移譲する、③ロシアの南樺太を日本に譲る、という内容であった。

勿論②は清国も承認した移譲であった。ただ、ロシアからの賠償金はなく、日本国内ではこれを不満として暴動までも起こる始末であった。実は、勝ち戦であったが日本側はあまりにも膨大な犠牲を払う結果となったのである。ただ、短期決戦で終わったことは日本にとって実に幸運であった。日露戦争の終盤では日本の国力は限界にきており、奉天会戦後退却するロシア軍を追撃するだけの弾薬が、日本軍には残っていなかったのである。しかも、20億円近い戦費の45％はイギリスとアメリカから借りていた始末で、日本はこれ以上の戦争は到底継続不可能であった。

幸いなるかな、敵方のロシアも、１９０５年1月に国内が共産革命に突入し、専制君主政治に反対する民衆のデモ、労働者のストライキ、農民の蜂起などが起こって、戦争の継続は不可能になっていたので、講和条約が成立したのである。

３・日露戦争勝利の効果と日本留学

日露戦争における日本の勝利は世界の人々を驚かせ、驚異をもって称賛された。黄色人種の日本が初めて戦争で白人の大国ロシアに勝利したからである。特に、列強に侵略され植民地の束縛に苦しんでいたアジア・アフリカの諸民族は、計り知れぬ希望と勇気を与えられたのである。「アジア人でも白人に勝利することができるんだ」と大いに感動したという。

近代中国の建国の父といわれた孫文も、「日本の勝利は列強侵略に苦しむ有色人種に民族独立の自覚を与え、ナショナリズムを急速に高めた」と称賛した。中国の若者は日本の近代化、そして強い国力に感動し、日本への留学熱が異常に高まった。孫文をはじめ多くの中国青年が日本へ留学し近代文明を学んだ。留学を通じて啓蒙された青年たちは、中国へ帰国し、やがて中国の革命に走った。彼らは辛亥《しんがい》革命を起こし、中国に近代的国家の流れを誕生させたのである。詳細は第３章に述べる。

他方、日本による日露戦争の勝利はインド人にも影響し、「ヨーロッパ人がアジア人に対して絶対的優位であるという神話」を無くさせた。「インド人も民族的自信を持って闘うべきだ」と主張し、インド国民会議派による反英運動が一層活発化した。この雰囲気の中で、アジア各国から若者が日本留学をする運動が一時燃え上がった。

第3節　日韓併合

朝鮮との関係から、この流れを再度見てみよう。

日清戦争で勝利した日本は、1000年も清の属国であった朝鮮を独立させ、李氏《りし》朝鮮を大韓帝国と改名した。以前、ロシアは三国干渉によって、日本が日清戦争で得た遼東半島を還付させせた。これを見て韓国内のロシア派が台頭し、ロシアも満州へ出兵して朝鮮に迫ってきた。このロシアの南下を抑制するため、日本は遂に立ち上がり、日露戦争を決意した。幸い日本は日露戦争に勝利し、韓国内におけるロシアの脅威が無くなった。すると親日派が多くなり、韓国は様々な権利を日本に委譲するようになった。そして日本の保護国となり、続いて明治43年（1910年）韓国側の懇願によって日韓併合が進められたのである。

この日韓併合に関して、韓国側は、「日本は武力でもって反対を押し切り合併を強行した」と強く非難し、今日でもしばしば問題となる。しかし、事実は決してそうではない。このあたりの事情については第12章2節を参照してほしい。

第３章　日中交流は中国改革と反日を呼ぶ

第１節　中国人の日本留学と中国革命

中国の愛国者たちは、清国が日清戦争で敗退したことをこの上ない恥辱と感ずると同時に、日本における明治維新改革と富国強兵の成果に驚嘆し羨望していた。さらに、中国の若者の間では、日本改革の経験を学び、日本を通して西洋文化を吸収することが国難を救う策である、と考える人が多くなっていた。そして日清戦争が終わる頃から、中国の若者は日本へ大挙留学するようになった。日本政府も中国の近代改革を支援するため、積極的に留学生を受け入れ指導した。したがって、中国人留学生は増加の一途をたどり、日露戦争が終わる頃がピークとなり、１９０６年頃には約２万人にも達したという。他方、日本における「清国熱」もますます高まり、教育、軍事、外交、法政、農業の顧問など様々なジャンルの日本人専門家が、清国へ渡り指導に当たった。まさに、清朝末期は日中両国が蜜月ともいえる極めて良好な関係であった。

日本へ留学してきた中国青年は修学後帰国し、それぞれの立場で中国革命の狼煙《のろし》を上げ、いわゆる辛亥革命を起こした。なかでも孫文はその中心人物であり、「中国革命の父」とも云われた。孫文の後を引き継いで国民党のリーダーとなったのは蒋介石であるが、彼も日本で軍事を勉強した人物であった。また、日本で学び中国を覚醒すべきだと決意して帰国した魯迅、蒋介石の元で働き後に袂を分かって日中和平の道を探った汪兆銘、そして毛沢東の元で外交を担当し日中国交回復にも大きな役割を演じた周恩来なども、日本で勉強した留学生であった。

第2節　中国革命の台頭・辛亥革命《しんがいかくめい》

1636年の建国以来、200年以上続いた清王朝は、次第に政治の腐敗・疲弊が目立ち、18世紀後半には農民層の反乱や、西欧列強の侵略が清国内で頻発した。1840年にアヘン戦争で清国が大敗すると、列強の中国侵出は益々激しくなった。さらに、日清戦争で日本に敗れると清政府の信頼は急落し、列強のさらなる領土侵略を促すことになった。かつて、西欧列強の排外運動を行なう義和団が活躍したが、これはかえって列強に軍事介入の口実を与えることとなり、北京の紫禁城まで連合国軍に蹂躙される事態になった。ここにきて、清王朝はようやく近代化の必要性に気付き、積極的に諸外国の文化や軍事技術を取り入れるため、若い世代を海外（日本や西洋諸国）に留学させ、改革へと踏み出した。その総指揮を任されたのが、袁世凱《えんせいがい》であった。

清王朝の支援を受けて外国に留学した若い革命家たちは、帰国後何をなすべきかを考え悩んだ。彼らは、民族の自立と国の近代化を進めることが肝要であり、旧体制を打倒して共和政体を誕生させることが必要であると、考えるようになった。その結果、清朝（西太后）から未来を託されて留学した若者たちの革命の目標は、皮肉にも、恩義ある清朝を滅ぼすことであった。なかでも孫文は、民族・民権・民生という「三民主義」を打ち出し、14省を征服し清朝（１６１６年の後金《こうきん》成立～１９１２年）から独立して中華民国建国の宣言をした。自ら臨時大総統となり、他の多くの革命家たちを奮起させ、中国各地に清国打倒の革命軍を蜂起させた。これが所謂《いわゆる》「辛亥革命」（１９１１年）である。

しかし、革命軍と清軍とは一進一退の攻防を繰り返し、混迷を極めた。孫文は、このまま混乱を続けると列強から武力介入されることを恐れ、思い切った策をとることにした。すなわち、清朝軍の将であり北洋軍閥の長でもある袁世凱と交渉し、「清朝を交渉で滅亡させれば、自らの大総統の座を譲る」と破天荒な提案をしたのである。袁世凱は鋭意清王朝と長期間の交渉を重ね、約束どおり清王朝の皇帝（宣統帝）を退位させ、清朝を崩壊させることに成功した。３００年近く中国を支配してきた清朝はここに戦争ではなく交渉で滅亡したのである。

清朝が滅んだのち、袁世凱が新政権をたて、「中華民国」というアジア初の共和国を誕生させた。ところが、袁世凱は、再び独裁政治を行なうようになり、革命派勢力を圧迫した。約束を破られた孫文は、再度立ち上がり、国民党を結成して袁世凱と闘った（第二革命）。しかし、反袁世凱軍は対抗するほどの力がなく、逆に鎮圧された。袁世凱は、１９１３年10月、正式な大総統となり、日本、ロシア、イギリス、フランスなどの主要国は「中華民国」を中国の正統な政府として承認した。

革命の父と云われた孫文は、広東で旗揚げして「辛亥革命」を成功に導き、君主制を廃止して、共和制国家の中華民国を成立させた。孫文は三民主義を基本理論とし、満州族である清王朝を打倒して民族の独立を達成し、西欧列強による植民地政策から脱出し、漢民族と少数民族の平等を目指すという、五族共和の理念を実現することを目的としていた。辛亥革命が半ば成功した陰には、物心両面にわたる日本人の多大な援助があったからである。中でも、宮崎滔天《みやざきとうてん》、梅屋庄吉、山田純三郎らは、孫文の純粋な人間性に惹かれ孫文の理想に共感し、物心両面の支援をした。彼らは、日本と中国が手を携えて、西欧列強に踏みにじられてきたこのアジアを、新時代に向かわせるという大きな夢を描いていた。孫文が一生を夢に捧げ、道半ばにして他界したことは極めて残念であった。

第3節　対華「二十一カ条要求」問題と抗日

中国では辛亥革命が起こり、清国が崩壊して中華民国となり、政権は袁世凱《えんせいがい》へと移っていた。当時、中国は革命の芽が芽生え始め、対外的に中国の国益を強く訴えるようになっていた。

１９１４年に欧州では第一次世界大戦が勃発し、ドイツ側と英仏側とに分かれて戦争を始めた。日本は日英同盟に基づいてドイツに宣戦を布告し、中国におけるドイツの租借地（膠州湾や青島《チンタオ》等）を占領した。

日本が日清・日露戦争で得た満州における権益は、清時代に約束されたものであり、その当時の袁世凱政府（中華民国）と約束を再確認する必要があった。そこで、日本政府は袁世凱政権に対し「二十一カ条要求」の外交書を提出した。日本政府がなぜ、中華民国に、相手国の主権を侵害するような露骨な要求書を、しかも西欧列強が第一次世界大戦で中国を顧みる余裕のないときを狙って提出したのか、いまから思えば不可思議な点が数多くある。最近、その背景や経過が明らかになり、真相がつかめるようになったので、内容を簡単に説明しておく。

「二十一カ条要求」は1915年に日本の大隈重信内閣が袁世凱政権に対して提出した外交書類である。内容は、①山東省におけるドイツ権益の継承、②旅順・大連と満鉄・安奉鉄道の租借期限の延長、③中国最大製鉄会社の日中合弁化、④中国沿岸の港湾や島を他国に割譲しない、⑤日本人を、政治、財政、軍事顧問として中国政府に招くこと、などであった。この書類の要点は、実は、孫文が日本に革命の支援を得るため計画していたものと同じであり、当時の中国側の希望でもあった。

しかし、問題は交渉相手の袁世凱が世紀の狡猾な男だったということで、日本政府は彼の大博打に引っかかったのである。孫文の推測によると、袁世凱が中華民国大総統の座を無事射止めたので、これを国際的に公示し、同時に中国が日本に脅迫されていることを知らしめ他国の同情を得ようとした、自作自演の策略であったのだという。

記録によると、この日華交渉は4カ月もかかり、中国側が度々要求を出し、それを日本側は受け入れ、何カ所も修正を繰り返したという。しかも、中国側は「…の要求」という、わざと威張った横柄な外交公文書名にすることを要望し、日本側もやむなくこれを受け入れて完成し、調印した。この経過を見ても、袁世凱が企図し、望む形の外交公文書を日本に仕上げさせたことは、容易に想像できる。こうしてでき上がった対華「二十一カ条要求」は、その後いかなる運命をたどったか。

袁世凱は、この「二十一カ条要求」を「日本から無理やりに押し付けられた」といって国内外に発表したのである。日本政府は中国の民衆からもまたアメリカ政府からも厳しく非難され、日本外交に一大汚点を残すことになったのである。

６章で述べているように、この「二十一カ条要求」は中国側の提案で国際連盟のパリ講和会議およびワシントン会議の議題にとりあげられた。袁世凱は、日華条約（交渉の末、日本側が二十一カ条から十六カ条に譲歩し中国が受諾したもの）は日本に脅迫されて締結したものであると主張し、本条約の撤回を要求したのである。会議でアメリカは直ちに中国支持を表明し、日本に対し猛烈な非難攻撃をしかけてきた。「日本は第一次世界大戦のどさくさにまぎれて、不当な要求を中華民国に押し付け、無理やりに受諾させた」と、強く非難した。日本は、やむなく対華「二十一カ条要求」の内容の一部を撤回し、「山東半島の領土権」の中国返還を承認したのである（第６章３節参照）。

当時の中国知識人は、日清・日露戦争に勝利した近代国家の日本を尊敬し支持していた。しかし、対華「二十一カ条要求」問題が公開されると、「日本は横柄だ」、「日本に裏切られた」という感じを受け不信感を持つようになったという。北京では学生を中心とする大規模な反日デモが起こり、これは全国的に広まって、いわゆる「五・四運動」（排日運動）となったのである。

先に書いたように直前の中国と日本との関係は実に良好な蜜月関係であった。しかし、この「二十一カ条要求」問題を契機として、中国進出の外人に対する中国民衆の反発が高まり、「反植民地主義」、「中国支配者の排除」の動きが盛り上がってきた。イギリス・アメリカ、特にイギリスは早くから中国に侵出し略奪してきたのに、中国の民衆の流れをいち早く察知して政策変換して親中国的となり、いままでの罪を反日運動へと収斂させていったのである。強硬外交と軟弱外交に対する中国人の反応をよく知った巧妙な策略である。

この「二十一カ条要求」問題は、これ以後の満州をめぐる日中間のトラブルを増大させるきっかけともなり、「満蒙問題」は歴代の日本政府を深く悩ませることとなった。しかも、中国のこの排日運動の背景には既に対中国政策を変換させたアメリカ・イギリスの支援があり、「満蒙問題」は日中問題から日米問題へと変わりつつあったのである。「二十一カ条要求」問題は袁世凱の策略に乗せられた、まさに日本外交に大きな汚点を残した一大失策であった。

現在、中共政府は、袁世凱が「二十一カ条要求」を受諾した日（5月9日）を、「国恥記念日」として中国の人々に記憶させている。

第4節　北伐軍による虐殺事件

1・北伐軍と「第一次南京事件」、「漢口事件」

辛亥革命で清朝が滅んだ後、袁世凱が中華民国の大総統となり清朝（北京）のあとを引き継いでいた。やがて彼は死去し、中国の北京地域には清朝および袁世凱の残党ともいうべき軍閥が点在していた。蔣介石は孫文の遺志を継ぎ、中国の南部および北部に点在する軍閥を征伐し中国を統一するため、「北伐」を企画した。国民党の実権を握り、北伐軍を編成し、１９２６年広東を出発して軍を進めた。「北伐」は孫文のやり残した事業であり、蔣介石が長年切望していた一大イベントであった。

蔣介石が率いた北伐軍（国民革命軍）は国民党軍と共産党軍の混成部隊であり、しかもソ連から莫大な資金援助を受けていたため、他の軍閥より圧倒的に強く、たちまち揚子江流域を制圧した。さらに、いくつもの軍閥を蹴散らし、１９２7年2月に漢口（いまの武漢）に、3月には南京に到達した。ところが、このとき「第一次南京事件」、「漢口事件」という虐殺事件が起った。

「第一次南京事件」は蔣介石が率いる北伐軍（国民革命軍）が南京に入ったときに起きた。北伐軍の暴徒が日本・イギリス・アメリカの領事館や学校、企業、外人住宅を襲い、女子供を含む数百名の一般市民に対して、暴行、虐殺、略奪の限りを尽くした。また、漢口事件は、揚子江中流にある漢口で、北伐軍の暴徒が日本租界になだれ込み、日本海軍の水兵を襲い、さらに日本人居留民の住居や日系工場を片っ端から掠奪した事件である。両事件で暴徒と化したのはいずれも北伐軍に含まれていた共産党軍であることを知った蒋介石は、上海クーデターを起こして共産党勢力を排除した。これが、第一次国共合作の崩壊であった。

2・北伐軍（第二次）と済南事件

蒋介石は共産党軍を排除したのち権力を掌握して、再び北伐を企画した（第二次北伐）。第二次北伐の出発前に蒋介石は日本にやってきて、田中義一首相を訪問し会談した（1927年11月）。当時日本は満州の治安を確保するため、東北を支配していた軍閥張作霖を支援していた。蒋介石は北京地帯を征服するためにも、日本の張作霖支援をやめてもらい、そしてできれば北伐にも協力してもらいたいと日本に期待していたのである。

しかし、蒋・田中会談では、田中首相は蒋介石の北伐企画に対して「まず長江以南をまとめ共産党を抑えてから、北伐に着手すべきである」と云って、北伐に賛意を示さなかった。田中首相は、北伐による内戦が満州にまでおよび日露戦争で得た南満州鉄道などの日本の権益が損なわれることを恐れたのである。この会談で蒋介石は、日本による北伐の支援は期待できないことを知り日本を去った。

帰国後、蒋介石は「北伐は孫文の悲願である」と考え、第二次北伐軍を再度編成し出発した。北伐軍は北進を続け、山東省の首都・済南に達した。東北軍が戦わずして退却したので、北伐軍は難なく済南城に入城することができた。ところが、ここで予期せぬ痛ましい済南事件（１９２８年）が起きた。日本は「第一次南京事件」のような前例があったので、済南に軍隊を送り（山東出兵）、居留民保護の防備体制をとっていた。ところが、北伐軍を率いる蒋介石は「治安は北伐軍が責任を持って確保するから、済南城内の日本軍を撤退させてほしい」と要請してきた。日本軍は蒋介石の言葉を信頼して撤兵した。ところが、１９２８年5月3日、北伐軍が突然居留民を襲撃したのである。

多数の日本人居留民が北伐軍の暴兵の手で虐殺され、しかもその虐殺の仕方は支那伝統の言語に絶するものであった。手足を縛り、手斧のようなもので頭部や面部に斬撃を加え、滅多切りした。婦女はすべて陰部に棒が挿入されており、見るに堪えない惨状であったという。北伐軍は当時の中国一般の軍隊と同様大部分はかき集め兵で、ルンペンもしくは匪賊の寄せ集めといった集団であった。指揮者は兵隊を十分に掌握できておらず、さらに悪いことに共産主義者の兵がなお多数紛れ込んでいたのである。

憤激した日本軍は責任者の処刑と北伐軍の撤兵の要求を突き付けた。しかし、その要求を中国側は拒否したので、遂に日本軍は攻撃を開始し、済南城を占拠した。これが済南事件である。蔣介石は絶望した。日本軍と事を起こしたくなかったのである。しかし、蔣介石と日本政府との間の信頼は、先の蔣・田中会談でひびが入り始め、この事件で決定的に消失するはめになったようである。

戦後中国共産党は、例によってこの事件を歪曲し、「済南事件は日本軍が北伐を妨害するために起こした事件である」と日本を非難し、5月3日を「国恥記念日」として伝えている。日本人はしかと済南事件の真実を銘記しておくべきである。

第5節　日本の軟弱外交

前述のように、蔣介石が率いる北伐軍は第一次南京事件や漢口事件、そして済南事件と、忌まわしい事件を3度も起こした。虐殺事件を起こしたのは、北伐軍の中にいた共産党軍であり、これは北伐軍に参加するときコミンテルン（共産主義インターナショナル）から暴動を云い含められていたという。

第一次南京事件では、英米両国は憤慨してただちに砲艦を派遣し、暴徒に向けて報復攻撃をした。このとき、日本は報復攻撃の参加を誘われたが、これには加わらなかった。それは、当時の幣原喜重郎《しではらきじゅうろう》外相が中国に対して「協調と内政不干渉」の政策をとり、「中国を刺激してはならない」という訓令を日本政府が現地軍に通達していたからである。日本の軍艦は、避難しようとする日本居留民を見捨てて、現地を立ち去ったという。英米は国際法の自衛権を発動し、堂々と正当な軍事力を行使した。日本は「日支友好」に反すると称し、英米との国際協調に背を向けたのである。その結果はどうなったか。日本は英米から仲間はずれになって孤立化し、中国からは「日本人は弱腰である」とみられたのである。英米は日本を疑い、いちはやく政策転換して中国寄りの政策に変わった。それゆえ、以後の中国の反植民地運動、革命運動の矛先は専ら日本へ集中するようになったのである。

中国人は相手が弱いとみるや、その弱みにつけこむ民族であり、弱者に友好的な態度を取れば、それは無力であり、弱みがあるからだ、と解釈するのである。西洋は強いので逆らっても勝てないが、日本は弱いから逆らえると知ったとき、西欧に対する排外主義を引っ込め、安心して反日主義に立ち向かったのである。つまり日本人の中国人への同情とやさしさが、かえって日本人への侮りと反日運動を増長させる結果となったのである。このあたりを理解していなかった日本外交は、中国民衆の反外国主義を日本に集中させ、反日思想を益々強化させていったのである。

第4章　日中抗争と満州事変

第1節　北伐完了後満州が混乱する

蒋介石は国民革命軍を再編して第二次北伐を再開した。北伐軍は済南を経て、1928年6月8日、北京に入城した。当時、東北を支配していた有力軍閥は張作霖《ちょうさくりん》であった。しかし、張作霖は北伐軍の勢いに恐れをなし、山東省に入ることなく満州へ撤退した。これで蒋介石は北京政府打倒という孫文の遺志を果たすことができたのである。というのも、孫文は北伐をめざしながら不運にも北京で斃《たお》れた人であったからである。北京に到達した蒋介石は孫文の遺体に敬意を表し、孫文の遺体を首都南京に運ばせ、壮大な霊廟（中山陵）を造って祭った。

張作霖は汽車に乗って満州へ敗走したが、その敗走中、線路が何者かによって爆破され、張作霖は死亡した。これが張作霖爆殺事件である。最初、犯人は関東軍の一部の将校であると云われ、続いて起こる満州事変、日中戦争への侵略の第一歩であると非難されていた。ところが戦後、ロシア人歴史作家のドミトリー・プロホロフにより、ソ連赤軍特務機関による犯行であることが分かってきた。１９２８年頃には既に、コミンテルンの手がここまで伸びていたのである。

張作霖は匪賊上がりの軍閥であり、満州に勢力を張っていた。彼の亡き後、息子の張学良《ちょうがくりょう》は父親に代わって満州を支配するようになった。ところが、張学良は父を殺したのは日本であると考え、蒋介石の国民党の麾下《きか》に入り合流して、日本に報復してきたのである。

彼はまず青天白日旗（当時の国民政府の国旗）を掲げて「満州は支那の一部だ」と宣言してまわった。また米英からの資金援助を得て、南満州鉄道と平行して鉄道を敷き、運賃値引き競争で満鉄を追い詰め、日本の権益を満州から追い出そうとしかけてきた。「満鉄と平行する鉄道を敷く」というのは25年前の日清協定の条約ではっきり禁止していた事項である。

こうした雰囲気の中で、それまで無関心であった国民党も、日本の長年の努力で近代化してきた満州を見てほしくなり、「満州を返せ」と云い始めたのである。さらに、「不平等条約」の破棄を宣言し、日清間で結ばれた諸条約の無効を通告してくるようになった。そして、日本の権益を全面的に否定する法令を次々と制定したのである。しかも、国民政府は、日本との間の協定は全部無効であると云って、日本側との話し合いを事実上拒否した。まさに、「支那的」というのか、国家間の約束、条約という観念が全く通用しなくなった状態であり、これに対し、日本側は次第に苛立ちが高まってきた。しかも、中国の背後には、対中政策を大転換したイギリス・アメリカが控えていたのである。「革命外交」の名のもとに民族自決の権利だとして、日本を追い詰めてきたのである。

さらに、中国共産党が介入し、無茶苦茶な排日・侮日運動を指導し、日本企業に勤めている中国人を脅迫し、日本人を街中で虐殺し、「中村大尉殺害事件」や日本人経営の鉱山の爆破事件など、日本人を標的とした事件が相次いで起きたのである。

当然、日本人経営者は毎日のように日本総領事館に訴えるが、交渉相手の満州地方政権そして南京国民政府は事実上交渉を拒否していた。民間代表者が関東軍司令部におしかけ、日夜、「なぜ立たないのか」と強く談判を繰り返した。在満邦人もそして関東軍も我慢の限界にきていた。対中関係は後戻りできないところまで劣悪化していたのである。こうした中で遂に関東軍が立ち、満州事変に突入していったのである。

第2節　満州事変と満州国の成立

1・柳条湖事件（満州事変、1931年）

前項で述べたように日本人および満鉄管理者は厳しい状態に追い詰められ、遂に関東軍は堪忍袋の緒が切れて動いたのである。満州の奉天郊外にある柳条湖付近の線路を爆破し（柳条湖事件、1931年）、直ちに軍事行動を起こした。わずか1万5000の関東軍兵力であったが、当時満州を支配していた張学良の大軍（20万、30万〜40万との説もある）を撃退し、南満州の主要都市を制圧した。これが満州事変である。満州を守ることはロシアの南下を防止するためにも、絶対必要であったからである。

日本の「侵略戦争」は満州事変から始まったとしばしば非難される。しかし、相手国が条約を一方的に破棄し、組織ぐるみでテロを繰り返し、排日・侮日運動で迫ってきたのである。条約で約束された権益や居留民を守るために軍事力を使うことは、当時の国際法では正当な権利として許されていたのである。時代背景を考えると、満州事変は日本から一方的にしかけた侵略戦争とは云えない。むしろ中国側からの激しい挑発に対して起こした自衛戦争であった。

第二次若槻内閣（幣原外相）は最初不拡大方針を決めていたが、関東軍は独断で全満州の主要都市を占領するところまで進めた。幣原外相の方針は窮地に追い込まれ、若槻内閣は総辞職し、幣原は外相の座を降りた。

中国は1931年9月18日（柳条湖事件）を、侵略された日、「国辱の日」として後世に伝えている。

2・上海事変（第一次上海事変、1932年）

満州事変が起こると中国全土に抗日運動が広がり、とくに上海の情勢は急速に悪化した。そして遂に、租界警備の日本海軍陸戦隊と中国海軍陸戦隊および中国十九路軍との間に戦闘が勃発した。十九路軍は市民・学生の支援を受けて激しく抵抗し、予想以上の激戦となった。日本は陸軍を増強し（合計3個師団余）、中国軍を上海付近から退却させた。

3・満州国の建設

満州事変の後、日本軍部は満州を領有することをせず、傀儡《かいらい》政権を組織して満州を独立させる方針をとった。若槻内閣はこの方針に反対していたが、犬養毅内閣に代わり、政府は軍の方針を受け入れた。1932年、清の廃帝であった溥儀《ふぎ》を執政とし、満州国の建国を宣言した。1934年、溥儀が皇帝になり帝政を敷いた。勿論、中国、アメリカ、イギリスなどは承認しなかったが、第三帝国（ドイツ）や中南米の23カ国は満州を承認した。しかし、実質的には日本の軍部・官僚が支配する傀儡国家であったことは事実であった。

4・塘沽《タンクー》停戦協定

塘沽停戦協定は満州事変の事実上の停戦協定である。日本軍は、昭和7年（1932年）3月1日に「満州国」を成立させた。しかし、張学良軍が熱河省並びに山海関付近において反満抗日の行動に出るよう準備していた。そこで、1933年2月、関東軍は熱河省に侵攻し、3月4日、熱河省の省都・承徳を占領した。さらに4月10日には万里の長城（長城線）を突破して河北省へ進攻した。中国側は北京侵入を恐れて停戦を呼びかけるに至った。そして、5月31日、天津郊外の塘沽で関東軍と中国軍との間で「塘沽停戦協定」が締結された。その内容は、長城と盧台と延慶を結ぶラインの間（河北省東部）を非武装地帯とし、河北省東部からの中国軍の撤退、日本軍の「長城線」までの後退を決めたものであった。そして上記非武装地帯を治めるため、中央政府から分離した冀東《きとう》防共自治政府を通州に樹立した。華北への足がかりをつくることを可能にする日本側に有利な処置であった。

国民党側としては、中国共産党の掃討を優先させていたので、日本との全面対立を避けたのである。こうして中国は満州国を事実上黙認したのであった。しかし、中国は日本の満州事変以降の一連の動きを国際連盟に提訴することになる。

5・国際連盟によるリットン調査団

満州事変から満州国建設にいたる日本の一連の行動は各国の反発を招き、中国はこの一連の日本の動きを国際連盟に提訴した。国際連盟はイギリスのリットン卿を団長とする調査団を現地に派遣して調査させた（1932年）。調査団は3カ月にわたり満州の過去・現在を詳しく調査し、リットン報告書を提出した。

その報告書は次のとおりである。①満州は中国の一部である、②満州国は日本の傀儡政権であり独立国でない、③東三省（奉天、吉林、黒竜江）に自治的地方政府を設け、日本を主体とする国際的管理下におくことを提案。要するに、反共産主義の立場から、満州の治安維持の必要性を認めているが、日本が軍事的に独占することは反対であり、経済的手段により国際的に協力して管理すること（国際連盟の委任統治）を提案したのである。

国際連盟はリットン報告を審議し、1933年の総会で、「満州国の取り消しおよび日本軍の撤兵」の勧告案を42：1で可決した。日本代表の松岡洋介は、満州国承認の方針を拒否するいかなる案にも賛成できないと主張し、国際連盟を脱退したのである。このため、日本の国際的地位は以後決定的に悪くなり、孤立の道をたどることになった。これは日本外交の致命的な失敗であったと考えられる。なおこれについては、次項に詳しく解説する。

6・「満州の利権」の取り扱いは日本外交の大失敗であった

歴史の流れを振り返るとき、日本は満州に関する政策において大失敗をしたと思う。日本は、アメリカ大統領セオドア・ルーズベルトのお蔭で日露戦争を終結させ、ポーツマス条約によって南満州鉄道の利権を得ることができた。アメリカは以前から中国大陸への進出を狙っており、早速アメリカの鉄道王ハリマンが南満州鉄道の経営参加を申し込んできたのである。しかし、日本はこの申し込みを一度承知したものの、結局はすげなく拒否したのである。

この非礼なやり方が、以後の日米関係を悪化させたことは明らかである。いまにして考えれば、日本が満州における利権をひとり占めしたことは、将来日本がアメリカ、イギリス、中国、ロシアなどの国々と敵対関係になる大きな要因になったのである。日本はこの敵対関係に追い詰められて、満州事変を起こし、満州建国へと進んでいった。国際連盟は「満州国の独立は認められない」と拒否した。日本はこれを不服として国際連盟を直ちに脱退した。これで日本は国際的に孤立化し、道は完全に閉ざされたのである。実にまずい選択であったと云わざるを得ない。

この「満州における利権」の扱いに関して、日本外交がとったやり方に、2つの問題点があることを指摘し、その反省を述べておきたい。

その一つは、アメリカの鉄道王ハリマンが申し込んできた「南満州鉄道の経営参加」を拒否したことである。ルーズベルトのお蔭で戦争が終結し、この交渉のお蔭で南満州鉄道の利権を得たのである。当然、アメリカの申し入れを受け入れ共同経営をやるべきであった。アメリカと共同経営をすることによって、恐らく他国からの妬みが少なくなり、そして、何よりも日本とアメリカとが共に手を携えて進むようになり、少なくとも両国が敵対することはなかったであろう。

当時日本は戦争に勝利して有頂天になり、気が付いていなかった。恐らく、米英は日本の勝利を喜んでくれたことだけを意識し、日露戦争で示した日本の軍事力の強さは、むしろアメリカを内心恐れさせ、また利権をひとり占めして恩を仇でかえした日本の貪欲さはいささかアメリカを驚かせ、やがて日本を仮想敵国としてとらえるようになったことを、日本は全く意識していなかったのである。

そして、日本は国際会議でアメリカにいつも反対され、次第に窮地に追い込まれて、遂に日米開戦へとつながっていったことを、当時の日本政府は正確に理解していただろうか。もしこの歴史の流れが違っていたら日米開戦への道はたどらなかったと想像されるのである。

その二つ目は、日本がリットン調査団の提案を国際連盟で拒否したことである。リットン報告書は、「満州国の独立は認めない」「このまま日本が満州を独占的に占領し続けることは、連盟規約上できないので、一旦中国に返還する。しかし、中国には満州を統治する能力がないので、国際連盟の委任統治とする」ことを提案したのである。これは、「歴史的に中国と満州とは一体でない」というのが当時の関係者の常識であったから、リットン調査団は、中華民国の名目的な主権は認めるけれども、実効支配は認めないという立場をとったのである。そして、調査団の提出した妥協案というのは、満州を国際連盟の委任統治に委ねるということであり、こうすれば、かつての南洋群島のように、満州は事実上日本の管理下になるという日本に好意ある提案であった。

ところが当時の日本の代表および日本の世論も興奮状態で、上記のような遠大な筋道を考える余裕がなかったのであろう。潔癖な日本人らしく、総会の結論を拒否し、勇ましく国際連盟を脱退したのである。提案を受容するため、もう少し柔軟な外交努力が必要であったと思う。日本の針路を大きく誤った瞬間でもあった。誠に残念である。

７・満州の経済的社会的発展は日本の夢であった

日本は日露戦争に勝利し、ポーツマス条約により満州における鉄道・鉱山開発を始めとする利権を獲得した。当時の満州はほとんど空き地同然の荒野で、いわば清国に捨てられた土地であり、当時漢民族の中国の枠外になっていた。満州は日露戦争以来日本にとって特殊利権を持つ地域であり、対ソ戦略拠点としても、また工業生産の土地としても、日本の生命線と考えられるべきところであり、満州を理想的近代都市地帯に仕上げることが日本の壮大な夢であった。

日本は、満州を開拓するため先ず移民を進め、南満州鉄道株式会社（満鉄）を半官半民の特殊会社として設立した。満鉄には、ロシア帝国から引き継いだ鉄道付属地での独占的行政権が与えられており、大連、奉天、長春などを対象として大規模な近代的都市計画を進めた。上下水道や電力、ガスの供給、さらには港湾、学校、病院、図書館などのインフラストラクチャーの整備も進めた。

昭和7年（1932年）、満州国が建国された。満州国建国に伴い、鉄道付属地やインフラの行政はすべて満州国政府に移管された。また、旧軍閥、旧馬賊などから編制した満州国軍がつくられ、関東軍と協力して馬賊討伐を行なった。さらに、警察制度も整えられて治安は安定し、法制も整えられて、ようやく満州の地に安定した秩序がもたらされたのである。

日本が資本と技術、経営力を提供し、満州は石炭・鉄鋼の一大生産地となり、工業の発達した日本に貴重な生産資材を供給することになる。日本、満州、北支が一大経済ブロックを造りあげたのである。日本が目指したのは植民地的掠奪化でなく、その土地を中心とした共存共栄の経済的文化圏の建設であった。石原莞爾《かんじ》は「五族共和」の政治的スローガンをかかげ、漢、満州、蒙古、朝鮮、日本の５つの民族が手を取り合って、平和な国土を造り上げる理想を描いていた。

昭和12年（１９３７年）に星野直樹と岸信介が両輪となって策定した「満州産業開発五カ年計画」がスタートし、満州の重化学工業化が進んでいった。自動車、製鉄、鉱業、化学工業、その他の重化学工業が「満州重工業開発株式会社」によって進められていった。野口遵《したがう》はダム建設を推進し、水豊ダム（20万キロワット）、豊満ダム（70万キロワット）をつくり、水害を抑え、発電を可能にした。豊満ダムは当時東洋最高のダムであったという。日本が満州へ貢いだ年間投資総額は25億円で、同年の日本の一般会計歳出総額24億円を上回る額であったという。

満州の広大な国土に近代的な美しい都市が次々と生まれていった。特に、新しい国都・新京（現・長春）は、百万都市として建設が進められ、電気、上下水道を完備し、東洋で最初の本格的な高速道路、水洗トイレも設けられ、東洋一の埠頭、世界でも有数の巨大ダム、自動車工場や飛行機工場までつくられていた。部分的には日本本土をも追い抜く先進工業国家になっていた。まさに満州国は日本人の明治維新以来の近代化への情熱と技術が生みだした

20世紀の奇跡であった。

満州事変前の人口3000万人は終戦時には約5000万にまで達していた。毎年100万人以上もの民衆が中国本土から万里の長城を越えて、満州国になだれ込んだ。民衆は、内乱と飢饉の中国本土よりも、満州国を桃源郷として選択したのである。

しかし、この満州国はわずか13年半の後には蜃気楼のように消え去った。まさに、土地と資源を持たざる日本が描いた一瞬のはかない夢であった。満州国は日本の敗戦とともに消滅した。日本降伏の6日前に満州国に侵攻したソ連軍は、全域の産業施設を略奪し、本国に持ち帰った。その金額は約8億9千5百万ドルにのぼるとアメリカ・ボーレー調査団は報告している。

にもかかわらず、残った資産、施設もまだ相当なものであった。毛沢東は、「もし、我々がすべての根拠地を失っても、東北（満州）さえあれば、それで中国革命の基礎を築くことができる」と云って、満州の施設確保に走った。当時の全中国の重工業の約90％が満州に集中して存在していたのである。

第５章　中国共産党の挑発で起きた日中戦争

第１節　日中戦争前の日本と中国

１・日本国内における軍部の台頭

若槻礼次郎内閣の大正15年（１９２６年）頃から近衛《このえ》文麿《ふみまろ》内閣の日中戦争が始まる昭和12年（１９３７年）までは、内閣が目まぐるしく代わる中で、軍部が次第に台頭し、政党政治は行きづまり、軍部の横暴とクーデターが目立つようになった。そして国際的には国際連盟を脱退し、ロンドン海軍軍縮会議を脱退するなど孤立化の道を歩むようになっていた。

若槻礼次郎内閣（一次）は幣原協調外交を実施したが、軟弱外交と非難されていた。

田中義一内閣は強硬外交に転じ山東出兵を強行した。田中義一首相は張作霖爆殺事件で天皇に軍関係者の厳重処分を約束させられていたが、陸軍の抵抗が強く処分を実施することができなかった。天皇はこれを強く叱責し、田中内閣は崩壊した。

後を継いだ濱口雄幸内閣は、再び幣原協調外交を採用した。ロンドン海軍軍縮会議があり軍令部（海軍の最高機関）の反対を押し切って批准したが、統帥権を犯した行為として野党および軍部から強く非難され、濱口雄幸首相は青年に狙撃されて死亡した。

この後を若槻礼次郎内閣（二次）が再び引き継いだが、軍部の力が強くなっていて、関東軍の独走により満州事変が起き（1931年）、翌年満州国が建設された。若槻内閣は軍部を抑えることができず、犬養毅内閣に代わった。

しかし、犬養毅内閣は満州国の承認を渋っていたので、これに不満を抱く海軍青年将校らの襲撃を受け、犬養毅は暗殺された。五・一五事件である。元老の西園寺公望は、政党による政権運営はもはや困難であると判断し、海軍出身の斎藤實《さいとうまこと》を次期首相とした。斎藤實は軍部・政党・官僚の妥協によるいわゆる「挙国一致内閣」を組織した。対外的には満州国の承認・国際連盟脱退、熱河作戦などの侵略拡大の方向を進め、国内においては労働・農民運動を弾圧し、ファッショ化の方向を色濃く進めた。

齋藤實の退陣を受けて、海相の岡田啓介が内閣を組織した。同じく「挙国一致内閣」を継承したが、軍部と密着した新官僚の圧力が大きくなり、政党は離れ気味になった。そして、海軍強硬派の主張を抑えきれず、ワシントン海軍軍縮条約を廃棄、ロンドン会議を脱退し

表１　日中戦争前の日本国内閣の推移

代	内閣	期間	主な出来事
25	若槻禮次郎（第一次）	1926-27	第一次北伐、幣原協調外交 昭和恐慌
26	田中儀一	1927-29	第二次北伐、済南事件、田中・蒋会談、張作霖爆殺事件、山東出兵
27	濱口雄幸	1929-31	ロンドン軍縮会議、幣原協調外交、統帥権侵犯問題
28	若槻禮次郎（第二次）	1931-31	満州事変
29	犬養毅	1931-32	満州国成立、五・一五事件、 政党内閣のおわり
30	齋藤實	1932-34	塘沽停戦協定、リットン調査団、 国際連盟脱退
31	岡田啓介	1934-36	第二次ロンドン軍縮会議、軍縮条約から脱退、ワシントン海軍軍縮条約破棄、二・二六事件
32	廣田弘毅	1936-37	日独防共協定
33	林銑十郎	1937-37	
34	近衛文麿（第一次）	1937-39	盧溝橋事件、日中戦争

た。この頃、陸軍の政治的発言力がさらに増し、遂に陸軍の皇道派の青年将校は国家革新を目指して二・二六事件を起こした。近衛歩兵連隊の1400名を率い、岡田啓介内閣の内大臣の齋藤實、蔵相の高橋是清《たかはしこれきよ》、教育総監の渡邉錠太郎《わたなべじょうたろう》を射殺した。正規軍による反乱であり、いままでにないほど大規模なものであった。

さすがに、この二・二六事件をきっかけに、陸軍当局は統制を乱す分子を一斉に追放あるいは左遷して、統制回復を図った。しかし、後継内閣の閣僚人事には介入し、親英米派・自由主義と目される人物の入閣を拒否した。

こうした中で誕生したのが廣田内閣である。軍部、とくに陸軍の政治的発言力が強まっている中で、廣田内閣はその要求を入れ、軍事予算を拡大して軍備拡張計画をたてた。満州事変の後、日本陸軍は華北進出の機会をうかがっていたが、長城以南の非武装地帯に冀東防共《きとうぼうきょう》自治政府をつくり、中国国民政府から切り離した華北5省を日本の影響下におく方針を固めた。また、海軍による南方進出の方針も決定された。

当時日本は国際的に孤立していたので、ドイツと日独防共協定を結び、イタリアも参加して、日独伊防共協定が次の近衛文麿内閣のときに成立した。廣田内閣は、政党勢力からは軍備拡張による財政悪化を非難され、軍部からは広義国防国家に対する不満をぶつけられ、結局両者の挟撃にあって、内閣は退陣した。

廣田内閣の後、陸軍大将・林銑十郎《はやしせんじゅうろう》が内閣を組閣したが短命におわり、待望の近衛文麿内閣が成立した。近衛は若くて家柄がよく、軍部と政党との対立をうまく緩和すると期待されていたが、結果的には軍部の主張に沿った臨戦体制を確立し、昭和12年（1937年）に起きた盧溝橋《ろこうきょう》事件を契機に日中戦争へ突入したのである。近衛内閣とその足跡は第7章4節に詳しく述べている。

2・中国国民党と共産党との闘争、西安事件

孫文はコミンテルンの支援を受けて第一次国共合作を行ない、中国共産党員を国民党に取り入れた。しかし、孫文の死後、蒋介石が国民党の指導権を握って活動を始めると、国民党内での共産党軍との対立が深まってきた。そして、蒋介石が率いる北伐軍が漢口、南京を占領すると、参加していた共産党軍がたちまち暴徒化し、居留民に対する暴行・略奪事件を起こした（第一次南京事件、漢口事件）。そこで、蒋介石は上海クーデター（1927年）を強行し、国民党軍から共産党軍兵を排除した。

その後、蒋介石は北伐を完成させ不完全ながら中国統一を成し遂げた。蒋介石の前に立ち塞がっている課題は共産党と日本軍に対する対応であった。当時、日本軍は満州事変や満州国の建立と、東北地帯で一連の動きをしていたが、蒋介石は日本軍よりも中国共産党軍が優

勢になることを最も恐れ、専ら共産党軍掃討作戦に力を注いだのである。蒋介石はもともと日本軍と戦う意志はなく、日本軍に関しては暫く放置することにしていた。

蒋介石の共産党軍掃討作戦は順調に進み、遂に共産党軍を陝西省の延安まで追い詰めることに成功した。その時、共産党軍はわずか６０００にまで激減し、あと一歩で壊滅といったところまで進んでいたのである。しかし、ここで予期せぬ西安事件（１９３６年）が突発し、共産党は命拾いをするのである。蒋介石は共産党の最後の命を壊滅させるべく、延安の総攻撃を企画し、張学良が率いる東北軍の大軍を陝西省の省都・西安に送り込んでいた。蒋介石は張学良を激励するためたまたま手薄な警備で西安を訪れた。ところが、張学良は既に共産党へ寝返っており、突如蒋介石を逮捕し、身柄を共産党へ渡したのである。

毛沢東は蒋介石をただちに殺害しようとしたが、コミンテルンから「殺すな」という指令が届き、「第二次国共合作」が成立することになったのである。すなわち、「命を助けるから、共産党との敵対を止め、共に協力して日本軍を打つべし」と命令した。蒋介石はやむなくこれに合意した。絶滅寸前であった中国共産党はここに生き返ったのである。これが西安事件である。蒋介石が率いる国民政府は軍事費を国家予算の70％まで増加し、ソ連の戦略に従って、日中戦争への道を突き進み始めたのである。この西安事件こそ日中戦争勃発の大きな要因であり、歴史の流れを大きく変えた事件であった。

第2節　盧溝橋《ろこうきょう》事件（1937年）

１９３１年に起きた満州事変は、１９３３年の塘沽《タンクー》停戦協定により戦闘行為は停止されたが、国民政府は日本の満州占領も満州国も認めてはおらず、緊張状態が続いていた。この雰囲気の中、１９３７年７月７日、北京郊外の盧溝橋において、演習していた日本軍は中国軍から発砲された。日本軍は事件拡大を恐れて、反撃をせず待機していた。日本の待機を臆病だと思って中国兵は日本軍に猛射を浴びせてきた。事ここに至って日本軍もついに反撃を開始し、全面戦争へと発展していったのである。北京、天津《てんしん》周辺で一斉に総攻撃を開始し一帯を占領した。

日本政府（近衛内閣）は盧溝橋事件の最初の頃から戦火が拡大しないよう不拡大方針を堅持していた。しかし、中国が計画的な武力攻撃を始めていることを認め、日本側も応戦の意志を固めたという。３個師団の増派を決定し、各界の代表を首相官邸に招き、政府への協力を要請した。

中国側はこれまで盧溝橋事件を起こした最初の発砲は日本側であると宣伝し、日中戦争は日本側が仕掛けた侵略戦争であると非難してきた。しかしその後、共産党の周恩来首相が１９４９年の「中華人民共和国」成立の日に、「あのとき（盧溝橋事件の際）、共産党軍は、日本軍と国民党軍の双方に発砲した」と明確に述べている。さらに「日華両軍が相互不信を持つように煽り、停戦協定が成立するのを妨害した」と云っている。このように、日中開戦は明らかにコミンテルンの命令で中国共産党が積極的に動いて仕掛けてきたのである。日本は何とかしてこの軍事衝突を最小限に抑え、平和的解決を図ろうと努力をした。そして蔣介石も実は日本と戦うことを望んでいなかったが、西安事件における誓約からやむなく国共合作に従わざるを得なかったのである。共産党軍が停戦協定を妨害し、発砲等による挑発を繰り返し、日本を戦争に誘ったのは明らかである。

これを裏付ける別の証拠は、当時コミンテルンが発した次の指令である。「あくまで局地解決を避け、日支の全面的衝突に導かなければならぬ。日本への譲歩を引き出し支那の解放運動を裏切ろうとする中国人がおれば抹殺してもよい。下層民衆階級に工作し、…国民政府をして戦争開始のやむなきにたち到らしめなければならぬ。党（中国共産党）は対日ボイコットを全支那的に拡大しなければならぬ」と全面戦争へ発展させるよう指令を出していたのである。

第3節　痛ましや！　通州事件（1937年）

盧溝橋事件勃発から3週間後、北京の東約12キロ離れた通州《つうしゅう》で、中国軍による大規模な日本人虐殺事件が起こった。世に謂《い》う「通州事件」である。我が国の歴史学者は、中国に気兼ねするあまり、口を閉じて教科書、新聞、雑誌に一行すらこの事件を記載せず、多くの日本人が知らない事件である。ここに概要を紹介する。

この事件の原因は、盧溝橋事件の直後、中国国民政府がラジオでデマ放送を流したことによる。「盧溝橋で日本軍は29軍に惨敗した。29軍は大挙して冀《き》東《とう》を攻撃する」との虚偽報道を行なったのである。これに動揺して通州の親日派である冀東保安隊は寝返り、通州の日本人居留民を襲撃した。冀東保安隊は、先に塘沽《タンクー》停戦協定（第4章4節）で通州につくられた冀東防共自治政府の保安隊であった。彼らは日本軍守備隊の留守を狙って襲撃し、虐殺・凌辱・略奪の限りを尽くしたのである。現地の日本人380人のうち、約260人が虐殺された。

多数の女性は強姦され、そのあと陰部を銃剣で突かれえぐりとられた。首に縄をかけて引き回され、目玉をえぐられた者もいた。また牛のように鼻に針金を通されたまま殺された子供や、生きたまま片腕を切断された老婆もいた。この殺し方はまさに鬼畜の仕業とも云える中国伝統の虐殺の仕方である。その残忍性は先の次南京事件（1927年）や済南事件（1928年）と共通していた。この事件が日中戦争開始の大きな要因になったことは云うまでもない。

第4節　戦火は上海や南京へ

1・第二次上海事変

盧溝橋事件で始まった華北（北支）での戦闘は、いったんは停戦協定が結ばれたものの、郎坊事件や広安門事件で日本人が襲撃され、さらに通州事件が起きて、事変拡大への道をたどった。明らかに共産党に煽られた兵士の仕業であった。そして、戦火は華北だけでなく華中にも広がり、第二次上海事変そして第二次南京事件へと発展していったのである。

日本政府は常に戦争の不拡大政策をとり、和平への道を探り、日中戦争をとおして12回も和平を提案した。しかし、1回も実ることなく、ますます泥沼に入り込み、敗戦に至ったのである。云うまでもなくこの背景にコミンテルンの策略が動いていたことは事実である。

さて、日本側は戦争を拡大しないように、停戦するよう努力してきたが、中国側が繰り返し挑発を続け、遂に大規模な戦争、上海戦争を迎えたのである。1937年の8月13日に起こった第二次上海事変である。

第二次上海事変の勃発直前に和平工作（船津和平工作）が進められていたが、約束した交渉の当日に、中国側が上海で一方的に「大山勇夫中尉虐殺事件」を起こし、和平工作はたちまち挫折した。

１９３７年８月12日、中国軍部隊がいきなり上海の日本人租界区域を包囲し、８月13日早朝、日本海軍陸戦隊へ攻撃をしかけてきたのである。迎え撃つ日本軍は、居留民２万人あまりを守るために駐留していた僅か４０００名の部隊であった。これに対し、３万の中国軍が攻撃してきたのである。後で分かったことであるが、蒋介石はこのとき既に日本と戦う決心をし、予めドイツ軍事顧問、共産党の張治中《ちょうじちゅう》らとともに充分策略を練り、トーチカ・ライン（ゼークトライン）までも準備をしていたのである。蒋介石は全国総動員令を発令し、自らが陸・海・空三軍の総司令官に就任し、政治・経済・軍事にわたる広範囲な戦時体制を作り上げていた。

日本側はまだ大戦争を予想しておらず、少数兵の守りでいたところを襲撃されたので、予想以上に苦戦を強いられた。しかし、その後日本側も兵を逐次投入して上海派遣軍（25万人）を編成し、対する中国軍も最終的には70万の大部隊を差し向けてきた。こうして、日本と中国の全面戦争へ突入していったのである。激戦の末、日本軍は敵軍のゼークトラインを突破し、上海近郊の要衝、大場鎮を陥落させた。中国軍の精鋭部隊は戦意を喪失し、南京へ向けて一斉に敗走した。

中国側の死傷者は約8・3万にも達したという。これに対して、日本側の死傷者も4万（戦死者1万0076名、戦傷者3万1866名）あまりであった。日露戦争の旅順攻略にも匹敵する凄惨な戦いであったという。

2・南京攻略

第二次上海事変はまさに日中が四つに組んだ激戦であったが、日本は何とか勝利した。激戦の上海戦の後、引きつづき南京攻略を行なうことは、当初日本の大本営は考えていなかった。しかし、首都を陥落させれば日中戦争が早く終結するだろうと考え、南京攻略を企画したのである。

上海から南京へ逃げ延びた蒋介石は、「南京を守るべきか放棄すべきか」と揺れ動いていたという。そして迷った末、南京戦は戦うが蒋介石自身は南京から脱出することを決め、南京防衛は部下の唐生智《とうせいち》に託すことにした。市民の富裕階級は戦禍をおそれて早くから南京脱出を始め、これに続いて政府関係者も南京を離れた。残ったのは、南京守備の中国軍兵士と貧民だけであった。

１９３７年12月９日、松井石根最高司令官は、南京総攻撃の前に無血開城をはかるため、飛行機から降伏勧告状を投下させた。しかし、中国側がこの降伏勧告に応じなかったので、日本軍は南京総攻撃に入った。城の守備兵は約５万人（詳細は不明で５～８万との説もある）、攻める日本軍も約10万人であり、両者が激突したのである。12月12日激しい攻防戦が始まった。ところがその最中、日本人には考えられないことであるが、唐生智将軍は部下を捨てて幕僚とともに挹江門《ゆうこうもん》から南京城を脱出したのである。捨てられた兵士は指揮系統を失い、完全にパニック状態となって我先にと逃亡を始めた。逃亡兵の一部は安全区に逃げ込んだが、多くの兵士は南京城の西北にある挹江門へ殺到し脱出しようとした。しかし、挹江門の外には唐生智将軍の督戦隊《とくせんたい》が待ち構えていて、逃亡兵を機関銃で激しく攻撃した。さらに、下関《シャーカン》・長江へと逃げ延びた逃亡兵は長江の対岸へ逃れようとしたが、待機していた日本軍に猛射をあびせられ多くが死亡した。その結果、挹江門・下関一帯および長江の川岸周辺には中国兵の死体が山のように積み重なっていたという。実に地獄絵の再現を思わせるものであった。

『シカゴ・デイリー・ニューズ』のスティール記者と『ニューヨーク・タイムズ』のダーディン記者は、南京陥落２日後にこの大量の死体を目撃し、日本軍による虐殺だと報じた。これが南京虐殺事件の最初の報道であった。これに続く一連の報道も、たちまち「南京虐殺事件」として誇大宣伝した。しかし、昭和62年（１９８７年）、ダーディンとスティールの両記者は、例の大量の死体の多くは中国軍同士の衝突によるものであったことを知り、間違いを訂正している。蒋介石一派の宣伝工作によって南京戦はさらに誇張・捏造され、「南京虐殺事件」としての虚構が世界のメディアに流れたのである。

南京城陥落（12月13日）後、日本軍は南京へ入城した。入城後、日本軍は南京城内および安全区に逃げ込んだ敗残兵を掃討した（12月14日～16日）。そして、2月17日には日本の陸海軍による入城式が挙行され、さらに、12月18日には日本の陸海軍合同慰霊祭が故宮飛行場で挙行された。勿論、これは日中双方の戦死者を弔うためのものであった。

日本軍は南京城内で多くのスケジュールを完了し、12月20日には大部分の戦闘部隊は南京を出発し、それぞれの目的地へ向かった。

今日中国側は日本軍が南京に入城して約1週間の間に30万の中国人を大量虐殺をしたというが、日本軍の当時のスケジュールからも、また当時の市民の数からも到底あり得ない話である。戦争であるから、平時には考えられない暴挙があったことは否定できないが、今日中国側が宣伝しているような「30万以上も虐殺した」ということは決して存在し得ない。これは上記の事実経過をみれば明らかである。南京事件はまさに中国人が描き出した壮大なる虚構である。これを裏付ける詳細な説明は第11章1節に述べている。

３・対中和平工作はすべて失敗

中国側の発砲で盧溝橋事件が勃発したが、日本は常に戦闘が拡大しないように努めた。日本は戦闘を終結しようとしてチャンスをとらえ度々和平交渉を試みた。日中戦争を通して12回も和平工作を提案したという。しかし、一度も実ることはなかったのである。日中戦争は日本から仕掛けた侵略戦争などではなく、中国側に引きずり込まれた日本の自衛戦争であり、日本は早く終戦にもっていこうと絶えず努力していたのだ。

対支和平工作で最も期待されたものは、南京戦の展開と併行して進められた「トラウトマン工作」であった。当時、ドイツは蒋介石軍に武器を提供するとともに、蒋介石軍の軍事顧問もしていた。ドイツは、日本と蒋介石の仲介役にドイツ駐華大使トラウトマンが適任であるとみて、国民政府との和平交渉を進めた。南京陥落前で和平工作はかなり進むかにみえた。しかし、南京が陥落し、再度提案しても、中国側は回答をのばし続けた。１９３９年１月、日本は遂に和平交渉を打ち切った。時の首相近衛文麿は「国民政府を相手とせず」との政府声明を出し、戦争終結の道を閉ざしたのである。

その後、日本軍は１９３８年４～６月には徐州作戦を、６～11月には武漢作戦を展開し、兵力も続々と投入され、長期戦となった。こうして、日中戦争はますます泥沼化していった。他方、日本は並行して日米戦争を始め、日米戦争の敗戦によって、日中戦争にも終止符が打たれることになったのである。

第5節　終戦後満州はどのように混乱したか!

日本は連合国、特にアメリカとの戦争では完全に敗北したが、日中戦争では優勢の中で敗戦を宣言した。日ソ間は日ソ中立不可侵条約が締結されていたにもかかわらず、日本の敗戦宣言を無視してソ連が一方的に戦争を宣言し、満州、樺太に攻め込んできたのである。

1・ソ連の宣戦布告で満州は戦場となる

1941年4月13日、日ソ中立不可侵条約が締結されていたにもかかわらず、ソ連は1945年8月8日に対日参戦を布告し、翌日参戦、赤軍が満州に侵攻してきた。日本は日ソ中立不可侵条約を信頼し、既に満州にいた陸軍を南方に移転させ、満州の守りは手薄になっていた。そこへ予期せぬソ連軍が侵攻してきたのである。モンゴル南東部国境から沿海州地方、樺太国境に至る全戦線で一斉に攻撃を開始し、越境を始めた。150万のソ連軍により、弱体化していた関東軍は各地で敗退を重ね、満州国は一気に崩壊したのである。

1945年8月15日、敗戦の玉音放送を聞いた関東軍総司令部では、抗戦をめぐって激論となった。関東軍総参謀長・秦彦三郎が「我ら軍人は天皇陛下の勅令に従う以外に忠節の道はない。これに従わない者は永久に乱臣賊子だ」と叱責し、徹底抗戦派もこれに屈した。次いで、山田総司令官が「聖旨を奉戴し、終戦に全力を尽すのみ」との最終判断を下した。

8月17日、関東軍は、「山田総司令官名義で軍事行動の即時停止と武器の引渡しを、関東軍全部隊に命令した」とソ連側に伝えた。しかし、ソ連側は、「天皇の15日の布告は一般的な宣言に過ぎず、天皇が軍隊に降伏命令を出し、それが確実に実行されるまで、我が軍は攻撃を止めることはない」と返答してきた。

ソ連軍の侵攻は日本の降伏文書調印を無視して継続され、結局、満州、朝鮮半島北部、南樺太、北千島、択捉、国後、色丹、歯舞の全域を完全に占領した。すなわち北方全域の占領を終えた9月5日になって、初めて一方的な戦闘を終了したのである。

ソ連軍との戦闘が終わったのち、停戦会談によって満州地区にいる日本軍の武装解除を約束し、在留民間人の保護についても交渉を交わした。しかし、ソ連軍はその交渉どおりに実行することはなかった。結局日本軍が武装解除したのち、日本民間人は何の保護も得られず、実に悲惨な被害を受けることになった。

2・ソ連軍の略奪

満州（中国東北部）及び北朝鮮を占領したソ連軍は、日本および日本人から金塊、宝石、貴金属、産業設備、産業資材、医薬品、衣料品、生活資材などあらゆる財貨を略奪し、昼夜兼行でソ連領土に運び込んだ。また、日本が悲痛な努力で仕上げてきた工業施設を、満鉄職員を使ってソ連本土へ搬送させたのである。これはまさに20世紀における典型的な「国家による強盗行為」であるというべきである。

ソ連軍は白昼堂々と倉庫の中のものを盗み出し、町で売りさばき、得た金を着服した。夜になると泥酔状態で酒臭気をまき散らしながら、町中「マダム」を捜し回った。恐れおののく庶民はドアと窓を締め切り、ソ連軍が一日も早く帰ることを内心祈っていた。彼らは敗北した日本人に強奪と暴行を振るうだけでなく、同盟国であるはずの中国の庶民に対しても悪事をさんざん働いたのである。ソ連軍の軍紀の乱れは実に目に余るものがあった。

3・ソ連の捕虜連行

ソ連軍は「日本人男狩り」といわれる「奴隷狩り」を行なった。70万人以上を、ポツダム宣言にも国際法にも違反して、シベリアに拉致移送して、奴隷として強制重労働をさせた。拉致移送の途中で10万人以上の死亡者があり、約60万人が捕虜となった。ソ連のこれらの行為は、明白な国家による犯罪であり、人道に反する罪であって、国際裁判で裁かれるべきである。

１９４５年8月23日にスターリンは次のように命令した。「強制労働に耐えうる健康な捕虜50万人を選別し、１０００人ずつに分け、建設大隊を編成する。捕虜の被服や寝具はすべて戦利品から調達する」と。捕虜のほとんどは軍人であったが、技術や通訳の能力を持っていた軍属・満州国政府や満鉄の日本人職員、そして看護婦などが５０００人も連行された。ソ連はドイツ人や日本人の軍人や民間人を４１２万人も捕虜としたのである。

これだけの大量の捕虜を捕獲連行した理由は、ソ連の戦後の復興にタダの労働力として使用するためであった。したがって、この捕虜とされた日本軍民はシベリアに限らず各地の収容所に収容された。モンゴル、中央アジア、ウクライナ、モスクワ近郊など広範囲であった。厚生労働省によると、シベリア抑留者は約57万５０００人で、１９５０年までに47万３０００人が日本に帰還し、抑留中に死亡した人は5万５０００人である。なお、満州・北朝鮮に移送された人は4万７０００人とみられているが、満州・北朝鮮への移送者はその相当数が現在も行方不明となっている。

シベリアに抑留された日本人捕虜（軍人及び民間人）は、まぎれもなく奴隷として扱われた。一切の人権が奪われ、生きるための食糧も十分に与えられず、重労働で酷使されたのである。しかも、ソ連は零下30度～50度の極寒の野外で、休憩なしの奴隷労働を強制したという。病気になっても、怪我をしても、奴隷労働を強制した。極寒の中で凍傷になり、手足の切断を余儀なくされた者も少なくなかったという。

死亡すると、遺体の衣服をすべて剝ぎ取って丸裸にし、埋葬することも火葬することもなく荒野もしくは谷底に遺棄され、虎や狼の餌食としたのである。日本人捕虜は、まぎれもなく抑留者ではなく奴隷として酷使され、多くの人が死に追いやられたのである。この事実を日本人は決して忘れてはならない。できるならば、「人道に反する罪」として国連に告発し、特別法廷での審理を要求すべきであると思う。

ソ連から北朝鮮に送られた抑留者も過酷な運命をたどったという。かつてはあまり知られていなかったが、シベリアから北朝鮮に移送された抑留者2万7000人余の名簿がロシア国立軍事アーカイブから日本政府に引き渡され、その実態の一部が知られるようになった。体験者の一人である中川清さんは、ピョンヤン郊外のサムハプニ収容所では強制労働で6000人のうち1000人が死亡し、300人がコレラで亡くなったと語っている。チョンジン収容所にいた橋詰正雄さんも、日本人が屋外に寝かされ、毎日10人以上が死んでいったと語っている。体験者はあまりに過酷な体験だったため、家族にも語ることができなかったという。いまも北朝鮮には多くの抑留者の遺骨が残されたままだ。

4・関東軍は日本開拓団を見捨てた！

昭和20年（終戦）の春、日本の高級軍人の家族たちは、満州奥地から特別列車を仕立てて本土へ引き揚げた。残された開拓団員、兵士、警官たちはそれを見て不安を感じた。果たせるかな、その年の8月9日、ソ連軍が襲撃し満州の奥地は生き地獄と化した。関東軍司令部は、高級軍人の家族たちを憲兵に護らせ日本へ引き揚げさせたが、一般開拓団の日本人母子老人家庭は見棄てたのである。見棄てられた多数の老人、婦女子、小学生、乳幼児は、ソ連軍戦車の銃撃と中国人の銃、鍬、こん棒などによる襲撃で殺害され、逃げ場を失った人たちは最後に集団自殺をしたという。

土壇場に追い詰められた日本軍が、わが同胞を見捨てるという卑劣な行動をとったことは極めて残念である。日本の軍隊は当然天皇の命を受けて行動するのであるが、窮地に追い込まれた国民を見捨てるような軍隊は日本軍ではあり得ない。日本軍のあってはならぬ裏の一面を見せつけられ、複雑な気持ちにならざるを得ない。

5・通化事件（1946年2月3日）

ソ連軍は1946年に満州を撤退したが、その後満州は国民党軍と中国共産党軍の内戦の戦場となった。中国共産党軍が優勢となり国民党軍は敗れて退散した。その後、満州にいた日本民間人は中国共産党軍の支配下に置かれ、大きな被害を受けることになったのである。

日本の引揚援護庁と外務省で4年間にわたり調査した結果によると、1945年8月9日のソ連の参戦により、通化《つうか》には満州各地から避難してきた日本人が3万人も集まっていた。ソ連軍の後を引き継いで進駐してきた中国共産党軍も、ソ連軍と同様に、日本人に対する虐殺、暴行を繰り返した。これに我慢ならず、藤田実彦大佐らが中心になって昭和21年（1946年）2月3日に蜂起した。しかし、その計画が事前に中国共産党軍にもれ、奇襲攻撃はことごとく失敗に終わった。その結果、中国共産党軍（八路軍《はちろぐん》）の恐ろしい報復が始まった。これが「通化事件」であり、中国共産党が日本人に行なった最大の虐殺事件である。

中国共産党軍は日本人の男を15歳から60歳まで、女も蜂起に関係あると見なした者をすべて連行した。連行の際、一人一人首を針金でつなぎ合わせて連行したという。拘束者は3000人近くにのぼり、旧通運会社の社宅などの建物の各部屋に押し込まれた。中には8畳ほどの部屋に120人が強引に押し込められ、あまりの狭さに身動きが一切とれず、大小便垂れ流しのまま5日間立ったままの状態で放置された。抑留中は酸欠で「口をパクパクしている人たち」や、精神に異常をきたし声を出す者などが続出した。その度に窓から銃撃され、窓際の人間が殺害された。殺害された者は立ったままの姿勢で放置されるか、他の抑留者の足元で踏み台となった。足元が血の海になっても死体を外に出すこともできなかったという。

拘束から5日後に部屋から引き出され、兵士たちに棍棒で殴りつけられ、多くが撲殺された。撲殺を免れた者も多くは手足を折られるなどした。その後、中国共産党軍による拷問と尋問が行なわれ、凍結した渾江（鴨緑江の支流）の上に引き出されて虐殺された。

さらに、蜂起計画に関与しなかった一般市民も含めて、民間人２０００人近くが虐殺された。通化事件が起こったのは１９４６年であり、既に日中戦争は終わっていた時期であった。敗戦によって国が亡くなり他国に支配されるということはどういうことなのか。その実例がこの通化事件である。終戦直後、中国共産党によるこうした日本人殺害事件は満州各地で相当数あったと云われている。しかし、日本のマスコミは例によって敵の非なることや日本人の受けた傷は、決して報道していない。多くの日本人はいまだ歴史の真相を知ることなく、捻《ね》じ曲げられた虚構を信じ、お詫びと謝罪を続けているのである。

第６節　中国における国共合作《こっきょうがっさく》と内戦

本章における前節までの記述は、日中戦争の表面に現れた歴史的事実を経時的に述べたものである。日中戦争は日本軍国主義が始めた侵略戦争であると中国側から厳しく非難されてきた。しかし、多くの文献・記録により明らかにされてきた日中戦争の実態は、中国国民党（国）と中国共産党（共）との権力抗争による内戦であり、日本はこの権力抗争に巻き込まれた脇役であったのである。この観点からここでは、日中戦争がどのようにして起きたか、その真実を歴史の裏側から探ってゆきたいと思う。

1・辛亥革命後の権力闘争と国共内戦

辛亥革命（1911年）で清国は崩壊し中華民国が誕生した。しかし、袁世凱が強権政治をとったため、これに反発して戦乱の時代に入った。袁世凱亡きあとの北京政府軍閥、孫文が設立し蒋介石が引き継いだ中国国民党、張作霖が率いた奉天派軍閥、そしてコミンテルンの指導をもとにできた中国共産党（1921年、上海）などの軍閥が、権力を競って抗争を繰り返していた。そして日中戦争（1937年～）が始まる頃には、中国国民党（国）と中国共産党（共）の2つに勢力が収斂していった。この国民党と共産党は互いに連携したり（合作）、離反して抗争したり（内戦）して推移し、最後は共産党が中国を統一するのである。この国共の内戦に引き込まれたのが日本であり、日中戦争はコミンテルンの策略に利用されて起きた戦争である。

２・コミンテルンの策略

第７章で詳しく述べているように、コミンテルン（共産主義インターナショナル）は共産主義を世界に普及させることを目的として作られたものであり、全世界を共産化するため次のような策略を立てた。

先ず世界列強の帝国主義国家の間で戦争を起こさせる。戦争は勝っても負けても交戦国の混乱・疲弊をもたらし、少なくとも平時より共産革命を進め易くなるからである。この政策を中国で実行に移したのが、中国国民党と日本に対しての中国共産党の策略である。両者を戦わせ、疲弊させ混乱させることを謀ったもので、国民党が疲労すれば共産党が強くなり、中国を共産化することができる。また、日本が疲労すれば日本の共産化が可能になる、というものである。この策略が果たしてどのように運ばれたかを以下に述べていく。

３・第一次国共合作とその分裂

孫文は日本の支援を得て中国改革を目指し、袁世凱とともに清朝を倒して中華民国を成立させた（１９１２年、北京）。孫文との約束によって、袁世凱は中華民国の大総統となった。しかし、袁世凱は改革に反して強権政治を始めたので、孫文は袂を分かち、中国国民党を結成した（１９１９年、広東）。

辛亥革命の失敗を味わった孫文は、「孫文＝ヨッフェ共同宣言」を発表し、革命のパートナーを日本からソ連に切り替え、中国共産党と協力関係を結んだ。ここに、中国国民党と中国共産党とが協調路線をとるようになり、第一次国共合作が実現した（1924年）。

孫文の死後、蔣介石がその後を継いだ。しかし、蔣介石はもともと反共であり、上海クーデター（1927年）によって共産党を排除し、国共合作は崩壊した。共産党勢力を一掃後、蔣介石は国民党右派による南京政府を樹立した（南京国民政府。1927年）。蔣介石は孫文の意思を継いで北伐軍を進め、張作霖を追い払って北京を占領し、軍閥時代を終焉させるとともに国民革命による中国統一を完成した（1928年）。他方中国共産党は、毛沢東派と朱徳派が合流し、1931年江西省瑞金を首都として中華ソビエト共和国を誕生させた。

この頃、日本の関東軍は奉天郊外で柳条湖事件を起こし、張学良の大軍を追い出して満州南部を制圧した（満州事変、1931年）。ついで1932年3月清朝最後の皇帝・愛新覚羅《あいしんかくら》溥儀《ふぎ》を元首にして満州国を成立させた。国際連盟がこれを認めなかったが、日本はこれに抗して満州の開発を進めた。この日本側の一連の動きに対して、中国全土には抗日運動が充満していった。

4・第二次国共合作（西安事件、1936年）

蔣介石は日本軍の満州制圧よりも共産党の勢力増加に恐れを抱き、たびたび共産党軍を攻め立てた（第一次国共内戦）。共産党は防衛戦術で失敗を繰り返し、遂に北部の延安へ追いやられた（1934年）。国民党軍は共産党軍を後一歩で壊滅させるところまで追い詰めたのである。しかし、ここで思わぬどんでん返しが起きた。蔣介石は共産党を殲滅《せんめつ》するため、配下の張学良を東北軍の大軍と共に送り込み、後から西安に赴いた。ところが、張学良は既に共産党に寝返っていて、突然蔣介石を監禁し、捕虜として共産党に突き出したのである（西安事件、1936年）。毛沢東は蔣介石を殺そうとしたが、コミンテルンの指示で助命し、そのかわりに共産党と協力して日本と戦うことを約束させた。1937年9月、抗日民族統一戦線が成立し、第二次国共合作が誕生したのである。

5・日中戦争

中国共産党は、コミンテルンの指示に従って、日本と国民党とを戦わせるように積極的に動いた。共産党は、日本が中国との戦いを望んでいないことを知っていたため、駐屯している日本軍に度重なる攻撃を仕掛け、少数部隊を殲滅したり、また日本居留民を虐殺したりして、日本を戦争へと誘った。通州事件はその一例であるが、類似した反日抗日事件が華北を中心として頻発した。

この雰囲気の中で起きたのが盧溝橋事件である。最初の発砲は日本軍であると報道されていたが、その後、最初に発砲した真犯人は国民党軍の中に紛れ込んでいた共産党兵士であり、国民党軍、日本軍の両方へ発砲したことが明らかになった。日本は最初から不拡大方針をとり、戦火を早く収めるよう努力した。蒋介石も日本と全面戦争をすることには最初は消極的であった。しかし、国共合作で抗することができず、遂に意を決したらしい。日本側は何とか戦争に至らないように和平交渉を繰り返したが、いずれも一方的に破られ、しかも中国側が本格的な戦争を決意していることが分かってきたので、日本もやむなく全面戦争への意思を固めていった。

こうして戦火は北から南にうつり、上海戦（第二次上海事変）そして南京戦へと進んだ。蒋介石が率いる国民党軍は連戦連敗し、首都を重慶に移して抗戦を続けた。日本軍の矢面に立つのは常に国民党軍で、国民党軍はかなり勢力を落としたが、米英の支援を受けて戦争に耐えていた。他方、共産党軍は国共合作しているにもかかわらず、戦場の第一線を極力避け、日本軍が占領した土地の後方で農村をてなずけ、実力を養う作戦をとってきた。そして、日本が日米戦に負けて敗戦を迎え、中国から引き上げると、国民党と共産党との本格的な内戦が始まるのである（第二次国共内戦）。

日中戦争を振り返ると、日本ははじめからやる気のないところを、コミンテルンに従った共産党に度々煽られ、挑発されて、仕方なく戦争に引き込まれた。日本は、開戦後も和平を求めて交渉に努力してきたがいつも拒否され、最後まで共産党に利用された目的のない無駄な戦争を続けた。この日中戦争を日本の侵略戦争であると非難するのは、歴史の真相を全く知らない人の解釈である。

６・第二次国共内戦

日本は日米戦争で敗北し、１９４５年敗戦を迎え、日中戦争も終結させた。

敗戦により、日本は満州（東北地方）と台湾を中国に返還し、中華民国は国際連合の常任理事国の一員となった。しかし国内では、国民党と共産党とは再び対立し、内戦が始まったのである。

当初国民党は米英の支援をうけて優位を保ち、１９４７年６月には共産党の拠点である延安を陥落させた。しかし、共産党は農村部を味方につけ、ソ連の支援を受けて反撃の準備を進めた。ソ連が支配している満州に勢力を移し、満州が国共の重要な攻防戦の場所となった。満州にはソ連軍が先になだれ込んで占拠し、ソ連軍が撤収した後、中国共産党軍が入ってきた。ソ連軍の撤収前に、日本軍が武装解除していた兵器をそっくり中国共産党軍が譲り受ける幸運に恵まれたのである。

中国共産党軍は次第に勢いを得て、長春、瀋陽などの国民党軍との攻防戦で次々と勝利を収め、満州をほぼ掌中に収めた。共産党軍は、降伏してきた国民党軍にすぐさま思想教育を施して自軍に取り込み、同時に国民党軍が持っていたアメリカ製兵器も取り込み、どんどん強化されていった。また、満州に居留していた日本の医療関係者や看護婦も強制的に共産党軍に組み込まれ、共産党軍の病院、治療に大きく貢献したという。また、軍人として共産党軍に加わった日本軍人は1万人近くいたという。さらに、共産党軍は航空隊を持っていなかったので、日本の飛行隊長を共産党軍に取り込み、パイロット育成や技術訓練に当たらせたという。

このように強化された共産党軍は国民党軍を南に追い詰め、遂に国民政府の首都南京を占領した。国民党首脳は広州や重慶に逃れて抵抗したが、その年の12月までにほとんどの国民党軍は降伏させられた。国民党の敗北の要因は、日本人およびその武器を利用できなかったこと、さらにアメリカの支持を最後になくしたことである。これは、アメリカ政府に潜り込んだコミンテルン・スパイの働きによる結果である。蔣介石は最後に国民党の政府要人および残党を引き連れ、台湾に逃れ、中華民国を存続させた。一方、毛沢東は大勝利し、1949年10月1日、北京で中華人民共和国の樹立を宣言した。

このように、日中戦争および国共内戦では、コミンテルンの策略が見事成功し、中国は完全に赤化されたのである。

7・蒋介石と日本

蒋介石は日本に留学し、高田の砲兵学校で軍事教育を受けた。帰国後孫文の下で辛亥革命に参加した。第二革命に失敗した後、日本に亡命し、日本政財界による支援を受けて清朝打倒に奔走するなど、その生涯において日本との関係は深かった。孫文の死後、孫文の遺志を継いで北伐を完成させ、不完全ながら中国の仮統一をした。これを区切りにして、蒋介石は中国国民党をつくり南京国民政府を樹立した。

蒋介石は第二次北伐に出発する前に日本に来て田中義一首相と会談した。日本からの北伐支援の約束は得られなかったが、「国民改革が成功し中国統一が成功したあかつきには、日本はこれを承認する」との言葉をもらい、これに対し蒋介石は、「国民政府は満州に対する日本の地位と特殊権益を認める」という返事を返したという。しかし、北伐の途中で済南事件が起き、さらに西安事件で命と引き換えに抗日を共産党に約束させられ、蒋介石は心ならずも、抗日の旗頭にならざるを得なかったのである。

日本の敗戦後、蒋介石は、連合国の会議において、列強による日本の分割統治に反対し、天皇制存続を訴え、また日本への賠償請求権を放棄するなど、日本に好意的な面を示した。そこには、西安事件以来、彼が不本意にも共産党の意向にそって日本軍と戦争をしたことに対する後悔があったのかもしれない。賠償請求権を放棄してくれたことは、日本にとってありがたいことであった。ただ、中国を焦土にしたのは日本軍ではなく、むしろ蒋介石軍であり、また毛沢東軍であった。日本に賠償請求する権利はもともと彼らにはなかったのかもしれない。なお、日本は戦後台湾に莫大な資産をそのまま残し、蒋介石はそれを受け継いだのである。その結果、彼は賠償以上の大きな富を手に入れたことにもなるのである。

それにしても、中国共産党やコミンテルンの介入がなければ、日中戦争は起きていないし、中国との関係は今日と全く違ったかたちになっていたであろう。

第6章　アメリカの野望と日米戦争

第1節　アメリカの「西へ西へ」の侵略戦争

アメリカが1776年に独立してから今日までわずか240年足らずの間に、超覇権帝国に躍り出たのは、先住民や他民族への侵略に次ぐ侵略の歴史があったからである。アメリカの侵略史の第一歩は先住民の殺戮《さつりく》・征服である。1万年以上の歴史を持つアメリカ・インディアンを殺戮し、「西へ西へ」と開拓して国を広げた。この西部侵略は太平洋に達し、さらに海を越えてハワイ、グアム、フィリピンへと進み、ついに日本列島まで達したのが太平洋戦争である。太平洋戦争はアメリカの一貫した西部への侵略戦争の延長とみることができる（註：太平洋戦争は、1941年12月8日から1945年9月2日にかけて日本と連合国とのあいだで戦われた戦争のアメリカ側の呼称。日本は1937年に勃発した支那事変も含めて「大東亜戦争」と呼称したが、敗戦後、GHQにより禁止された）。グアム、フィリピンはアメリカ領となる以前はスペイン領であったが、米西戦争でアメリカがスペインに勝利して植民地とした。さらに、アメリカは中国大陸への進出を狙っていたが、英仏などの先進国による分捕り合戦は既にかなり進んでいて、残されているところは満州程度であった。出遅れたアメリカは、「自分も入れろ」という意味で「中国の門戸開放と機会均等」を強く主張するようになった。

第2節　アメリカの日本打倒計画

1・日露戦争とオレンジ計画

日本は北から執拗に南下してくるロシアを防ぐため、勇敢に立ち上がって日清戦争（1894〜1895年）や日露戦争（1904〜1905年）をやり、勝利してロシアによる朝鮮および中国への侵略を抑えた。日露戦争は白人が近世初めて黄色人種に敗北した戦争であるということで、日本の勝利は世界の植民地支配に苦しんでいる非白人族を感動させた。当初、イギリスもアメリカも日本人が彼らのライバルであるロシア帝国を破ってくれたことを歓迎した。ところが欧米の白人は、極東の日本の台頭を見て、有色人種を一方的に白人が支配することができなくなることに、危機を感ずるようになっていた。その代表がドイツ皇帝ウイルヘルム二世の「黄禍論《こうか》」であった。この「黄禍論」は、黄色人種の台頭が白人文明ないし白人社会に脅威を与えるという主張であり、アジアに対する欧米諸国の侵略や黄色人種への圧迫を正当化するために用いられた主張である。この思想は、とくに日露戦争以後広まり、アメリカ本土における中国系移民や日系移民の排斥につながる要因にもなったのである。

アメリカの大統領セオドア・ルーズベルト（26代、1901〜1909年）は最初親日的で日本を応援し、ポーツマス条約を仲介して日露戦争を短期におさめるなど、日本を支援してくれた。しかし、心の底では、日本のアジアでの発展はアメリカの太平洋やアジア覇権に必ず障害になると考え、日本を仮想敵国に位置付けるようになったのである。この時期早くもオレンジ計画という日本打倒の国策が打ち立てられたのである。これはアメリカの日本に対する黄禍論の嚆矢《こうし》とみてよい。オレンジ計画は、仮想敵国を色分けし日本を「オレンジ」色に区分したので「オレンジ計画」と名付けられたのである。

2・ハリマン事件

日露戦争後日本は、ルーズベルト大統領の仲介によるポーツマス条約で、①韓国に対する保護権、②遼東半島の租借権と南満州鉄道および沿線の利権、③ロシアの南樺太、を獲得したのである。すると早速、アメリカの鉄道王ハリマンは、「南満州鉄道」の経営参加を日本に申し込んできた。日本は大方の賛同を得て桂太郎首相と予備協定まで締結したが、外国から帰国してきた小村寿太郎外相が「膨大な人命と国費を犠牲にして得た満州の権益を、外人と共有させるなど到底許されない」と猛反対し、予備協定は破棄された。

ところが日本は、日露戦争を始めるにあたってアメリカのユダヤ資本から膨大な借金をし、ルーズベルト大統領の仲介で勝利を確保し、「南満州鉄道」の権益を得ることができたのである。しかるに、日本は、アメリカの恩義に背いてハリマンの申出を拒否したのである。アメリカは以前より支那大陸に進出したいと考えていたので、そのショックは大きかったと思う。ハリマンは怒り、ルーズベルトは日本を見放し、次第に日本がアメリカにとって邪魔な存在になっていったのである。ただでさえ、アメリカは有色人種の日本が白人の大国であるロシアに勝ったことに脅威・恐怖を感じ始めていたのであり、これが倍加されたことは十分理解できる。

3・オレンジ計画の高まり

日露戦争後、日本の突出した行動に対するアメリカ人の恐れと人種差別とが結びついて「オレンジ計画」は生まれたが、さらにハリマン事件のショックが重なって、アメリカでは日本のおごりを感じ、「黄色人種の日本が出しゃばるのは許せない」という人種差別意識が強くなってきたのである。この流れの中で、オレンジ計画は年々改訂され、「いずれ日本を叩きつぶす」というかたちで計画は進められたという。そして、１９４５年太平洋戦争が終結するまで、アメリカの行動はすべてこのオレンジ計画に基づいて遂行されたとのことである。

オレンジ計画が作成された時から、アメリカ本土における日本移民に対する執拗な排斥運動や国際舞台における日本締め付けが始まったのである。

第3節　アメリカの国際会議における日本締め付け

1・アメリカの人種差別と排日運動

第一次世界大戦が終わり（１９１９年１月）、戦後の処理をするためパリ講和会議が開かれた。ドイツに対する制裁が決定され、ついで、世界の平和を維持するため国際連盟を設立することが新しく提案された。戦勝国側の日本は、この会議で存在感を示そうとして「人種差別撤廃」を提案した。人種平等には表向き反対できないので、投票の結果、過半数の賛成が得られた。ところが議長のアメリカ大統領ウイルソンは、このような重要な決定は全員一致が必要であるとして、可決したはずの議案を否決してしまったのである。

当時植民地を持っていた白人列強国にとって「人種差別撤廃」は都合が悪いものであったことは事実である。しかし、これは明らかにアメリカの日本に対する挑戦であり、両国間の感情の対立は一段と進んでいった。ところが、当時人種問題で苦しんでいたアフリカやアイルランドの人々は、日本提案の「人種差別撤廃」案が否決されたことを残念に思い、白人の横暴を非難し日本に大きな声援を送ってきたという。

国際連盟における「人種差別撤廃」案の否決に呼応するかのように、アメリカ本土における日本移民に対する排日運動が盛んになってきた。１９２０年、アメリカ・カリフォルニア州において「排日土地法」が作られた。カリフォルニア州は先に、日本人移民の土地所有を禁ずる法律をつくっていたが、今度は日本人移民の子供に至るまで土地所有を禁じた。多くの日系人はこれまで、すばらしい農地を育て上げていたが、それをそっくり白人に明け渡して、日本へ引き上げざるを得ない人も多くいたという。

さらに排日運動は進み、１９２４年「絶対的排日移民法」が連邦法として可決された。それまではカリフォルニア州に限られた法律であったが、今度はアメリカ全土で日本人移民を排斥することになったのである。このアメリカの排日運動は太平洋戦争に至るまで続いたのである。

2・ワシントン会議におけるアメリカの日本締め付け

日露戦争以後アメリカは次第に日本を警戒するようになり、国際会議で日本を締め付けるようになった。アメリカが提唱し、アメリカ、イギリス、日本、フランス、イタリア、中国、オランダ、ポルトガル、ベルギーの9カ国が参加してワシントン会議（1921〜1922年）を開き、海軍軍縮や極東・太平洋問題および中国問題（二十一カ条要求問題）を審議した。日本にとっては日米開戦に至るまでの日米関係の枠組と方向を決定する、歴史的に重要な会議となったのである。

（1）中国問題（対華二十一カ条要求問題）

第3章3節で述べたように、日本と中国の間で交わした「二十一カ条要求」問題を、中国は不服としてワシントン会議に提訴した。イギリス、フランス、ロシアは、日本の要求内容は妥当だとして干渉を控えていたが、アメリカは中国支援を表明し、日本に猛烈な非難攻撃を繰り広げてきた。やむなく日本は、「二十一カ条」の一部である「山東省の権益」を中国に返還することを承認した。山東省のドイツ権益を日本が引き継ぐことは多くの国によって支持されていたが、アメリカのみが日本の中国進出に強い不満を表明したからである。

さらにワシントン会議では、中国の主権・独立と領土保全を尊重することや、各国が中国に機会均等に接し門戸解放が受けられるようにすることを決定した。

（2）海軍軍縮条約

日露戦争直後におけるアメリカ海軍は日本海軍に比較して決して強大ではなかった。そこでアメリカは日本を最大の敵手とみなし、世界第2位の海軍を目指す建艦計画を進めた（1916年）。しかし、これが逆に日本およびイギリスの海軍の拡張計画を促し、三大海軍国の激しい建艦競争が始まる状況となり、各国とも緊張感の高まりと財政負担の危機を感ずるようになった。そこで、アメリカは各国に提唱し、海軍軍縮の問題をワシントン会議に提案したのである。その結果、「主力戦艦の保有比率を米：英：日で5：5：3にすること、今後10年間主力艦を建造しないこと、太平洋の島々の軍事施設を現状維持とすること」を決めた。

このワシントン会議で決められた秩序（中国大陸問題およびワシントン海軍軍縮条約）は、ワシントン体制（九カ国条約）と呼ばれた。日本は九カ国条約の内容について強い不満を持っていたが、その不満を抑えて国際協調に努め、特にアメリカとの強調関係を確保するように努力した。当時、アメリカ本土では排日移民法が実施され厳しい状況にあったが、アメリカは日本にとって最大の貿易国であったので、我慢し耐えながらアメリカとの融和関係を保つよう努力したのである。

3・ワシントン・ロンドン海軍軍縮会議からの脱退

ワシントン会議で決められた海軍軍縮条約は日本としては不満であった。しかし、時の外相・幣原喜重郎の主張によってワシントン体制を尊重する態度を続けた。ただワシントン条約では、巡洋艦以下の補助艦艇の建造数に関しては制限していなかったので、日本および各国とも巡洋艦の建造に力をいれた。ところが、日本の建造した巡洋艦が他国のものより性能がよかったため、日本の建艦を抑えるためイギリスがロンドン海軍軍縮会議を提唱した（1930年）。日本は元首相・若槻礼次郎を全権として会議に臨んだが、米英の強い主張でアメリカ、イギリス、日本の間の補助艦艇の建艦比率も10：10：7と決められた。

この案を持ち帰ると軍令部は猛烈に反発した。しかし、浜口雄幸内閣はイギリス、アメリカと協調する方針をとり調印にまでこぎつけた。ところが、野党（立憲政友会の犬養毅や鳩山一郎ら）は、「軍令部は統帥権《とうすいけん》をもった天皇の補佐機関である。軍令部が反対しているのに調印するとは何事だ！　統帥権干犯である」と激しく抗議した。この「統帥権干犯問題」は当時大問題となり、遂に浜口首相は暴漢によって狙撃され命を落とす結果となった。

その後、齋藤實内閣、岡田啓介内閣が続くが、岡田内閣に至って、海軍強硬派を抑えきれず、結局ワシントン海軍軍縮条約を破棄し、ロンドン海軍軍縮会議を脱退する結末となった（1934年）。先年の1933年には国際連盟の会議において満州事変に関するリットン報告書の決議を拒否し、国際連盟を脱退したばかりであった。このように、アメリカから強い締め付けを受け、日本は国際社会から追放され、完全な孤立の道を進むようになったのである。

第4節　日中戦争におけるアメリカの中国支援

1937年、盧溝橋《ろきょうこう》事件をきっかけに日中戦争が勃発した。日本にとっては中国側の挑発で否応なく巻き込まれた戦争であった。この戦争で日本軍が満州から万里の長城を越え、中国内部にまで足を踏み入れたとき、アメリカから激しい怒りを買うことになったのである。

1・アメリカの中国贔屓《びいき》と幻想

アメリカ国民の中国贔屓は、まず19世紀末より中国へ渡った多くの宣教師たちの影響に始まる。そして中国贔屓の感情が決定的になったのが、辛亥革命以後である。清国の帝政が廃止されるや、多くのアメリカ国民はアジアにおける「姉妹共和国」の誕生を歓迎した。「中国人はいまや世界で一番民主的な共和国である」といった言論が、当時アメリカの新聞や雑誌では叫ばれていた。

蔣介石は日中戦争では日本軍との戦いで連戦連敗を重ねてきたが、宣伝戦は実に巧みであった。上述のアメリカ人の中国贔屓および奇妙な幻想をたくみに利用したのである。蔣介石は中国軍による民間人虐殺を日本軍の仕業にみせかけるため、その捏造写真をアメリカ国内にばらまき、反日宣伝を繰り広げたのである。また蔣介石夫人の宋美齢は、アメリカ中を講演会で駆けめぐり、「日本の暴虐」を訴えた。彼女は英語がペラペラ、しかも美人、またキリスト教徒であったので、アメリカ世論は宋美齢をとおして完全に蔣介石支持となっていた。他方、日本に対しては、「日本軍は暴虐で憎し」という悪いイメージだけが浸透していったのである。当時、日本人は意識していなかったようであるが、宣伝戦では中国側に大きく水をあけられていたのである。

２・偽書「田中上奏文」

丁度この頃、作者不明の悪質な偽書「田中上奏文」（田中メモリアル）が出まわっていた。当初は作者不明な偽書として中国で流布し、ついでアメリカそして世界へと広まった。これは「田中義一首相の上奏文」をイメージして作られた偽書であることは明らかであった。関係者は「日本は世界征服の陰謀を企てている」ことを証明する文書として理解していた。アメリカ議会ではしばしば回し読みまでされたという。アメリカ人、特にルーズベルト大統領はこれを読んで信じ込み、強い反日感情を燃え上がらせたという。のちになって、この偽書はソ連が創作したものであることがあきらかになってきた（第7章3節を参照）。

3・中国に対する軍事援助

アメリカは、日米開戦の9カ月も前（1941年）から日中戦争に介入し、日本の交戦国である中国（蔣介石政権）に航空機、武器弾薬、軍需物資などを供給していた。国際法によれば、交戦国の一方に軍事援助することは、中立国の立場を放棄したことになり、武力攻撃の対象となりうるのである。アメリカは当然そのことを承知の上で蔣介石を援助していた。

日本としては、日中戦争を終わらすためには、蔣介石政権を助けているこの「援蔣ルート」を断つことが重要であった。当時、援蔣ルートには四つあり、①仏印ルート、②ビルマルート、③南支那ルート（香港、海南島）、および④ソ連からのルートであった。日本は最大の援蔣ルートである仏印ルートを断つため、南方に兵を進めた。これがアメリカの怒りを買い、戦争に突入する直接の要因になったのである。

第5節　ルーズベルトの戦争挑発

１９３３年にアメリカ大統領に就任したフランクリン・ルーズベルト（32代、１９３３〜１９４５年）は、オレンジ計画をつくったセオドア・ルーズベルトの甥であり、彼は徹底した反日主義者であった。「田中上奏文」の内容を信じ、日本は世界征服の陰謀を企てている「悪の帝国」であると確信していた。日本打倒のオレンジ計画を信奉し、着々とその策略を進めていった。彼は徹底した人種差別論者で、特に日本人に対する憎悪は強烈であった。

１９３９年、第二次世界大戦が始まり、盟邦イギリスがドイツに攻め立てられているのを見て、ルーズベルトはイギリスを是非助けたいと考えそのチャンスを窺っていた。しかし、アメリカは先の第一次世界大戦で大きな犠牲を払い、アメリカ国民は欧州戦争への介入に強く反対していた。ルーズベルトは、この国民の願いに沿って、戦争はしないということを公約にして大統領に当選したのである。したがって、大統領の方から参戦を云い出すことはできなかった。しかし、日本が先制攻撃をしてくれれば、国民はやむなく参戦に同意するだろう。そして、日本と開戦すれば、日本を中国から締め出し、アメリカの中国進出が可能になる。また同時に、ドイツを攻撃してイギリスを助けることができると考えた。

ルーズベルトは何とか日本を日米戦争へおびきだすため、次々と日本に挑発をしかけてきた。まず蔣介石へ軍事物資を送って日中戦争を長期化させ、石油と屑鉄の日本への輸出を禁止した。石油の大半をアメリカに依存していた日本の打撃は致命的であった。日本は生存のため、東南アジアの石油に頼らざるを得ず、やむなく南方進出を決めた。アメリカはイギリス・中国・オランダの3国を誘導して、所謂《いわゆる》ABCDラインという経済封鎖を組み、日本を物質的に完全に封鎖した。日本はこの危機を脱するため、誠意をもって日米交渉を進めた。しかし、アメリカは最初から交渉をまとめる意図はさらさらなく、戦争を準備する時間稼ぎをしていたのである。アメリカは日本側が飲めないことを承知の上で、次々と難題を突き付けてきた。そして、最後にハル・ノートを突き付けてきたのである。「中国大陸や仏領インドシナから日本軍を引き揚げよ」という少しの妥協も許さない一方的な要求であり、宣戦布告を意味していた。つまり、「日本がこれまで長年努力してきたことすべてを投げ捨てよ」という要求であった。ここに至って日本は、「座して死を待つより、戦って死すべし」という気運が生まれ、開戦を決意したのである。

以上のごとく、今回の日米戦争は、アメリカ大統領が日本に合衆国を攻撃させるよう綿密に仕組んだ戦争であった。さらに云えば、アメリカが長年積み重ねてきたオレンジ計画に従って、ルーズベルトが巧妙に仕掛けてきたアメリカによる日本への侵略戦争でもあった。なお、この日米戦争は、第7章で述べるように、ソ連コミンテルンが日本およびアメリカの政府に多くのスパイを潜り込ませ、両政府を巧妙に誘導して起こした戦争でもあった。

第7章　世界を謀略に巻き込んだコミンテルン

第1節　コミンテルンの謀略

ロシア革命後の大正8年（1919年）、コミンテルン（共産主義インターナショナル）が結成された。これは世界に共産主義を普及させ、革命家を育成し、ロシア革命を世界革命にまで発展させることを目的とした組織である。世界各国に組織された共産党は、いずれもソ連コミンテルンの支部として発足し、その国の共産化を目的として動いた。中国、日本、アメリカに造られた共産党は、それぞれ自国の共産化に努力すると同時に、世界共産主義社会の実現を目指して活動したのである。

コミンテルンの戦略は1928年第6回大会で決定された。それによると、世界列強の帝国主義国家の間で先ず戦争を起こさせる。戦争は勝っても負けても交戦国に混乱と疲弊をもたらし、少なくとも平時より共産革命が進めやすくなるからである。当時、日独グループと米英グループの間が対立し険悪な雰囲気にあった。これを鋭く見て取ったコミンテルンは、この日米間の対立をさらに激化させるよう誘導し、戦争を開始させようとしたのである。国家間で戦争が始まれば、交戦国はそれぞれ戦争に没頭し、部外者のソ連は攻められないので安泰となる。と同時に、前述のように、共産革命はより進めやすくなるという政策である。

京都大学教授の中西輝政氏によると、当時コミンテルンの工作員は、中国はもちろん、日本そしてアメリカにもかなりの数が潜入していたという。そして、彼らは互いに連絡しあって、例えば日独伊三国同盟を推進させ、日米間の分断を誘導したという。さらに、後で詳しく述べるように、日本の政策をソ連に都合がよいように変更させた。例えば日本軍の北進をやめて南進を実行させるようにし、日米戦争へと見事誘導することに成功したのもその一つである。

これらの具体的経過は、現在歴史家によって研究が進められ、多くのことが分かってきた。このコミンテルンの戦略が実際どのように進められたか、中国、日本、アメリカにおける推移を具体的に見てゆく。

第2節　中国におけるコミンテルンの政策誘導

1・コミンテルンによる中国共産党の設立と育成

中国共産党は1921年コミンテルン主導のもとに結成された。中国を共産化することを目指し、優秀なスパイを多数育成した。ついで、この大量のスパイを中国共産党と敵対関係にある中国国民党内にも送り込み、国民党の孫文および蒋介石を裏で操り、中国共産党に有利な方向へと誘導した。

孫文が辛亥革命を起こし中国国民党をつくると、早速コミンテルンが接近して大物工作員を送り込み、1924年には「第一次国共合作」を実現させた。孫文の死後は蒋介石が国民党の実権をにぎり、北伐を開始したが、この北伐軍の中にも共産党兵士が多数入り込んでいた。

北伐軍はコミンテルンから多額の軍事資金を貰い受けていたので、他軍閥に比較してずば抜けて強い軍隊になっていた。北伐軍はたちまち周囲の地方軍閥を平定し、1927年には南京に侵攻して行った。ところが北伐軍が都市に入ると、コミンテルンに指揮されていた中国共産党兵士が暴徒化し、日本および西欧列強の領事館を襲撃し、民間人を虐殺した。これが、悪評高い「第一次南京事件」や「漢口事件」であった。蒋介石はコミンテルンおよび共産党の残虐性を知り、国民党から共産勢力を締め出すべく共産党員の掃討運動を起こした。これがいわゆる「上海クーデター」であり、このとき第一次国共合作を解消したのである。その後蒋介石は北伐を完了し、共産党と袂を分かって南京国民政府を樹立し、仮の全国統一をみたのである。

その後、蒋介石は共産党軍を追い詰めたが、壊滅寸前で西安事件が起こり、コミンテルンの強制指導で第二次国共合作が成立した。やがて共産党の挑発で日中戦争が始まった。

２・コミンテルンによる日中戦争の誘導

１９３７年７月７日の盧《ろ》溝橋《こうきょう》事件を契機に日中戦争が始まった。この盧溝橋事件で最初に発砲したのは日本軍側であり、日本軍の侵略戦争が始まったと中国は盛んに非難報道をしていた。しかし、事実は全く異なることが分かっている。共産党の周恩来首相は「あのとき(盧溝橋事件のとき)、共産兵が日本軍・国民党軍の双方に発砲した」と明確に述べている。なお不法射撃が幾度か繰り返され、さらに停戦協定が始まるとこれが進行しないように妨害を繰り返したという。

歴史家の秦郁彦氏によると、盧溝橋の最初の発砲とそのあとに続く謎の発砲も中国国民党軍の中に潜んでいたコミンテルン指揮下の兵であったという。中国国民党軍の中にはコミンテルン直属の者がかなり潜入していた。さらに最近の中国側の資料によると、毛沢東に次ぐナンバー2の劉少奇（後に国家主席）の部下が、「謎の発砲」をしたと記録している。

盧溝橋事件の直後に、中国共産党は早くも日本との開戦を主張する声明を出し、蒋介石に対日開戦を強く迫っていたという。また、モスクワのコミンテルン本部は、盧溝橋事件の後に、次のような指令を発している。

1．あくまで局地解決を避け、日支の全面的衝突に導かねばならない。
2．右目的の貫徹のため、あらゆる手段を利用すべく、局地解決をはかったり、支那の解放運動を裏切る要人がおれば抹殺してもよい。
3．下層民衆階級を工作し、彼らに行動を起こさせ、国民政府をして戦争開始のやむなき立場に立ち至らしめねばならない。
4．党（共産党）は対日排斥を全支那に拡大し、日本を援助する第三国に対しては排斥威嚇せよ。
5．党（共産党）は国民党軍の下級幹部、下士官、兵ならびに大衆を味方につけ、国民党を凌駕する党勢に達しなければならない。

毛沢東が率いる中国共産党は、このコミンテルン指令に従って行動し、幾度も日本との停戦協定を破った。そして、日本側から働きかけた和平交渉はすべて失敗させたという。このように、コミンテルンそして中国共産党が日中戦争を誘導し、和平交渉を妨害して戦争を継続させたことは明らかな事実である。

盧溝橋事件の後、悲惨極まりない日本人虐殺事件（通州事件）が起きている（第5章3節）。これも日中戦争を起こすためにコミンテルンがとった政策の一つと想像される。この通州事件が報道されると、日本国民の憤慨は頂点に達し、「悪逆非道の支那を討つべし」という声が全国の津々浦々で巻き起こった。しかし、政府はそれでも不拡大方針を変えず、政府・軍部が一致協力して中国との和平交渉を続けたのである。ところが、その約束の交渉開始当日、8月9日、上海で大山勇夫中尉虐殺事件が発生した。中国兵によって、大山勇夫海軍中尉と斎藤一等水兵が惨殺されたのである。この事件によって、和平交渉は中止された。

これらの事件は、実は、スターリンの指令を受けた「張治中」という中国共産党のスパイが起こしたことが分かってきた。その詳細は『マオ―誰も知らなかった毛沢東』（ユン・チアン、J・ハリディ著、講談社）の第19章に記述されている。張治中は中国共産党の秘密党員として国民党軍の中に潜伏し、1930年代には国民党軍の南京上海防衛隊司令官となり、ソ連大使館と密接な連絡を取っていたという。

『マオ』によると、第二次上海事変を直接誘導したのも張治中であるという。張治中は蒋介石を出し抜いて、虚偽の記者会見を開き「日本軍が攻撃を仕掛けた」と嘘の報道をした。蔣介石はやむなく総攻撃の命令を出したという。戦闘を1日行なったところで、蔣介石は攻撃中止命令を出した。ところが、張治中はこの命令を無視して攻撃を拡大させ、全面戦争へと発展させたのである。『マオ』によると、蔣介石が全面戦争の決心をしたのを見て、スターリンは初めて蔣介石を積極的に支援し、戦争を拡大させていったのである。ソ連は中国へ資金を融資し、航空機・戦車・大砲等の武器を供与し、さらにそのあと4年間にもわたって武器を供給し続けた。またソ連は、空軍と軍事顧問団をも中国に派遣したのである。

日中戦争において、中国国民党軍は日本軍に対し必死で抵抗するが、大量の兵員と兵器を損失し、戦闘に負けて敗走することを繰り返した。コミンテルンは、国民党軍をいつも第一線で日本軍と闘わせ、国民党軍の弱体化を狙っていたと考えられる。一方、中国共産党軍は戦場後方で英気を養い、日中戦争が終結する頃は、国民党軍よりも共産党軍が圧倒的に強くなっていたのである。このようにコミンテルンの計らいで、中国共産党軍はやがて国民党軍に勝利し、中華人民共和国を建国することができたのである。中国共産党は中国全土を統一し、コミンテルンの計画が見事成功したのである。

第3節　怪文書「田中上奏文」の作成と策略

「田中上奏文」は日中戦争のさなか、中国大陸を中心として流布された偽造の怪文書である。出現の由来は定かでないが、日本を貶める資料として作られたことは明らかである。日本が初めてこの文書の存在を知ったのは、１９２９年12月、南京で発行されていたものによる。最近の情報によると、どうやら「ソ連諜報機関が日本を孤立させ貶める目的で偽造し、全世界に流布させた」ということが分かってきた。

怪文書の形式は、第26代内閣総理大臣・田中義一が昭和2年（１９２７年）に昭和天皇へ極秘に提出した上奏文として書かれている。なお、田中義一はあの軟弱外交として有名な幣原喜重郎氏の後を継ぎ、外務大臣を兼ねた内閣総理大臣となって「山東省出兵」を積極的に行ない、中国および列強を驚かせた人物であった。

「田中上奏文」の全文は長文であり、中国語で約2万６０００字、邦訳では約3万４０００字にもなっている。上奏文ではあり得ない字数である。上奏文の中には、「支那を征服せんと欲せば、まず蒙満を征服すべし。世界を征服せんと欲せば、まず支那を征服せざるべからず云々」というくだりがある。これは、「日本の指導者層が、満州、蒙古を制圧して支那を奪い、次いで世界を征服するという、世界の侵略的構想を企画していた」と解釈され、日本は各方面から謂れの無い非難を受けることとなったのである。特に中国は「日本帝国主義が支那を征服するための計画であり、さらに世界に対する野心を表明したものである」といって、排日資料として積極的に使っている。

また、アメリカ大統領、フランクリン・ルーズベルト（32代、1933〜1945年）もこの「田中上奏文」を読んで信じ込み、「日本を必ずや壊滅させるべし」と決心したという。さらに、東京裁判では偽文書「田中上奏文」を隠れた重要な資料とし、「日本は世界制覇を野望した大悪者である」という証拠として、日本を裁いたのである。

第4節　コミンテルンに誘導された近衛内閣

1・近衛内閣とコミンテルン・スパイ

近衛文麿は1937年6月に45歳の若さで内閣を組織し、第一次内閣、第二次内閣、そして第三次内閣までも続けた。1937年6月から1941年12月の大東亜戦争（太平洋戦争）勃発寸前までの、2年9カ月の長期にわたり、首相として日本国のかじ取りをしてきた人物である。彼は引退後、首相当時を振り返って「自分は懸命に和平を求めて努力したにもかかわらず、結局は戦争への道を歩んでしまった。これは見えない力に操られた結果だと思う」

と述懐している（近衛文麿の昭和天皇への上奏文）。日本を戦争に導いたこの「見えない力」とは、当時は理解されていなかったが、現在ではそれがコミンテルンであることが分かってきたのである。

三田村武夫氏の著書『大東亜戦争とスターリンの謀略』によせた序の中で、岸信介氏は、「支那事変を長期化させ、日支和平の芽をつぶし、日本をして対ソ戦略から、対米英仏蘭の南進戦略に転換させて、遂に大東亜戦争を引き起こさせた張本人は、ソ連のスターリンが指導するコミンテルンであり、日本国内で巧妙にこれを誘導したのが、共産主義者、尾崎秀実《おざきほつみ》であった、ということが、実に赤羅々に描写されている」と記している。さらに、「近衛文麿、東條英機の両首相をはじめ、この私まで含めて、支那事変から大東亜戦争を指導した我々は、言うなれば、スターリンと尾崎に踊らされた操り人形だったということになる」と述懐している。

２・尾崎秀實の活動

さて、日本を陰で動かした尾崎秀実とはどういう人物であったのか。尾崎秀実は東大卒後、朝日新聞に入社し、１９２７年より１９３２年まで中国で勤務した。この間にアグネス・スメドレーにより洗脳されたと云われる。アグネス・スメドレーはアメリカの女性ジャーナリストで中国、インドを舞台に共産主義運動に献身した人である。ついで尾崎秀実はリヒャルト・ゾルゲと知り合い、中国におけるゾルゲ諜報団の一員となった。尾崎秀実は世上伝えられている如き単純なスパイではなく、上海在勤中には中国共産党上部組織およびコミンテルン本部機関にも加わり、コミンテルンの秘密活動の中枢に従事していた。彼はその共産主義者たる正体をあくまでも秘密にし、十数年間連れ添った最愛の妻にすら知らせず、「進歩的愛国者」、「支那問題の権威者」、「優れた政治評論家」として当時の政界、言論界に重要な存在感を示していた。

1938年には朝日新聞の先輩の推薦で、第一次近衛内閣嘱託となった。以来、近衛陣営の最高政治幕僚である軍部首脳部とも密接な関係をつくり、日華事変処理の方向、国内政治経済体制の動向などに決定的な発言と指導的役割を演じて来たのである。尾崎秀実は近衛ブレーン組織に当たる「昭和研究会」の責任者となり、新しい政治、経済の理論を研究し、革新的な国策を提案した。近衛新体制が生みの親となって大政翼賛会を創設し、日本の政治形態を一国一党の軍部官僚独裁組織にもっていったのである。この「昭和研究会」の組織は尾崎秀実を中心とした一連のコミュニストと、企画院グループなどいわゆる革新官僚によって構成され、その思想の理念的裏づけは、全くマルクス主義を基底としたものであった。

こうした活動の中で、尾崎は軍部とも密接な関係を持つようになった。彼と特に懇意であった武藤章氏が軍務局長となるや、左翼への転向者が、彼の周囲にブレーンとして多く集まってきた。というのも、昭和初期の第一次近衛内閣がスタートした頃は、まさに経済恐慌が吹き荒れ、知識人・学生らは時代の問題を敏感に受け止め、共産主義の思想に走る者も多かったからである。また、兵士も困窮した農村からの出身者が多く、青年将校らは兵士と接する中で、国家改造の必要性を共産主義と結びつけて考えるようになっていたのである。

青年将校の中には、改革実現を目指し、決起して二・二六事件に走った者もいた。彼らの思想を理論的に支えたのが、北一輝《きたいっき》の国家社会主義である。曰く「日本社会の現状は、特権階級や財閥が結託して私利私欲をほしいままにし、国政は乱れ、国民生活は窮乏している。元凶の身分格差や階級を廃絶するには、天皇の下に国民が平等に生活できる国をつくらねばならない。そのためには、重要な基本産業を国有化し、国家主導の統制経済をとることが重要である」と。この考えは、いわば「天皇親政集中制」とも云われるが、ソ連の「スターリン独裁集中制」とも一部は共通しており、当時の軍人が共産主義社会に魅かれていた所以でもあった。

３・ゾルゲと尾崎秀実

ゾルゲはドイツの新聞記者として、中国の上海に派遣され、ソ連の諜報網強化の指導にあたっていた。上海では、アメリカ人左翼ジャーナリストのアグネス・スメドレーと知り合う。当時、彼女は中国共産党の毛沢東に同行し取材していたという。スメドレーはゾルゲが中国を去るまで彼のスパイ組織の一人として活動していた。このゾルゲと朝日新聞記者である尾崎秀実とが初めて出会ったのは、中国のスパイ組織の中であった。ゾルゲは、ドイツの軍事顧問団長や蒋介石から軍事情報を入手し、蒋介石軍の飛行機を爆破し武器を略取するなど、中国共産党を支援して活動していた。

1933年9月6日に、ゾルゲはナチス党員として日本に侵入した。表面は駐日ドイツ大使の私設情報官であったが、その正体はソ連の諜報活動を目的としたコミンテルンの工作員であった。彼は尾崎秀実とともに日本に新しくスパイ網を構築して活躍した。尾崎秀実は既に近衛のブレーン組織の中におさまっており、この立場から日本の機密情報をゾルゲに流し、ゾルゲはそれらを直接ソ連に報告していたのである。

尾崎らは機会あるごとに中国との戦争を長引かせるような論陣を張り、コミンテルンの指令で、日中和平の動きを陰で妨害していた。当時日本は、ソ連を仮想敵国として陸軍を満州にとどめソ連と対決する「北進論」と、資源を確保するべく東南アジア方面に進出して米英と対決する「南進論」とが論議されていた。尾崎一派は積極的に南進論を支持する論陣を張り、日本が米英対決の道を選ぶように国論を熱心に誘導した。その結果、「南進論」が実行されることになった。すなわち、日本は日ソ中立条約を結び、満州の陸軍を南方に向けることにしたのである。

この一連の政策は、ソ連にとっては極めて歓迎すべきものであった。というのは、当時ソ連は、ドイツ軍による西からの攻撃と極東からの日本軍による同時攻撃を非常に恐れていた。しかし、日ソ中立条約により東の日本との戦争を考える必要がなくなったのである。ソ連は早速極東に配備していた部隊を西部へ移送し、その結果、ドイツ軍を撃破し、ソ連崩壊を救うことができたのである。他方、南方に向かった日本軍は米英と対決することになり、日米戦争へと突入していったのである。まさに事態はソ連の思うツボであり、陰の策略が見事成功したのである。日本の指導者は、意識することなく、背後のコミンテルンの手でうまく操られ、事態は戦争へと突き進んだのである。実に憐れとも云うべく、また日本のスパイ工作がいかにも幼稚であったかが分かる。まことに残念な話である。

日米戦争が始まった年の昭和16年（1941年）に、ゾルゲと尾崎のスパイ活動が発覚し、両者は昭和19年（1944年）に処刑された。獄中にあった尾崎秀実は、妻と娘に宛てて手紙を書き続け、その書簡集は『愛情はふる星のごとく』として出版されベストセラーとなった。死刑囚の家族への思いやり、透徹した人生観は、時代を超えて切々と読者の胸を打ったのである。尾崎秀実はスパイだったとは云え、高潔な人格、熱い情熱、そして人間味あふれる深い愛情の持ち主だったと云われる。日本が惜しい人物を敵にまわしたことは、まことに無念の極みであった。尾崎もゾルゲもいまは東京都立多摩霊園に静かに眠っている。

第5節　コミンテルンに誘導されたアメリカ

1・コミンテルンアメリカ支部の設立とその策略

1919年、コミンテルンはアメリカ共産党を設立し、コミンテルンのアメリカ支部とした。世界の共産化を目的としたコミンテルンは、当時、アメリカと日本との対立が激化し始めていることを鋭く見抜いた。両国を煽って、できれば交戦状態に誘導し、いずれかが敗戦国として混乱に陥れば、これに乗じて共産革命を進めるという計画を立てた。

当時は、アメリカの指導者自身もはっきり意識することなく、事は静かに進んでいたのである。

2・ニューディール政策は共産分子を呼ぶ

第一次世界大戦後、アメリカは生産過剰が深刻化し、これが各国に影響して世界恐慌が始まった。ルーズベルトは不況から脱出するため、ニューディール政策を採用した（1933

年４月)。これは、企業の経済活動を政府が統制し、労働者の最低賃金を保証し、団結権や団体交渉権を与えることによって、労働意欲や購買意欲を高めることを狙ったものである。アメリカ産業界が自由競争から統制経済に転換され、共産主義社会へ大きく傾いたことになる。ルーズベルト自身「アメリカは社会主義的な国になり、ソ連と立場を同じくするようになった」と考え、容共的雰囲気が強くなっていた。このため、ニューディール左派の知識人は進んでアメリカ共産党に入党し、１９３０年には７５００人に過ぎなかった党員が１９３８年には7万人にも増加した。

さらに、最近公開された「ヴェノナ文書」によると、ルーズベルト政権の中にも共産党員が３００人以上潜入し、ソ連のスパイとして働いていたことが分かってきた。中でも一番の大物はアメリカ財務省のナンバー2であるハリー・デクスター・ホワイトである。ホワイトは、日本が大東亜戦争（太平洋戦争）に踏み切るきっかけとなったアメリカの最後通告、「ハル・ノート」の起草者であった。ハル国務長官が最初に用意した原案はもっと穏やかなものであったのに、実際に日本に突きつけられたものは、ホワイト原案の、日本が到底飲めない厳しい内容に変わっていたのである。

また、ホワイトは戦後の経済体制を決定する重要会議の一員でもあった。彼は、ジョン・メイナード・ケインズとともにＩＭＦ（国際通貨基金）を作った事務官であり、ＩＭＦの初代アメリカ理事にもなった人物である。これがスターリンの指令で動いていたスパイであったことは全くの驚きである。

このように、日米開戦における交渉過程の要所要所で、コミンテルンの謀略が巧みに介入し戦争へと誘導していったのである。コミンテルンの深謀遠慮には驚嘆せざるを得ない。

日米戦争の真実が分かれば分かるほど、日本は挑発におどらされ誘導されて戦争に突入したことがよく分かる。侵略戦争でないことは明らかであり、まさに自衛戦争そのものであった。しかも、日本が犯したと非難されている犯罪の多くは捏造であり虚構であった。

さらに敗戦後には、ＧＨＱは日本改革、特に精神構造や制度を改革するため、日本共産党員を獄中から解放し、アメリカの左派系分子の一団に参加させたのである（第8章を参照）。

つまり、日本人が知らない間に、ソ連のコミンテルンに大きくコントロールされる中で戦後日本ができあがり、その流れが戦後70年の今日まで続いているのである。しかも、多くの日本人はそれに気づいていないのが現状である。

第8章　ＧＨＱの占領政策が日本を弱体化した

昭和20年（１９４５年）８月14日、日本はポツダム宣言を受諾した。８月15日、玉音放送で日本の降伏を国民に知らせ、９月２日に降伏文書に調印した。しかし、これは停戦であって、日本が本当に終戦を迎えたのは、サンフランシスコ平和条約が締結された昭和27年（１９５２年）４月28日である。６年８カ月におよぶ日本占領期間にＧＨＱ（連合国軍総司令部）は占領政策を通して日本を徹底的に改造した。

ポツダム宣言は、日本軍の無条件降伏を要求していたが、日本国の無条件降伏まで宣言していなかった。しかし、マッカーサーはまるで日本国が無条件降伏したかのような占領政策を強行したのである。

第1節　GHQの占領政策の目的と執行

ＧＨＱの日本占領政策は、日本人に戦争の罪悪感を植え付け、民族の誇りと自尊心を奪って弱体化させ、日本が決してアメリカに報復することのないようにすることを目的としていた。そして、この目的の下に行なわれた占領政策は、日本人を精神的に去勢し、当時の日本人が持っていた愛国心を抹殺し、日本をアメリカの保護国的もしくは属国的な存在へと貶めるものであった。すなわち徹底した精神的・制度的日本弱体化政策であった。

この日本弱体化を進めるための秘密計画が「戦争犯罪宣伝計画」「War Guilt Information Program（ＷＧＩＰ）」であった。「ＷＧＩＰ」の執行は、連合国軍総司令部の民間情報教育局（ＣＩＥ）が担当し、さらに「ＷＧＩＰ」の効果をあげるため、「検閲」を裏側で徹底的に進めた。この「検閲」は民間検閲支隊（ＣＣＤ）が中心となって秘密裡に行ない、当時の日本人はその存在すら知らなかった。

表裏一体で進められた占領政策は予想以上の効果を上げ、日本を根底から変貌させた。世界史を見ても、敗戦国になって日本ほど言語・歴史・文化を大きく壊滅させられ変貌させられたケースは極めて少ないのである。

ＧＨＱは先ず、軍隊を解体し、軍需産業を解体し、治安維持法を廃止した。戦争体制を支えた財閥を解体し、農地改革によって土地を大規模地主から小作人に移譲させ、戦時中に活動した「上から命令する縦社会の権力者組織」をすべて解体した。

次に、戦争に責任のあった軍人や政治家を逮捕した。天皇は本来なら全ての責任があるはずであるが、日本人の反抗と反乱をさけて戦後政策をスムーズに進めるため、不問にすることを、マッカーサーが決めた。

１・「太平洋戦争史」による勝者の歴史認識

ＧＨＱは、占領前に既に用意した資料「太平洋戦争史」を日本全国の新聞社に命じて、昭和20年（１９４５年）12月８日から10日間にわたって連載させた。この「太平洋戦争史」は日本軍の侵略性、残虐性を極度に強調して述べた勝者からみた戦争史である。その「序」には「これによって初めて日本の戦争犯罪史が詳細にかつ完全に暴露されるであろう。（中略）戦争犯罪者の非道な行為の中で最も注目すべきことは『真実を隠蔽《いんぺい》してきたことである』」と。さらに続けて、「戦争中日本人が教えられてきた歴史は歪曲された部分が多く、これから述べる歴史こそ真実の歴史であると宣言する」。「太平洋戦争史」の強制的宣伝の目的は、日本人の犯した数々の罪を知らしめ深い贖罪意識を日本人に植え付け、その後に開く「東京裁判」の「Ａ級戦犯」判決の妥当性を理解させることであった。

太平洋戦争は「自由と民主」を守るためにアメリカが戦った正義の戦争であり、それに敵対した日・独は戦争犯罪を重ねた犯罪国家である、と断定していた。このような単純明快な歴史観が「太平洋戦争史」を貫いており、これが日本の戦争指導者を裁く東京裁判史観ともなっていた。

「太平洋戦争史」は、「張作霖爆殺事件」、「満州事変」から太平洋戦争までを連続した日本の侵略とみなし、そして終戦までの歴史を記述したもので、これを各新聞社に報道させた。各新聞社によって紙面の見出しは異なり、「隠蔽された真実」「いまこそ明らかに暴露」「知れ、軍国主義の罪」「軍部テロ」「荒れ狂うテロ」「暴力主義」「恐怖政治」などの酷い言葉が見出しにおどった。しかも、その記事の中には、それまで日本人が聞いたことのない「南京虐殺事件」や「マニラ虐殺事件」が歴史的事実として初めて記載された。戦時中の言論統制もあって正確な「情報」に飢えていた日本人は、GHQが計画的に与えたアメリカ製の歴史認識を、衝撃を受けながらも、疑うことなく素直に受け入れ、「日本歴史の真実」として定着させていったのである。

「太平洋戦争史」は新聞に連載されたのち、高山書院より単行本として発刊された。さらにGHQは、戦時中の歴史教科書を廃止し、そのかわりにこの「太平洋戦争史」を用いることを強制したのである。また、GHQは「太平洋戦争史」を新聞に連載させると同時に、NH

Kのラジオを利用して「眞相はかうだ」といった調子で、「太平洋戦争史」の内容を繰り返し宣伝放送させた。日本人のほとんどは、終戦直後の混乱で一億総懺悔の虚脱状態であり、魂を失った状況の中で「太平洋戦争史」という初めて知る情報をつきつけられ、深い贖罪意識と後悔の念を植え付けられたのである。

２・東京裁判

第1弾の「太平洋戦争史」に次いで、第2弾として東京裁判（極東国際軍事裁判）が強行された。東京裁判は戦勝国（連合国）が敗戦国の指導者を戦争犯罪人として裁いた裁判である。東京・市ヶ谷台の旧陸軍省ビルで開廷され、１９４６年5月３日から１９４８年11月12日までの期間行なわれた。A級戦犯として、東條英機元首相以下28人が起訴された。判事は、戦勝国のうちアメリカ、イギリス、中国、ソ連、カナダ、オランダ、オーストラリア、ニュージーランド、インド、フィリピンの11カ国から、各1名が任命された。裁判長はオーストラリア代表のウェッブ判事が選任された。検察官はキーナン（アメリカ）を主席とする11人が採用され、その配下に５００人近くの国際検察局スタッフがはり付けられた。弁護側には日米双方で50人位の人が動員され、その中には鵜澤總明《うざわそうめい》、清瀬一郎ら日本主任弁護人が入っていた。

起訴状には「通例の戦争犯罪」に加え、新しい戦争犯罪概念が導入された。すなわち、侵略戦争を計画、遂行および指導した行為を「平和に対する罪」ならびに「人道に対する罪」に照らして裁いたのである。審議対象は、1928年1月1日から日本が降伏調印する1945年9月2日までの期間において、被告が「侵略戦争」の謀議にどのように関わり、どのような役割を演じたかだった。

東京裁判は、日本軍の残虐性を暴き、戦争犯罪を断罪し、連合国側の正当性を誇示するのが目的であった。先に連合国が行なったナチス・ドイツに対する裁判（ニュールンベルグ裁判）では、明確な「ユダヤ人迫害」を「人道に対する罪」として矛盾なく裁くことができた。しかし、日本の場合「ユダヤ人迫害」のような明確な罪状を見つけることができなかった。そこでGHQは、急遽「南京虐殺」を恰好の題材として取り上げ、「ユダヤ人迫害」に匹敵する犯罪に捏造したのである。この「南京虐殺」のオリジナルの原稿は、中国国民党中央宣伝部の顧問だったティンパーリがプロパガンダとして造った虚構であった。裁判の議題としてとりあげたが、証人も出廷せず、証拠を羅列しただけであった。しかし、「南京虐殺事件」を真実らしくするため、南京攻略の司令官・松井石根を、敢えて有罪とし、死刑にしたのである。

侵略戦争の謀議を示す証拠がないため、あの偽の怪文書「田中上奏文」まで引用し、日本は世界侵略の謀略の意図を持っていたとでっち上げ、日本の指導者の謀議謀略を裁いたのである。

東京裁判は、最終的には東條、廣田ら７人を絞首刑、木戸幸一ら16人を終身禁固、東郷茂徳を禁固20年、重光葵を禁固７年とした。東條ら７人の処刑は、偶然か故意かは分からないが、皇太子（現天皇）の誕生日である12月23日に執行されたのである。

東京裁判は「太平洋戦争史」に次ぐ第２弾の洗脳政策であり、日本国を侵略国家と断定し、日本の犯した「戦争の罪悪」を確定し、その責任者を処罰したのである。日本人に強烈な贖罪意識を植え付けることに成功した。

３・平和憲法の制定

１９４６年に「日本国憲法」が公布された。ここに、武器を持たないこと、戦争をしないことが定められている。この平和憲法はどのような経過を経て制定されたのか。いくつかの説があるが、信頼できる説は次のとおりである。

１９４５年10月、マッカーサーは占領下の日本の幣原喜重郎内閣に憲法改定を指示した。幣原首相は、憲法学者の松本烝治《じょうじ》博士を国務相に任命し、憲法改定の政府案を作成してＧＨＱに提出した。ところが、ＧＨＱは日本の草案を即座に却下し、いきなり英文の憲法草案

「マッカーサー草案」を突きつけてきた。この草案はＧＨＱ内でコートニー・ホイットニーが中心となり、１週間足らずの検討で作成したものだと云われている。当時、東京裁判が開かれる予定になっていて、「天皇を戦犯とするべきだ」という圧力が強くなっていた。マッカーサーは「このマッカーサー草案を受け容れるならば、天皇は安泰になるだろう」と日本政府に迫ったという。日本政府は直ちにこれを受け入れ、１カ月余で翻訳作業を終え、国会審議を経て、異例の速さで可決成立させたのである。憲法の公布は１９４６年11月３日、施行は４７年5月3日であった。

上記「マッカーサー草案」は、実はアメリカの植民地であったフィリピンの憲法を見本とし、そこから戦争放棄の条項をとり込んで作ったという。この戦争放棄の条項は、植民地であるフィリピン国民が主人のアメリカに絶対歯向かってはいけないという「植民地化憲法」の必須部分であり、これを日本に押し付けたのである。この戦争放棄の日本国憲法は「日本がアメリカの属国であり、アメリカに決して歯向かわない」ことを誓わせているのである。まさに、占領政策である「日本弱体化政策」の総仕上げが「平和憲法」であったということになる。

４・徹底した言論統制と検閲

ＧＨＱは占領政策「ＷＧＩＰ」を効果的に実行するため、厳しい言論統制と検閲を平行して行なった。すなわち、「新聞報道取り締まり方針」、および「言論および新聞の自由に関する覚書」が発せられ、御法度《ごはっと》の30項目を定めた。これは「プレスコード」とよばれ、決して報道したり批判したりすることのできない領域・事項を示したものである。

（1）「プレスコード」

1. ＳＣＡＰ（連合国軍最高司令官もしくは総司令部）に対する批判
2. 極東国際軍事裁判批判
3. ＧＨＱが日本国憲法を起草したことに対する批判
4. 検閲制度への言及
5. アメリカ合衆国への批判
6. ロシア（ソ連邦）への批判
7. イギリスへの批判
8. 朝鮮人への批判
9. 中国への批判

10. その他の連合国への批判
11. 連合国一般への批判（国を特定しなくとも）
12. 満州における日本人取り扱いについての批判
13. 連合国の戦前の政策に対する批判
14. 第三次世界大戦への言及
15. 冷戦に関する言及
16. 戦争擁護の宣伝
17. 神国日本の宣伝
18. 軍国主義の宣伝
19. ナショナリズムの宣伝
20. 大東亜共栄圏の宣伝
21. その他の宣伝
22. 戦争犯罪人の正当化および擁護
23. 占領軍兵士と日本女性との交渉
24. 闇市の状況
25. 占領軍軍隊に対する批判

26. 飢餓の誇張
27. 暴力と不穏の行動の煽動
28. 虚偽の報道
29. ＧＨＱまたは地方軍政部に対する不適切な言及
30. 解禁されていない報道の公表

上記のように、「プレスコード」は、ＧＨＱが日本でやっていることのすべて、アメリカ・ソ連・イギリス・朝鮮・中国・連合国に関する批判はすべて書くことも喋ることも禁止した。そして、その違反があるかどうかを調べるため「検閲」を厳しく実施したのである。30項目新聞やラジオおよび出版界、そして日本の学校教育も厳格な検閲の対象になった。日本のプレスコードに違反すれば直ちに削除、発行禁止となり、日本のマスコミや文化人の精神を捻じ曲げてしまうほど強烈な弾圧となった。検閲は、本や雑誌だけでなく、業界紙やＰＴＡの会報や紙芝居に至るまでを対象とし、また膨大な量の電話の盗聴や厳格な郵便物の検閲まで実施したのである。ＧＨＱは、戦後の日本人が何を感じ、占領政策をどう受け取っているかが心配であり、血眼になってそれらの情報を入手しようとしたのである。

しかし、日本人はこうした厳しい検閲が秘密裡に実行されていることを全く知ることはなかった。世の中の実態がどのように動いているのか、時代の本当の流れはどうなっているのかは、全く知らされなかった。また、検閲の機構は闇の中に隠れ、多くの日本人も参加しているが、実際どのような人が検閲に関与していたのかということは、今日に至るまでその詳細は分かっていない。

戦後、アメリカは日本を「解放」し「自由」を与えたと云われているが、実際はさにあらず。占領下では真の「言論の自由」はなかった。そして、その影響もしくは効果は、今日まで続いているのである。

(2) 焚書《ふんしょ》

GHQは「プレスコード」を出して検閲や報道統制を行なうと同時に、一方では、日本の出版物の中から不適切な本(日本人の不気味な精神構造を作り上げてきたと見なされた本)をリストアップし、それら図書の没収を行なった。西尾幹二氏は、これをGHQによる「焚《ふん》書《しょ》」と呼んでいる。「焚書」とはもともと書物を焼却する行為で、秦の焚書坑儒やナチス・ドイツの焚書などがよく知られている。GHQの焚書の目的は、日本の歴史を消し、連合国に都合の良い歴史を日本人に刷り込むことであった。現在、日本人が近現代史に疎いのは、学校教育の在り方にもよるが、焚書による文献消失の影響も無視できない要因になっていることは事実である。

「焚書」の指導はＧＨＱの民間検閲支隊（ＣＣＤ）の下部組織が担当した。対象となる書物は、１９２８年から１９４５年の間に出版された本（約22万点）から、７０００冊以上をリストアップし、没収した。「皇室」「国体」「天皇」「神道」「日本精神」および「思想関連」の書物が没収され、日本近現代史資料の巨大な空白が生まれたのである。この空白をどのように埋めるのかは問題であるが、この事実をほとんどの国民が知っていないということは、さらに大きな問題である。

アメリカ人にとって、日本がフィリピンや韓国のように簡単にキリスト教に改宗しないのは極めて不思議であり、その理由を２０００年以上に及ぶ仏教や神道の歴史の深さによると考えたという。そして、とりわけ満州事変以後の歴史を日本人の心から消したいと考えた結果、この「焚書」が執行されたという。日本の過去の歴史を消し、アメリカ産の新しい歴史を導入しようと狙ったのである。実に大胆な日本人改造計画である。

日本人の心の深部破壊を狙ったアメリカの占領政策に対して、一番脆《もろ》かったのは、残念ながら知的指導階級であり、知識人、学者や言論人といったインテリの人たちであったという。このような焚書は勿論日本のしかるべき専門家が協力しなければ到底できない仕事である。多くのインテリ階級が協力したことは事実であるが、なかでも東大系の学者、牧野英一

（刑法学）、金子武蔵（倫理学）、尾高邦雄（社会学）が名を連ねていたということは記録に残っている。明らかに、彼らは国民に対する裏切り者である。

焚書という行為は、文明社会がやってはいけない歴史破壊であるということをGHQは自覚していた。したがって、GHQ自らは直接「本を没収する」行為をすることなく、日本人に行なわせたのである。しかも焚書を行なったことを絶対に知られぬよう用心深い手を打っていた。一国の歴史の抹殺、国民の愛国心の破壊、文明の殲滅《せんめつ》といった点からみれば、ナチス・ドイツとアメリカ占領軍がやったことの間には、あまり差異はなかったと云える。

第2節　反日日本人の発生①――占領政策の日本人協力者

「反日日本人」は日本人でありながら、自分の国と国民を侮辱し、徹底的に断罪し、自国の国益に反することを主張するのが特徴である。他の国では、例えば反米アメリカ人、反中中国人、反韓韓国人などは考えられない。戦後日本の特徴である。戦前から日本の軍国主義に反対していた左翼、戦後GHQに迎合して反日になった人、戦後極端な自虐史観的教育を受けて反日になった人など、戦前戦後と多様な経過を経て現在の日本には「反日日本人」が増加している。

よく誤解されることであるが、左翼は自国に対する愛国心、ナショナリズムに否定的というイメージがある。しかし、外国の左翼は歴史上、反ナショナリズムだったことはまず皆無に近い。例えば、中国の毛沢東、ソ連のスターリン、キューバのカストロは自国への強い愛国心を持っている。ところが、日本の左翼は、マスメディア、政党、学者、文化人のほとんどが反日である。これは日本の特徴であり、日本社会そして日本が進むべき国際的方向を非常に難しくしている。

反日日本人は今日、学者、ジャーナリスト、教育者、政党など、多くの領域に広がって活動している。本節より分類して示していく。

まず第一に挙げるべき反日日本人は、占領政策の日本人協力者である。

検閲はGHQの秘密機関・民間検閲支隊（CCD）によって担当され、その実務には多数の日本人が動員された。英語の達者なインテリが多く採用され、その数は4年余りの間に延べ2万5000人近くにおよんだという。

CCDは完全に裏の組織であって、秘密裏に日本人協力者を使い、全国を行き交う膨大な数の郵便物を開封して調べ、また大規模な電話盗聴を行なった。CCDの検閲は実に巧妙で、検閲をした痕跡を残すことや、検閲官の指示で手を入れたことが分かるような修正の跡を決して許さなかった。検閲の実態は徹底して隠蔽された。検閲者たちも仲間を裏切るという良心の痛みがあり、戦後社会になってもその実態はほとんど分かっていない。しかし、この秘密裡に行なわれた検閲による情報は、個人的言論の弾圧や公職追放における貴重な参考資料として使われたのである。最近その作業を担っていた日本人４０００人の名簿が早稲田大学の調査で明らかにされた。関連する情報が少しづつ明らかになるであろう。

ＧＨＱの検閲組織ＣＣＤと翻訳機関ＡＴＩＳに勤務した日本人協力者は1万人にもおよび、彼らは自然とＧＨＱと癒着するようになり、ＧＨＱの洗脳プログラムの執行において、「陰のよき協力者」として働いた。そして、日本の過去の責任から逃れるため、また自分達が得た既得権益と日本を改革変貌させているという自負から、ＧＨＱの完全な信奉者となり、中には自分はＧＨＱの代行者になったと思い上がるような者も現れた。やがて、彼らは日本を憎み拒否し反日日本人に変貌し、日本独立後もＧＨＱになりかわって占領政策を推し進め、戦後日本を長期に渡って思想的に支配し続けたことが伺われる。

第３節　反日日本人の発生②――共産主義活動と公職追放

ポツダム宣言の主旨は、日本の軍国主義の絶滅と軍隊の解体、そして一番重要なのが日本人の精神構造の破壊であった。このため、ＧＨＱは反日共産主義者を利用する方法をとった。

戦前の日本は、世界で最も強い団結力を持った軍国主義国であった。戦前の共産党はこれに強く反発し、共産主義者の多くは投獄された。マッカーサーは１９４５年10月10日、この共産党の政治犯を獄中から解放し、共産主義活動を公認したのである。反日的共産主義者は日本人の団結心を打ち砕き、国内を分裂させるので、「日本弱体化政策」の促進に好適であると考えたのである。解放された日本共産党員は、ＧＨＱの前で「解放軍万歳！」と歓びの雄叫びをあげたそうである。そして、反日共産主義者はたちまち日本国内に激増していった。

１９４５年「労働組合法」が制定され、労働組合を作ることが認められた。さらに、「労働基準法」が制定され、過酷な労働が行なわれないよう、労働条件や労働基準が決められた。

ＧＨＱは、１９４６年1月4日に公職追放令を出した。戦前の体制を一掃するため、公職に就き国家の中枢にいた20万人以上の日本人を、戦争協力者として公職から追放した。そして、空席になったポストの多くに、占領政策に協力的であり、しかも東京裁判に肯定的な人が優先的に採用されたのである。その結果、公職追放後の重要ポストは左翼およびそのシンパによって占拠されることになった。こうして、政界、官界、財界のほか、司法やマスメディア、教育界、言論界がすべて左翼、共産主義者たちの手に握られてしまったのである。

ＧＨＱの中にも、ニューディーラーと呼ばれる共産主義者が数多く来日しており、彼らはアメリカでできなかったことを果たすべく、新しい左翼系日本官吏とともに、制度づくりや、日本人の精神的弱体化、日本人の団結心の崩壊などに力を注いだのである。こうして日本の制度改革も制度の執行も左翼の恰好の餌食になったのである。特に、言論界やマスメディアでは左翼の主張が社会を風靡《ふうび》し、また大学では左翼系の教授が、東大、京大、一橋大など日本主要大学の総長、学部長クラスのポストを占めるようになった。

中でも有名なのは戦後初の東大総長となった南原繁氏、敗戦後、東大に復帰して東大総長となった矢内原忠雄氏、同じく東大に復帰して法政大総長となった大内兵衛《おおうちひょうえ》氏、京大の法学部長そして京大総長になった瀧川幸辰《たきがわゆきとき》氏、一橋大学長になった都留重人《つるしげと》氏などであった。いずれも日本思想界をリードしてきた筋金入りの左翼であり、都留重人氏はコミンテルンの手先であったことをはばからず告白していた。戦後多くの大学が造られたが、そこに配属された教授たちの多くは、上記の「左翼総長」や丸山眞男《まるやままさお》といった有名教授たちの息のかかった人たちであった。こうして、南原繁や丸山眞男の左翼思想は再生産され、言論界、政界、教育界をリードする、いわゆる「進歩的文化人」を構成し、今日までその流れが続いているのである。

GHQの占領政策は、日本の共産革命を目指す者にとってはまさに絶好の手段であり、この占領政策を味方として平和憲法を支持し、新しい闘争方針のもとで活動を盛り上げた。昭和22年の2・1ゼネストにおいては、徳田球一、野坂参三らの日本共産党指導者が、占領軍を

「解放軍」と位置づけ、権力奪取へと激しい政治運動に動いた。マッカーサー元帥は、余りにも激しい左翼の運動にむしろ脅威を感じ、中止命令を出した。さらに、昭和24年の総選挙では日本共産党が大量当選したので、ＧＨＱは日本の共産化を恐れ、政策を転換して反共政策を取るようになった。

第4節　反日日本人の発生③——「進歩的文化人」

社会主義者、共産主義者と共に、反日的な活動を行なってきた人々に、「進歩的文化人」がいる。彼らは敗戦で日本を捨て、ＧＨＱの協力者として働くことによってＧＨＱ信奉者になり、その後ＧＨＱによる公職追放令でしかるべき安定的なポスト（多くは大学教授）を得たのである。公職追放令で、各界の戦時中指導者20万人以上が公職から追われ、生まれた空席は、占領政策に協力的であり東京裁判に肯定的である「進歩的文化人」によって多くが占められたのである。大学教授、文化人、有識者たちは戦犯の汚名を恐れて、一斉に方向転換して占領政策に協力した。特に「進歩的文化人」は高学歴のインテリで、大学教育界、言論界に勢力を伸ばし、日本の思想、教育、言論、政治など日本の知的核心というべき領域を今日に至るまで長年リードしてきた。

彼らの多くは現在有名大学人、有名文化人であり、反日勢力として、マスコミそして政党にも強い影響を与えてきた。高学歴の左翼インテリであり、ソ連や北朝鮮・中国などの社会主義国家を賛美し、日本の過去の糾弾に熱中してきた。常に、ＧＨＱの「日本弱体化政策」に迎合した論陣を張り、国を断罪することによって、左翼系平和主義と革新幻想を主張した。

彼らは、日本人でありながら日本の歴史と伝統を真っ向から否定する。過去の日本の「責任」を詫びて「謝る」のが「進歩的」であり、「良心的」であるという、いわゆる「贖罪《しょくざい》」意識と「自虐《じぎゃく》」史観を旨とするのである。

公職追放後の東大、京大、一橋大など、日本の主要大学の総長や学部長ポストの大部分は、左翼系の有名学者、すなわち「進歩的文化人」よって占められた。戦後多くの大学が作られたが、そこに配属された教授たちも、多くは上記の「左翼総長」や左翼有名教授たちの教え子である。彼らは共産主義思想に同情・共感を持ち、反日と平和憲法を旨とするのを「進歩的文化人」のシンボルとしている。日本の過去を弾劾し、日本国の自立復権を目指した政府の方針に悉《ことごと》く反対してきた。

戦後、常に日本の思想的中枢を担っており、一般国民から教養ある「えらい先生」として尊敬されてきたのである。自国をリードし指導する立場の人が、自国を嫌い自国を否定するのである。こんな不可思議な国は歴史的にも世界的にも極めて稀有な存在である。非武装中立を唱えた南原繁や丸山眞男の左翼思想は再生産され、今日まで脈々と日本人の一部に根強く生きている。その拠点が東大法学部であり、今日でも左翼インテリとして、「進歩的文化人」の温床となり続けている。

彼らに一貫して欠けているのは、日本国民としての意識であり、共通するところは国家否定である。世界が国家のない共産社会になることを夢みているのであろう。日本という国家とその主体である日本国民を限りなく卑しめ、蔑み、劣った者として罵り、国益を外国に売り渡すことに誇りを感じているようである。

今日、我々の生活そして精神を支えているのは自国の歴史であり文化であることは厳然たる事実である。自国の崩壊は、我々の生活の崩壊、精神の崩壊を意味し、国を守り育てあげていくという愛国心が必要であることは云うまでもない。誰もが持っている故郷の自然を愛し、国を愛する気持ちは、やがて国の発展を望み、それに貢献しようとする気持ちにつながるのが普通である。もちろん国の進路を誤らないよう批判することは必要であるが、日本国の利益を外国に譲渡し国益を捨て去るような行為、いわゆる「売国奴」的行為は、決して許されるものでない。ところが、立派な精神的武装をしながら「売国奴」的行為に徹しているのが「進歩的文化人」の特徴である。

「進歩的文化人」による売国的領土問題の声明

2012年9月28日、大江健三郎氏や元長崎市長の本島等氏、月刊誌『世界』の編集長の岡本厚氏など、反日的な主張で知られる左翼の知識人や文化人ら約1300人が「領土問題の悪循環を止めよう」と題し、東京で声明を発表した。

声明の趣旨：「現下の中国、韓国との領土問題は、日本が当該2国への侵略の一環として『強引に』領有したものであり、当該2国が日本の尖閣、竹島領有主張を批判するのはもっともであること、そして、この紛争は一方的に日本側に責任がある」と、実に偏った売国的考えを表明している。

中国や韓国と日本とが領土問題で争い、互いに緊張している状況の中での、この発言である。極めて慎重であるべき時期であり、不用意な発言は日本にとって極めて不利になる。さすがに、日本のメディアはこの「声明」を完全に無視し報道しなかった。喜んだのは中国や韓国であり、彼らのメディアは、「日本がまず侵略について反省すべきだ」と、また「自国の侵略主義を叱る日本の知性」と表題をつけ、日本国の反省を促している。国際問題で日本は常に国内の反日グループによって国の主張がくずされ、他国から「愚かな国」として嘲笑されているのが現状である。

第5節　反日日本人の発生④―マスメディア

マスメディアに対する検閲、締め付けは特に厳しかった。ＧＨＱは日本の報道代表者を集めて予め宣言した。「新聞とラジオは１００％検閲する。虚偽の報道や人心を誤らせる報道は一切許さない。連合国に関する批判は一切許さない」と。ＧＨＱの方針に合わないものは、たとえ川柳や風刺画でさえも禁止した。そして実際、これらに少しでも抵触した報道機関は軒並み業務停止させられた。その結果、占領下の日本の新聞、雑誌等の論調は、戦後１週間のうちに一斉に大きく変わった。特に、朝日新聞は一度発行停止処分を受けると、その論調は劇的に変わり完全にＧＨＱ寄りとなったのである。戦時中の戦争礼賛の論調からあきれるほど反政府的反国民的な論調へと大転換した。ＧＨＱの云う通りにしないと新聞社は発行停止処分をくらい、転向した新聞社だけが新聞発行を許され、全く有無を云わさない締め付けであった。ＧＨＱはこうしてマスメディアを自分寄りに誘導し、ＧＨＱに対する批判・抵抗を完全に抑えこむことができたのである。

他方、ＧＨＱは「新聞と言論の自由に関する新措置指令」を出し、「日本の新聞は日本政府に対していかなる意見を表明しても、日本政府から処罰されることは決してない」という特権が表明された。ＧＨＱのこの表明により、日本のマスメディアは日本国家を批判したり機密情報を暴露することが可能となり、日本国家よりGHQを最優先にすることが公式に保障されたのである。

その結果、日本の新聞・ラジオは、完全にGHQの広報機関に変貌した。反対に日本政府に対しては、朝日新聞・毎日新聞などの大手新聞や日教組、左翼政党などは一丸となり、あたかも旧敵かのように猛烈な反戦・反政府キャンペーンを展開したのである。

反日マスメディアができたもう一つの要因は、戦後報道された「日本はとんでもない悪いことをした国である」という絶望的ショックと、そのような国の国民であることから逃亡しようとする被害者意識である。その重要な役割を果たしたのが「太平洋戦争史」と「東京裁判」であった。

「太平洋戦争史」は勝者中心に書かれた歴史書であり、聖戦を信じていた日本人の心に土足で踏み込み、日本の侵略戦争、日本軍の残虐性をぶつけてきたのである。日本人に知らされていなかった歴史の恥部を示し、南京やマニラにおける日本軍の残虐行為を生々しく報道したのである。日本の過去は悪の歴史であるというイメージを強く刷り込み、戦争の罪悪感を植え付けたのである。そして続いて行なわれた東京裁判では、「南京虐殺」の残虐性を公開し、日本人に深刻な心理的打撃を与え、決定的な罪悪感を植え付けた。おまけに、左翼グループ（学者、文化人、政党、マスメディア）は、敵の血が流れている者であるかのように日本批判、日本弾劾に走ったのである。このような流れの中で日本のマスメディアは、反日マスメディアへと変貌したのである。

第６節　反日日本人の発生⑤――日教組

１９４６年に「教育基本法」が制定され、軍国主義の教育から、民主主義の教育に転換した。「教育勅語」は廃止され、男女共学が始められた。

日教組は、教師を組織した左翼系労働組合であり、ＧＨＱによって１９４７年12月に作られた。戦後、ＧＨＱが共産党員を解放することにより、それまで地下にもぐっていた共産党系教員が一斉に表に出てきた。さらに、ＧＨＱは旧教職員12万人を公職追放し、気骨ある教員を大量に排除することによって、戦前の思想の根を完全に摘みとった。こうして、日教組の成長に極めて有利な雰囲気がつくられたのである。日教組は、共産主義系および社会主義系の教員を核として組織され、ＧＨＱから運動のノウハウまで教え込まれた。

日教組は「日教組の地位確立」、「教育の民主化」、「民主主義教育の推進」の３つの綱領を採択し、活動を展開していった。そして、昭和20年代は勤評闘争やストに明け暮れた。

日教組は、日本の歴史を暗黒の歴史として断罪し、連綿と続いた国民の歴史を完全に断ち切った。また、伝統、しきたり、文化、教育も昭和の軍国主義時代と結びつけてすべて否定し、平和運動と称して反戦、反国家、反権力、反体制を唱えた。平等主義、個人尊重を主張し、責任・義務より権利を強調した。教育現場では、国旗掲揚、国歌斉唱に反対し続けた。「自由のびのび教育」、「個性尊重」、「子どもの主体性」を強く主張し、「他人の迷惑になることは慎む」、「公共性を重んずる」などの公共教育は影をひそめた。生徒はみな平等な立場でなければならないといって、生徒間の競争までもさけたという。

教科書については「進歩的文化人」や左翼学者の指導の下で大きく書き換え、虚構の「南京虐殺」などを史実として記載させ、純朴な学生に徹底的に自虐史観と贖罪意識を植え付けた。その結果、長年にわたり新たな「反日日本人」が作り上げられていった。

ＧＨＱは、共産主義がこれほどの大勢力になるとは予想しておらず、昭和22年から教員のスト権を否定し、方針を転換して共産主義者の教員を５０００人も追放した（レッドパージ）。しかしその抑制効果はなく、左翼的活動方針はそのまま維持継続されて、組織率は一時全教員（小学校、中学校）の約90％となり、日教組組合員は50万人にも達したという。日本教育界は日教組を中心とする左翼運動家のなすがままとなったのである。

敗戦後の日本は、身の丈に合った教育の再生を図るために「本物の教育」を目指して出発したつもりだった。しかし振り返ると、ＧＨＱ仕込みの、欧米直輸入の、継ぎはぎだらけの借り物の古着を纏う、「まがい物の教育」だったことに気づく。いつの間にか、自らの言葉を失い、自国を愛することを忘れてしまった。

大日本帝国憲法に代わる日本国憲法、教育勅語に代わる教育基本法の２つが戦後民主主義、戦後教育の主要な柱となった。

うかつにも、自由には規律と責任が要求されることを理解せず、権利には義務が伴うことを学ばず、民主主義の表層のみを都合よくつまみ食いしてきた。さらに、国民の自由と権利を守る前提として存在する国家を民主主義に敵対するものと見なし、国家を否定することがあたかも真の民主主義者の証しであるかのような考え方が定着したのである。いわゆる「戦後民主主義」なる特有の発想である。身勝手な民主主義の理解の上にたち、戦後教育は、結果として、民主主義者を装う利己主義者を育ててきたと云わなければならない。

第9章　戦後賠償と経済援助

第1節　中国に対する賠償問題

1．日中平和友好条約

日本と中華人民共和国は日中平和友好条約の交渉を始め、1972年9月に日中共同声明を発表した。日本代表は内閣総理大臣・田中角栄であり、中国代表は国務院総理・周恩来であった。声明は「中華人民共和国政府は、中日両国国民の友好のために、日本国に対する戦争賠償の請求を放棄することを宣言する」と表明した。当時、中国は早く日本と国交を回復し、中国の発展に必要な製鉄などの基幹産業や社会のインフラ建設などの技術およびノウハウを導入することを急いでいた。日中共同声明を受けて、1978年8月に北京で日中平和友好条約が締結された。そしてこれを機に、中国に対する日本のODA（Official Development Assistance、政府開発援助）が1979年からスタートした。

2・対中ODA

中国に対する日本政府の円借款は、2007年に終了するまで28年間にわたり、合計約3兆円が供与された。鉄道、港湾、発電所、通信などのインフラ建設にこの資金が投入され、中国経済の近代化に大きく貢献した。

日本ODAを象徴するプロジェクトの一つは、上海宝山製鉄所建設での日中協力であった。日本の新日本製鉄の全面的協力の下で、輸入鉄鉱石を原材料とする臨海製鉄所を上海に建設することが合意され、1978年12月に着工した。このプロジェクトの経緯は山崎豊子氏によって『大地の子』として小説化された。完成までには紆余曲折があったが、上海宝山製鉄所は中国の主力製鉄所として現在もしっかり稼働している。

日本の対中ODA実績は、外務省の発表によると、1979年の開始から2013年までの総額が、①円借款（低利で貸す資金）は約3兆3164億円、②無償資金協力（返済義務のない資金）は1574・5億円、③技術協力（技術や知識のある専門家の派遣や開発計画を支援する）が1831・8億円にのぼる。

円借款はかつて中国国内の空港・港湾・鉄道・交通網整備・発電所などの大型インフラ整備に投下され、中国の経済発展を支える基盤となった。しかし、インフラの整備は結果的に中国の軍事力の増強を下支えすることになったようである。円借款が中国国内でどのように使われているか、その実態に不透明な部分があるとの批判もあり、平成19年度（２００７年度）を最後に、円借款の新たな供与の中止を両国政府が合意した。無償資金協力と技術援助についてはいまなお継続されている。

無償資金協力によって設立された日中友好病院は、一日に約３０００人の患者の治療を行なうなど、首都北京でも主要な医療機関となっている。また、技術協力についても、独立行政法人国際協力機構（ＪＩＣＡ）が行政官の養成支援などを引き受け、２０１４年度までの累計で３万６７００人を超える研修員を、また海外技術者研修協会（ＡＯＴＳ）が産業促進に必要な人材を育成するために累計で２万２０００人を超える研修員を中国から受け入れた。さらに、ＪＩＣＡは、日本から９２２０人の専門家を中国に派遣した。

３・ＯＤＡで行なわれた大型経済インフラ建設（有償資金協力）

（１）空港　１１１６・０１億円
（２）鉄道　６３３４・８１億円
（３）道路　１９５１・０９億円
（４）港湾　２７２６・２５億円
（５）発電所　４５６５・４９億円

(6)農業分野　1329・28億円
(7)鉄鋼業　1009・99億円
(8)環境保全　2444・35億円
(9)人材育成事業　1034・81億円
(10)ガス整備　759・97億円
(11)橋梁建設　239・27億円
(12)上下水道・衛生　3499・47億円
(13)通信分野　1169・49億円
(14)公衆衛生基礎施設整備　262・18億円
(15)放送事業のインフラ整備　234・12億円
(16)植林・治水・灌漑・干拓　1898・26億円
(17)電力・多目的ダム　878・77億円
(18)その他　1711・25億円

外務省は、近年の対中ＯＤＡは、主に日本国民の生活に直接影響する越境公害、感染症、食品の安全等、協力の必要性が真に認められる分野における技術協力、草の根・人間の安全保障無償資金協力などが行なわれているとしている。

4・対中援助の問題点

既述のように、1972年に日中国交回復がなされ、中国の共産党政権の周恩来は、いみじくも「日本国に対する戦争賠償の請求を放棄する」と宣言した。したがって、日本は中国に対し「戦後補償」という形ではなく、「財政支援」という名目で、基幹産業や社会のインフラ建設などをつくる技術やノウハウを提供し、同時にODAを長年続けてきた。ODAに日本輸出入銀行（現・国際協力銀行）の対中支援を合わせた公的支援総額は約6兆円にもなる。

このように、日本は隣国・中国への友情のしるしとして、膨大な財政支援をしてきたのである。しかし、中国の共産党政権は、いまだに財政支援の詳細を中国国民に知らせていない。すなわち中国政府は、「中国が賠償権を放棄して日本に恩義を与えた」ということだけを国民に知らせ、日本の莫大な財政支援は一切国民に漏らしていないというのである。中国政府は1日も早く日本の「財政支援」の詳細を正確に国民に公開すべきである。

また、日本側も同時に、対中援助の広報と情報開示をすべきである。外務省ホームページのODAには日本語だけで、中国語版による記載がない。これでは中国向け広報にはならない。中国人が中国国内からアクセスしても理解できないようになっている。また、これまで日本政府はＯＤＡ受注企業をほとんど明らかにしていない。外務省援助課によると、中国政府からの要望で公開していないとのことである。中国政府がこのあたりの情報を隠すのは、援助に関与する企業やゼネコンが例外なく時の最高指導者と関係を持ち、暗い裏があるからであるという。しかし、日本政府の立場からすれば、国民の血税である。当然受注企業を明らかにし、中国国民向けに情報を公開すべきであろう。中国語で公開すれば中国政府は狼狽し、日本を非難するかもしれない。しかし、日本政府は弱腰になる理由はなにもない、堂々と国益に従って処置すべきである。

中国は平成22年（２０１０年）に国内総生産（ＧＤＰ）で初めて日本を追い抜き、25年のＧＤＰは名目で日本の約２倍となった。中国は経済力をバックに軍備拡張を続け、その海軍艦船は東シナ海や南シナ海をわが物顔で遊弋《ゆうよく》し、西太平洋でも頻繁に軍事演習を展開している。そして公然と日本固有の領土である尖閣諸島を奪い取ろうとしている。しかも、ことあるごとに反日ナショナリズムを煽り、日本に対して無理難題を押し付けてくる無法な国家である。

しかし、中国への経済援助を中止せよという世論は形成されてはいない。それは無理もない。日本政府も新聞もテレビも、日本が現在も中国に経済援助していることをまともに広報も報道もしていないからである。納税者である日本国民は、その事実すらまともに知らされていないのである。GDPが日本の2倍もありそして他の発展途上国に経済支援までしている中国に、日本が経済支援をする必要がどこにあるのか。日本国民は、日本政府そして報道をしない日本のマスコミに怒り、強く抗議しなければならない。

第2節　韓国に対する戦後補償

李承晩大統領のとき、韓国に対する戦後補償の予備交渉が持たれたが紛糾し、交渉は中断した。交渉が進展し始めたのは、朴槿恵大統領の父・朴正煕が将軍時代のときであった。朴正煕が1961年に訪日し池田勇人と会談したことが契機となり、交渉が続けられ、日本（佐藤栄作首相）と韓国（朴正煕大統領）との間で日韓基本条約が締結された（昭和40年〔1965年〕6月22日）。

1・日韓基本条約

本条約は、日本と韓国の間の国交正常化、戦前の両国関係の清算および戦後補償について取り決めている。ただし戦後補償については付随協約（韓国との請求権・経済協力協定）で定めている。また第二次日韓協約・韓国併合条約の合法性に関する問題や竹島帰属問題は事実上「棚上げ」にされた。

２・韓国の請求権・経済協力協定

日本政府は「韓国側からの徴用者名簿等の資料提出を条件に個別償還を行なう」と提案したが、韓国政府は「個人への補償は韓国政府が行なうので日本は韓国政府へ一括して支払って欲しい」とし、現金合計21億ドルと各種現物返還を請求した。次の日韓交渉で日本は韓国政府へ一括支払いは承諾したが21億ドルと各種現物返還は拒否し、その後、請求額に関しては韓国が妥協して、日本は「独立祝賀金」と「発展途上国支援」として無償３億ドル、有償２億ドル、民間借款３億ドルの合計８億ドルの供与および融資を行なった。

この金額は当時のものであるので、貨幣価値をいまの時代に換算してみたい。ブログ『アジアの真実』（２００４年12月24日記事）では次のような試算をしている。興味深いので紹介させて頂く。

８億ドルのうち３億の無償分のみに絞って考えてみる。

（円換算）３億ドル×３６０円（当時１ドル＝３６０円）＝１０８０億円

（物価換算）１０８０億円×10（当時の大卒初任給が約２万円）＝１兆８００億円

これを、韓国が主張する通りに、強制連行労働者70万人、従軍慰安婦20万人の合計90万人の賠償対象者で割るとする（強制連行、従軍慰安婦など実際はほとんどなかったというが、ここでは韓国の主張を１００％飲んだ数字で算出する）。

一人当たりの強制徴用被害者補償額＝1兆８００億円÷90万人＝１２０万円

一人当たり１２０万円である。これで比較できる金額が出た。

さて次はこれが高いかどうかである。よく、韓国では「ドイツは戦後十分な補償をしている。ドイツを見習え」とか云う人や新聞社があるのでドイツと比較しよう。ドイツの強制労働者への賠償は、現在価値換算で一人当たり30万～80万円で、一番高いユダヤ人の奴隷労働者でも一人当たり80万円である。これで客観的に見ても日本の韓国に対する戦後賠償が極めて高い水準であったことが分かる。

尚、無償、有償合わせて8億ドルという額は当時の韓国の国家予算の2・3倍であり、いかに高かったかが分かる。ちなみにこの賠償額は、朝鮮半島全地域が対象であり、韓国政府が「北朝鮮を統一したら北の人に支払うから北の分もくれ」と云って持って行った額である。

さらに、日本は戦前韓国に残した資産を放棄している。かつて、インドがイギリスから独立したとき、イギリス人はインド内に所有していた個人資産をすべて本国へ持ち帰った。これは当時の常識であった。にもかかわらず日本は全資産を韓国に提供したのである。驚くべきその額は、連合国軍総司令部民間財産管理局の調査では、軍事用資産を除き計53億ドルであったという。つまり、日本は韓国に対して戦前資産53億ドル、戦後賠償8億ドルもの巨額の賠償を行なったのである。そして日韓基本条約には、以下の言葉が記されている、「戦後処理は完全かつ最終的に解決されたこととなることを確認する」（協定第二条1）。

しかし条約締結の後、韓国は日本からの清算金を個人の賠償対象者に支払うことなく、国家発展のために活用した。「漢江の奇跡」と云われた韓国の経済成長が韓国人の努力とともに、この南北朝鮮を対象として支払われた清算金を原動力としてなされたことは疑うべくもない。

3・賠償対象の問題点

韓国政府の「個人への補償は韓国政府が行なうので日本は韓国政府へ一括して支払って欲しい」との請求に日本政府は従った。そして韓国政府は、日本からの補償問題は１９６５年の日韓国交正常化の際に、日本から受け取った「対日請求権資金」ですべて終わったとの公式見解を公表した。このように日韓双方の政府は、「国家間の補償で日本に対する個人請求権はすべて終わった」との立場で完全に一致しているのである。

驚くべきことに、韓国政府はこの条約のことを国民に知らせていない。そのため韓国人は未だに日本が賠償責任を果たしていないと思いこみ、憤慨し、賠償問題について訴訟を起こしているのである。

韓国に対する戦後補償の問題点は、韓国政府が日本からの支援を国民に十分公開していないことである。韓国政府は日本から支払った賠償金の大部分を個人の賠償対象者に支払うことなく、国家発展のために転用した。そして、韓国政府は上記事情を国民に十分公開していないばかりか、韓国の国民から補償を求める声があがったときでさえ、事情を全く説明していないのである。したがって、個人補償に対する韓国民の日本への不満が鬱積しているのは事実である。

上記のように、賠償請求の完全解決は韓国政府および日本政府がともに公式に確認しあっているのにもかかわらず、２００５年の盧武鉉政権以降から、慰安婦、サハリン残留韓国人、韓国人原爆被害者の問題は対象外の未解決問題であると主張し始めたのである。

しかし、２００９年8月14日、ソウル行政裁判所による情報公開によって韓国人の個別補償は日本政府ではなく韓国政府に求めなければならないことがようやく韓国国民にも明らかにされた。日本への徴用被害者の未払い賃金請求は困難であると、韓国政府が正式に表明するに至った。

ところが、２０１３年、ソウル高裁は１９６５年の日韓請求権協定で消滅した個人請求権を認め、新日鉄住金に対し日本統治時代に戦時徴用工への支払いを命じる判決を出した。これ以外にも「反日判決」は続いており、無法国家ともいうべき同国の異常性を感じさせるのである。

４・日本から韓国へのＯＤＡ

韓国へのＯＤＡ実績累計（１９６９年〜１９９８年）

事業プロジェクト数　１３８

（１）贈与無償資金協力　累計２３３・８４

（２）技術協力　累計９１３・７２

（３）政府貸与　支出総額　３６０１・５４

単位は、１００万ドル（１億円）

日本は、一括して支払った補償金や私有資産の上に、さらにＯＤＡを提供した。現代の価値に換算すると総額は２～３兆円規模になる。日本はこれだけの血税を韓国に注ぎ込んだが、韓国は一切国民へ報道してない。それどころかいまだに日本に謂《いわ》れの無い謝罪と賠償を要求してきているのである。

第３節　アジア諸国に対する賠償

１９５１年、日本はサンフランシスコ平和条約を結んで、連合55カ国中、48カ国と講和を締結した。その条約とそれに続く個別の国との協定において、日本は、戦争で与えた損害に対して賠償を行なうことを約束した。賠償を約束した国は以下の２つの条件を満たした国である。

１．平和条約によって賠償請求権を持つと規定された国
２．日本軍に占領されて被害を受けた国

当該する国はフィリピン、ベトナム、ビルマ、インドネシアの４カ国であった。額は合計で３６４３億４８８０万円（賠償協定締結時の円換算）、10億１２０８万ドル（表２参照）。１９７６年７月22日のフィリピンに対する支払いを最後に完了した。

上記２条件に当該する連合国のうち、ラオス、カンボジア、オーストラリア、オランダ、

表２　日本の占領した連合国に対する賠償

国名	金額（円）	金額（米ドル）	賠償協定名	協定調印日
ビルマ	720億	2億	日本とビルマ連邦との間の平和条約	1955年11月05日
フィリピン	1980億	5億5000万	日本国とフィリピン共和国との間の賠償協定 日比賠償協定の実施終了についての記事資料	1956年05月09日
インドネシア	803億880万	2億2308万	日本国とインドネシア共和国との間の賠償協定	1958年01月20日
ベトナム	140億4000万	3900万	日本国とベトナム共和国との間の賠償協定	1959年05月13日
合計	3643億4880万	10億1208万		

イギリス、アメリカの６カ国は賠償請求権を放棄、または行使しなかった。

さらに、戦争中に現在の領土に相当する地域を日本軍に侵攻され占領された国々に対する準賠償（つまり、占領した連合国に対する賠償に準じる賠償）は、ラオス、カンボジア、ビルマ、シンガポール、マレーシア、ミクロネシアに供与され、総額は６０５億８０００万６０００円（賠償協定締結時の円換算）であった。

なお台湾の蔣介石政権は、対日賠償請求権を当然持っていたが、「以徳報怨」（怨みに報いるに徳を以てせよ）の精神に立ち、一切の賠償請求権を放棄した。彼は、今後日本と台湾が手を取り合って「大同の世界」（真の平和が実現した世界）を実現していこうと、呼びかけたのである。

この蔣介石の賠償請求放棄は、敗戦国日本にとって、どれほどありがたいことであったか。ただし日本は、中国や台湾に莫大な資産をそのまま残してきたので、その資産は賠償以上にその後の中国、台湾の発展の基礎となっていることは事実である。

第4節　賠償方法における日本とドイツとの比較

1951年、日本はサンフランシスコ平和条約を結んで、連合55カ国中、48カ国と講和を結んだ。その条約とそれに続く個別の国との協定において、日本は、戦争で与えた損害に対して賠償を行なうことを約束し、戦争被害を与えた国に対して賠償を行なってきた。一方ドイツは、国に対する賠償を行なうのではなく、個人に対する賠償の方法を採った。ドイツ人の考え方は、ナチスの戦争責任は国家にはなくすべて個人にある。したがって戦争被害者もすべて国家ではなく個人であると考える。そこで、個人に対する賠償は行なったが、戦争被害を受けた国家に対する賠償は一切行なっていない。ドイツは、被害国との講和を一切結んでいないのである。

このように日本とドイツの賠償の仕方は大きく異なる。日本は戦後の貧しい時代に、賠償を約束した国々に対して、それをきちんとすべて実行してきた。毎年の返済額は、国家予算の3割近くにも達していたという。日本人はこのあたりのことをしっかり熟知しておく必要がある。

第10章　朝日新聞の反日報道

第1節　朝日新聞は戦後GHQや中国に迎合

戦前の朝日新聞は旧日本軍部と共に、「鬼畜米英」や「欲しがりません勝つまでは」などの有名な標語を作って戦争を煽り、日本国民を戦争に駆り立てた。しかし、敗戦になりGHQから一度発刊停止をくらった後は、見事方針転換し、戦前の軍国主義を辛辣《しんらつ》に批判するメディアに変貌した。戦時中軍部に擦《す》り寄っていたように、戦後はGHQに擦り寄って、国内左翼政党、日教組、左翼インテリなどと共に、日本の戦争責任を追及し断罪するようになった。

１９６０年代になると、朝日新聞の広岡知男社長が北京に飛び、帰国後広岡社長は「たとえ事実であっても中国に都合の悪いことは一切書くな」という命令を出した。そして、それは現実に実行されたのである。他の新聞社はいままで通り「文化大革命の批判記事」を報道していたが、朝日新聞だけは文化大革命を礼賛する記事を書き続けた。果たして、中国当局は朝日新聞社以外の記者を入国禁止として閉め出し、朝日新聞の記者だけが入国を許可され、中国の独占取材をして成果を挙げたのである。これを見て他の新聞も朝日に遅れじと中国へ擦り寄り、大部分の新聞社は中国の許可を得て取材ができるようになった。しかし、条件として「中国寄り」になることを約束させられ、日本のメディアは中国に完全にコントロールされるかたちになったのである。

朝日新聞が突然極端な中国べったりの姿勢に変わったのは、独占的な取材による経済効果が理由として考えられるが、決してそれだけではないだろう。それはいまだに我々の理解できないところである。

第2節　中国にべったりの朝日が反日を高める

1970年頃の中国は、日本軍国主義復活に反対し、日米安保条約に反対意思を表明した。この2つのスローガンは日中友好条約締結の前提条件となっていたのである。

1・日本軍国主義に反対

中国は昭和31年（1956年）に核兵器開発を決定し、核保有国を目指した。そして昭和

39年（１９６４年）11月に水爆実験に成功、さらに昭和46年（１９７１年）11月に20キロトンの原爆実験にも成功した。また中国の総兵力数は２５０万人で、自衛隊の20万人と比べれば10倍を超えている。中国の軍国主義化は目を見張るものがある。

これに対し、日本の軍事力は丸裸同然であり、中国が日本の軍事力を心配する必要は毛頭ないのである。にもかかわらず、朝日新聞は中国の主張に沿って、日本の防衛力強化は中国を不安にさせると反対し続けてきた。中国と比較したとき、一体日本のどこに「軍国主義復活」の兆しがあるのだろうか。

２・日米安保条約に反対

朝日の社説は日中関係の正常化こそ日本の恒久的安全保障の条件であると主張する。７０年代における日本の大切な選択は、安保条約を解消し、日中関係を正常化にすることであると述べ、日米関係より日中関係が重要であることを盛んに表明した。

これらの朝日の報道を読むと、朝日新聞は日本の新聞というより、完全に中国の御用新聞になっていた。日本の大新聞が祖国から離れ、いつも中国と同じ立場に立って祖国を非難・弾劾することは、極めて理解に苦しむ。世界でこれまでにない悪例であり、戦後復興しようとする日本は厳しい事情にさらされたのである。

第3節　反日報道の原点

1・『中国の旅』

「南京虐殺事件」は昭和21年（1945年）に東京裁判で突如として登場してきた事件であり、日本軍の残虐性を示す証とされてきた。東京裁判の起訴状は「南京虐殺事件」で「20万人以上」の犠牲者があったと報道しているが、中国はさらに「犠牲者30万人」を主張している。南京虐殺事件を初めて知った日本人は強いショックを受けた。

ところが、それから約25年を経た昭和46年（1971年）、今度はGHQに代わって朝日新聞が日本軍の「悪行」を告発し、日本を断罪する報道を始めた。朝日新聞は、1971年8月から12月まで、現地ルポと称して「中国の旅」と「天皇の軍隊」の表題で記事を連載し、日本軍断罪の一大キャンペーンを始めたのである。報告者は本多勝一記者である。「中国の旅」の連載は、平頂山事件に始まり、万人坑、南京虐殺、三光政策の4部に分けて報じられた。日本軍の残虐性を具体的にしかも生々しく描写して報道したのである。これを読んだ日本人は再度大きなショックを受け、集団ヒステリー状態となり、予想を上回る大反響を呼んだ。天下の朝日が報じたのであるから、真実に間違いないと日本国民は信じたのである。そしていつもの例であるが、朝日が報道すると、他のほとんどの日本のメディアは「バスに乗り遅れるな」の掛け声で、中国の現地に出かけ、日本軍民の悪行を血眼になって発掘し報道した。

また、近現代史を専門とし、歴史学会をリードしていた左翼系の大学教授らも、それっとばかりに日本軍の断罪に走るようになった。日教組が牛耳る教育界でも、「平和教育」という大義名分のもとに、教科書や授業をとおして日本軍民の残虐行為を、素朴な生徒へ叩き込んだのである。

このような戦争中の歴史的出来事は、当然検証を十分行ない真実かどうかを吟味するのが報告者の常識である。ところが、「中国の旅」では、中国共産党が予め用意していた報告者から聞き、中国側のお膳立をそのまま取材したのである。当の本多勝一記者は検証はおろか、取材対象者を自ら探すこともせず、先方から提供されるものを丸写しで記述した。ところが後で分かったことであるが、「中国の旅」の内容のほとんどが中国側のプロパガンダであり、捏造された虚構であった（後述）。

『中国の旅』は文庫本として出版され、大量の部数が売れた。これ以後日本のメディア、左翼系学者および「進歩的文化人」は、捏造資料におどらされ、ひたすらこれをもとに日本軍の残虐性の糾弾に走った。記述内容に疑問を持ち歴史の真実を発掘しようとした者は当時一人もいなかったのである。この結果、中国は日本人が外交で逆らえない「歴史カード」を手に入れることになったのである。現在知られている日本の近現代史は、このように中国側と日本左翼系分子とが相協力して作り出した歪曲の産物が多いことを知らねばならない。

2・日本軍の残虐性報道はやがて教育現場に

『中国の旅』で報じられた平頂山事件、万人坑、三光政策、南京虐殺事件は、いずれも日本軍がいかに酷い残虐行為をしたかを生々しく真実らしく具体的に述べている。教育現場でも、早速その内容を事実として歴史教科書にも載せ、また百科事典にも記載したのである。しかも、先生が、文庫本『中国の旅』を学生に渡し、読書感想文を夏休みの宿題として提出させた学校も少なくなかったという。また、写真集『中国の日本軍』を副読本として推薦する高校もあり、教育現場に広く浸透する結果になった。純粋な学生はこれをどのように受け取ったのであろうか、その影響たるや恐るべきものがある。

3・『中国の旅』は捏造であった

『中国の旅』は最初日本人に衝撃的に受け取られたが、その後、検証する人が多く現れ、その内容は大部分が中国側のつくった捏造の産物であることが分かってきた。

ここでは一例として、「万人坑」と「三光政策」について述べる。『中国の旅』によれば

「万人坑」は、白骨化した人骨が幾重にも重なって埋まっている坑である。日本人が撫順炭鉱、南満鉱業、大同炭鉱で中国人をさんざん酷使し、使い物にならなくなると、大地に大きな穴を掘り、生きたまま穴に投げ込んだ。こうして日本人が作った「ヒト捨て場」、これが「万人坑」であるという。万単位の人骨が埋まっている万人坑が、満鉄・撫順炭鉱近くには30カ所近くも存在する。したがって、日本人は中国人労働者を30万人も酷使し虐殺したと非難するのである。

ところが、中国は昔から自然災害・内戦で飢餓や疫病で死ぬ人が多く、その死体は路傍その他に放置された。これら死体を処理するため「万人坑」を掘るのが習わしであった。終戦後、満州では国共内戦その他で多くの人が亡くなった。これらの遺体の埋葬場所として万人坑が数多くつくられた。『中国の旅』に掲載されていた写真は、すべて中国人の先人によってつくられた「万人坑」であり、それを発掘し撮影したものであることが分かった。当時満州で勤務していた日本人に聞くと、万人坑の存在は寝耳に水であり、全くの大嘘であることが分かった。

このように、「万人坑」は検証の結果、日本人によるものではなく、完全なでっち上げであることが分かってきた。したがって、日本の歴史教科書に載せていた「万人坑」の記述は当然削除されるべきである。にもかかわらず、歴史百科事典は、執筆した左翼系学者が臆面もなく事実だと云い張り、記載を今日まで続けているという。戦後、日本には左翼系の愚かな学者が数多く存在し、日本の歴史を歪曲している例がしばしばある。実に嘆かわしいことである。

また、本多勝一は『中国の旅』で、日本軍の「三光政策」による残虐性を指摘している。「三光」とは「殺光（殺し尽くす）」「搶光（略奪し尽くす）」「焼光（焼き尽くす）」の残虐行為を示す。本田は、日本軍が中国で「三光政策」を行ない、凶暴の限りを尽くしたと非難している。しかし、我が国には古来より敵を「殺光」し「搶光」し「焼光」するなどという発想はない。この「三光」とは古代から中国に広く伝わっている戦闘行為であり、自国の戦がそうであったので、日本軍も類似した作戦をとったと考えたプロパガンダである。

なお、『中国の旅』には「南京虐殺」などが記載されているが、「南京虐殺」は中国側の壮大なプロパガンダであり、その詳細は第11章1節に説明している。このように、『中国の旅』の内容はほとんどが事実を歪曲するか捏造するかした虚構の産物であることが分かってきた。

第4節　「従軍慰安婦」問題

「南京虐殺事件」と「従軍慰安婦」問題は、戦後日本が最も悩まされてきた国際問題である。これらはともに、朝日新聞による煽動と捏造によって大きくなった国際問題である。

１・慰安婦と「従軍慰安婦」問題

戦地において女性が強姦等の被害を受けることが多く、これを抑制するため、軍の駐屯地近くには慰安所を設けることが各国の習わしとなっていた。戦前には日本をはじめ各国に公認の遊郭があった。これを軍の駐屯地近くに設けたのが慰安所である。

戦地の慰安所は内地の遊郭と基本的に同じものであるが、所謂《いわゆる》娼婦と呼ばれる人の集め方、また慰安所での働き方が問題にされてきた。遊郭で働く娼婦は一般に不幸な人が多く、金のため親に売られてきた人たちや貧乏に苦しんでいる女性であり、これを受け入れる遊郭はいわば「必要悪」として存在していた。

今日の日韓の「従軍慰安婦問題」はとくに慰安婦の集め方に軍が関与したか否かに関心が集中している。韓国側は「日本軍または日本の官憲が韓国女性を本人の意思に反して強制的に集め、女性を性奴隷として売春をさせた」と非難している。しかし、これに対し日本は、あくまで民間に任せた事業であり、公的機関が強制連行をした証拠はなく、他国の場合と同じように実施されたと反論している。

2・吉田清治の「慰安婦狩り」報道

慰安所は兵の駐屯するところにはいつも存在し、1980年代の終わり頃までは特に話題にのぼることはなかった。ところが、吉田清治が1983年と1989年の2回にわたって「慰安婦狩り」の手記を出版し、韓国語にも訳された。この手記は、本人が官憲の命令で直接「慰安婦狩り」を行なったと述べ、その実情を生々しく報じたのである。それまで無関心であった韓国人はたちまち慰安婦問題に深い関心を寄せるようになり、さらに朝日新聞が煽り立てたので大きな問題になってきたのである。

朝日新聞は吉田氏を最初に記事にとりあげ、1983年11月10日付けの「ひと」欄で「戦争責任を感じて立った良心的な人物」として誇張して紹介した。その後、1990年（1回）、1991年（2回）、1992年（2回）と合計5回も、吉田氏の「慰安婦狩り」を真の事実として報道し、テレビ朝日にも出演させた。天下の朝日新聞が吉田清治を度々宣伝したので、吉田氏は「時の人」として脚光を浴びるようになり、「慰安婦の強制連行が日本の官憲によって組織的に行なわれた」ということが、「吉田証言」によって証拠づけられたのである。朝日は終始、この問題に多くの紙面を割き、日本を貶めるべく「従軍慰安婦問題」を宣伝し続けてきたのである。

3・「従軍慰安婦」裁判

日本の左翼反日グループ（福島瑞穂、青柳敦子、高木健一ら）も、吉田証言にひかれ、日本や日本軍による「従軍慰安婦の強制連行」を是が非でも公式に裏付けるため、裁判の原告（慰安婦）を求めて韓国を放浪した。元慰安婦はなかなか見つからず苦労の末ようやく見つけたのが、「金学順」という人であった。嫌がる彼女に高額の金を与えて日本に呼びつけ、日本政府に謝罪と賠償をさせるため、彼女を慰安婦訴訟の原告第1号として裁判に持ち込んだ。ところが、法廷では本人は親に売られたことが判明し、強制連行の事実が完全に否定されたのである。

なお、金学順は、１９９1年に朝日新聞の植村隆記者が、「女子《じょし》挺身隊《ていしんたい》」の名で軍に強制連行された最初の人として報道され、その記事は高く評価されていた。しかし、「女子挺身隊」、「強制連行」はいずれも誤報であることが分かり、このニュースは立ち消えになった。当時、朝日新聞は「強制連行された最初の人」や「慰安婦訴訟第1号」について、盛んに派手な報道を繰り返し、日本および韓国において慰安婦問題をいやがうえにも盛り上げていたのである。

4・朝日新聞の意図的報道が「河野談話」を呼ぶ

平成4年（1992年）1月に宮澤喜一首相が韓国を訪問することになり、その5日前を狙って、朝日新聞は慰安婦問題の大キャンペーンを打ち上げた。見出しだけでも「慰安所、軍関与示す資料発見」、「民間任せ政府見解揺らぐ」などセンセーショナルな記事を出した。キャンペーンは予想以上に大反響を呼び、日本国内や韓国のマスコミにも詳しく報道された。宮澤首相の訪韓まで時間はなく、慰安婦問題の情報確認や情報分析をすることなく、ほとんど準備なしに訪韓するはめになった。果たして、宮澤首相を待ち受けたものは激しい反日抗議デモや民衆の怒りであり、首相自身が民衆に嵐のように取り巻かれたのである。異常な雰囲気に慄《おのの》いてか、宮澤首相は日韓首脳会談が始まると盧泰愚大統領に8回も謝罪して「真相究明」を約束したという。そして、この会談の流れは、後に「河野談話」を発表することにつながったのである。

「河野内閣官房長官談話」は1993年8月4日に発表された。その内容の焦点は、明確な調査資料が存在しなかったにもかかわらず、日本政府は、日本官憲による慰安婦の強制連行を公式に認めて、謝罪したのである。これは交渉過程で、韓国側が「従軍慰安婦の名誉のためにも、官憲による強制連行を是非認めてほしい」と強く要求した。さらに「これを認めれば韓国側は今後従軍慰安婦を一切問題としない」とまで云い切ったのである。日本側は事の真実よりも外交判断を優先し、問題をはやく解決することを願って承諾し、官憲による強制連行をはっきり認めた「河野談話」を発表したのである。

しかし、その後はどうなったか。韓国は「従軍慰安婦問題」から手を引くどころか、反対に鬼の首をとったように、アメリカをはじめ国際的な宣伝に打って出た。日本は韓国側に完全に騙されたのである。この責任の大部分は勿論政府にあるが、しかし、政府に不安を煽り、このような流れに追い込んだのは、明らかに朝日新聞の派手なキャンペーンであり、その責任は実に大きいと云わざるを得ない。

5・吉田証言は嘘であった

さらに驚くことは、日本および韓国を騒がせた吉田証言が全くの捏造であったことである。秦郁彦教授は済州島に赴き現地調査をした結果、現地では何一つ証拠が得られず、吉田氏の証言は全くの「作り話」であると報道した（文藝春秋「昭和史の謎を追う」１９９３年3月号）。地元の済州新聞の許栄善記者も吉田証言の裏付け調査をし、１９８９年8月14日付けの紙面で「済州島で慰安婦15名を徴発したことは全くの捏造であり、そんな事実はなかった」と報道した。

6・朝日新聞の罪

既述のように、朝日新聞は吉田清治証言に関して多くの紙面を割き、「従軍慰安婦問題」を煽り、世論をリードしてきた。「責任を感じて立ちあがった良心的な人物である」と吉田清治を褒めたたえ、「時の人」として脚光を浴びさせ、吉田証言を事実として権威づけていったのである。朝日が動くと毎日や中小メディアもそして多くの左翼系学者、研究者、運動家なども加わって、日本軍に対する断罪が日本および韓国で吹き荒れたのである。

ところが、既述のように吉田証言が嘘であったこと、そして彼の手記による「強制連行」は全く捏造であったことが分かったのである。しかし、世間では吉田証言が全面的にウソであるとは容易に信じられず、吉田証言はなおも出版社やマスコミによって取り上げられ、一人歩きを続けていた。そして、この雰囲気の中で、皮肉にも「河野談話」が発表され、日本政府が「強制連行」を公式に認めたのである。

吉田証言の虚偽が暴かれ、吉田清治自身が自著を捏造と認めた後、朝日新聞は果たしてどのような態度をとったか。朝日は詳しく検証することなく、「真偽は確認できない」、「確たる証拠はない」という弁解を繰り返し、それまで報じた虚報ならびにその影響に対して謝る気配はなかった。そればかりか、「従軍慰安婦の強制連行」に関して、なおも日本政府を断罪し続けたのである。しかし、方々からの厳しい非難に耐え切れなくなり、遂に平成26年

（２０１４年）８月、従軍慰安婦報道についての誤報を初めて正式に認め謝罪した。

しかし、朝日新聞の誤報の訂正は余りにも遅きに失した。既に、河野談話（１９９３年）が発表され、１９９６年には、国連人権委員会にクマラスワミ報告書が提出され、さらに、２００７年7月、アメリカ下院本会議は「20世紀最大の人身売買の一つ」と決めつけ、「対日非難決議案」を圧倒的多数で可決した。また、カナダ議会下院、オランダ議会下院でも、「元慰安婦への謝罪と補償」を求める決議案が全会一致で採択された。

また、２０１１年12月14日、ソウルの日本大使館前に慰安婦を象徴する「少女のブロンズ像」が韓国の反日団体によって建てられた。また、アメリカ・ニュージャージ州のパラセイズ・パーク市やロサンゼルスのグレンデール市にも慰安婦の碑や像が建立された。「日本は20万人以上の従軍慰安婦を強制連行してセックス・スレーブに供した」という虚構が、アメリカを中心とした世界へ広がり、日本の子々孫々にまで汚名を負わせる状況になっている。

朝日新聞が設けた「第三者委員会」の報告では、「朝日の記事が与えた国内外への影響はさほど大きくない」と述べている。とんでもない、「従軍慰安婦問題」をここまで大きくし、真実と違った内容を世界に広め、日本をここまで貶めたのは、異常に煽り立てた朝日新聞の影響であり、その責任は極めて重大である。まさに万死に値するものである。

第5節　靖国参拝を中国へご注進

昭和53年（1978年）、靖国神社は「A級戦犯」14柱を合祀した。これに反対する国民の声には、左翼の一部を除けば、ほとんど聞かれなかった。合祀の後、大平正芳、鈴木善幸、中曽根康弘が靖国参拝を行なった。この頃、中国は全く無関心であった。

ところが、昭和60年（1985年）、中曽根首相が靖国公式参拝を企画し、その公表した予定日（8月15日）が近づくと、突如、朝日新聞が反靖国キャンペーンを始めた。「戦前回帰」「軍国主義」といったヒステリックな見出しが朝日新聞の紙面に連日登場した。そして「中国は靖国問題を厳しい視線で凝視している」とご注進記事を出し、8月15日の中曽根首相の靖国参拝に対しては批判記事を書いた。しかし中国はまだ何も反応しなかった。

8月26日、田邊誠を団長とする社会党の中国訪問団が北京入りし、中国首脳に対し「中曽根内閣が軍事大国を目指す危険な動きを強めている」と報告し、靖国公式参拝に反対するよう訴えた。これに応えてか、翌8月27日、中国の副首相が中曽根首相（当時）の靖国神社参拝を初めて公式に非難したのである。中国共産党政府の要人が靖国参拝を批判したのはこれが初めてであった。そして、これをきっかけに靖国参拝に対する中国の厳しい非難が始まったのである。「靖国問題」を誘い出したのは、まさに朝日新聞と社会党であると云える。

その後、橋本龍太郎、小泉純一郎の靖国参拝に対しては参拝がある毎に抗議が行なわれるようになり、さらに韓国までが非難に加わってきた。そして、２０１３年末に安倍首相が靖国参拝をしたときは、中国や韓国が強く反発するだけでなく、アメリカやロシアまでもが非難を表明した。まさに、首相の靖国参拝が中国、韓国を中心とした国際問題にまでなってきたのである。

第6節　北朝鮮の拉致問題

「朝日新聞とＮＨＫは敵だ」は拉致被害者家族の蓮池透さんの言葉である。これは、北朝鮮拉致事件に対する朝日新聞とＮＨＫの冷酷な報道姿勢が拉致被害者家族をいかに傷つけ、苦しめてきたかを象徴している。特に朝日新聞は筋金入りの北朝鮮シンパであり、以前は「北朝鮮による拉致は存在しない」と主張していた。拉致事件が明らかになってからも「拉致は棚上げにして日朝国交正常化をするべきだ」と主張していたのである。

平成3年1月16日、拉致された有本恵子さんの両親が記者会見を行なった際、朝日新聞の記者は「北朝鮮に拉致されたというはっきりした証拠があるのか。あいまいな根拠で発言すると大問題になる」と恫喝《どうかつ》したという。さらに、金正日が拉致を認めた後も、朝日新聞は性懲りもなく北朝鮮を庇《かば》い続けている。たとえば、拉致被害者8名の死亡が明らかになった翌日の朝日新聞の第一面の記事では「冷静さを失うと歴史は後戻りするだけである。〈略〉北朝鮮との間に残された戦後処理問題を解決し、大局的見地に立って関係を正常化することが、日本の国益にも北東アジアの安定にも資する」と無神経に述べている。この内容は朝鮮労働党の機関紙『朝鮮中央通信』の報道と同じで、「拉致問題などどうでもいいから、はやく国交正常化をして北朝鮮に金をくれてやれ」と云いたげである。

以前（昭和30年代）、朝日新聞は在日朝鮮人の北朝鮮帰国運動を行ない、「北朝鮮は地上の楽園」であると宣伝した。これに誘われて多くの在日朝鮮人が帰国した。ところが、北朝鮮は地上の楽園とは程遠く、むしろ地獄であった。帰国した多くの在日朝鮮人は強制収容所で殺されたという。朝日新聞は、まずこの責任をとり、自分たちが騙して帰国させた元在日朝鮮人やその遺族に対し損害賠償を払い、自らの責任を清算すべきであろう。

朝日新聞は上述のように戦後実に数多くの罪を重ねてきた。時には事実を曲げてまで日本が不利になることを宣伝し、時には日本の名誉を酷く貶めてきた。朝日の犯してきた罪をもっともっと多くの日本人が知り、厳しく弾劾すべきである。朝日は廃刊にすべきである。

第7節　反日マスメディアと日中記者交換協定

戦後、日本のマスメディアが反日になった典型例は朝日新聞であるが、ＮＨＫ、毎日新聞、読売新聞、東京新聞、北海道新聞、沖縄タイムスなど、産経新聞を除く大部分の新聞が左翼であり反日である。その第一の要因はＧＨＱであるが、戦後しばらくしてから新たな要因が加わった。それが、日中記者交換協定である。

日中記者交換協定は１９６４年に日本と中国の間で取り交わされた協定で、日中双方の記者を相互に常駐させることを協定として取り決めた。これにより日本のマスメディアの反日活動が強まったのである。

この協定は次のような原則を謳《うた》っている。

1. 日本政府は中国を敵視してはならない
2. アメリカに追随して「二つの中国」（＝台湾独立）の陰謀を弄しない
3. 中日両国関係が正常化の方向に発展するのを妨げない

これにより、日本の新聞は中国に関する自由な報道が大幅に制限され、中国政府（中国共産党）に不利な報道はしないことを約束させられた。この協定を結んでいないのは産経新聞だけである。実は、この日中記者交換協定は日中国交正常化後の１９７４年に失効するが、新しく「日中両国政府間の記者交換に関する交換公文」が交わされ、日本のマスメディアは従前どおりに中国からの縛りをいまなお背負わされているのである。つまり、日本のマスメディアが記者を北京に派遣する際、中国の意に反する報道は行なわないと約束している。これとは反対に、日本政府に対しては何の縛りもなく、批判・弾劾の反日記事を思いっきり自由に書くことができるようになっているのである。

日本のマスメディアの反日活動がさらに強化された要因は、日本のマスメディアに反日外国人、特に在日朝鮮人が多数入社し、中枢支配を強めているからである。この第2の要因は一般の日本人に比較的知られていない事実であろう。

現在日本のマスコミは反日外人、特に反日在日朝鮮人に大きく侵蝕されていることを、TBSテレビの例で見てみよう。

1960年代、TBSアナウンサーの放送中のちょっとした言葉づかいの問題（例えば「朝鮮民主主義人民共和国」を〝北朝鮮〟と呼ぶことなど）に対して、放送後、朝鮮総連からTBSテレビ及び経営幹部の自宅に対して脅迫に近い抗議電話が繰り返しかかってきたという。激しい抗論・討論の末、決められた打開策は、TBSテレビが在日朝鮮人に対して「無試験の入社枠」を約束したことである。その結果、朝鮮総連幹部の子弟が毎年TBSテレビに採用されるようになった。

１９７０年代になると、マスコミが政府を叩けば世論が喝采するという狂った時代になった。ＴＢＳ経営幹部はこれに便乗して、「日本叩き」の記事を活発化させるため、在日を積極的に登用したのである。在日社員はやがて課長、部長へと昇進し、報道番組のプロデューサーや報道局長などの重要ポストを占め、厳しい左翼反日番組が企画できるようになったのである。１９８０年代～９０年代に社会党が地すべり的な勝利を得たのも、これら陰の報道が大きく働いたのである。

１９９０年代から２０００年代に入ると、反日マスコミの偏向報道、捏造報道などの発覚が相次ぐようになった。ＴＢＳテレビの場合、朝鮮半島絡みの不祥事が頻発した。そのため、ＴＢＳはバブル崩壊以降の景気低迷を支えるため、「サラ金」や「パチンコ」等、その多くが在日朝鮮人系の会社による広告収入に大きく依存するようになった。まさに、ＴＢＳは在日朝鮮人の資金と人材に支配された放送局へと変貌してきているのである。激しい反日番組が放送されるようになるのも当然である。

前述のように日本のマスメディアのほとんどが、中国政府や韓国政府には縛られ迎合するが、日本政府に対しては厳しい反日批判を繰り返すのが常態になってきた。しかも、反日在日朝鮮人の侵蝕が特に左翼傾向の強いマスメディアで進み、その弊害が大きくなっているのである。

これらの現象は何を意味するか。ニュース、報道が中国・韓国寄りとなり、記事の反日性が厳しくなることを意味するのである。果たして、反日に変貌した日本のマスメディアは、日本にとって大切なニュースを漏らさず伝えられるだろうか。戦後の新聞報道を見ると、日本の批判、弾劾には競って情熱を燃やしてきたが、日本人および日本国に大切なニュースはむしろ意識的に抑制されてきたように見える。

例えば、マッカーサーが「東京裁判は間違っていた、日本の先の戦争は自衛であった」と告白したニュース、日本軍が東南アジア諸国の独立を支援したという報道などは、日本人を勇気づける大切な報道であり、国の進む指針となる報道である。にもかかわらず、日本マスメディアは敢えて報道していないのである。

日本に吹っかけられた不利な問題、例えば「南京虐殺事件」、「従軍慰安婦問題」、靖国神社問題、教科書検定問題は、日本を貶める深刻な問題である。日本のマスメディアは個々の問題を検証し真実を突き止める責任がある。ところが、検証はおろか、多くのメディアは、日本に降りかかった問題をむしろ歪曲・捏造し誇張してまで煽り立て、日本を貶める方向に働いてきたのである。

その結果、虚構から発した問題が日本を悩ます抜き差しならぬ深刻な国際問題にまでなり、国を窮地に追い込んでいる。換言すれば、前述の国際問題の多くは日本のマスメディア自身が故意に造り上げた虚構の問題であるとも云える。こんな自国を貶めることに情熱を燃やすマスメディアは他国には例がない。まさに、日本には他国のメディアはあっても日本のメディアは存在しないのである。しかも、日本人の多くはこの実情をしっかり理解していない。たとえ知っても素直に共鳴することができない人が多いのではないだろうか。日本は実に恐るべき危険な状況にあることを自覚しなければならない。

第11章　日本を悩ます諸問題

現在日本を悩ましている国際問題は「南京虐殺事件」、中国戦犯（中国抑留者）の問題、「従軍慰安婦問題」、靖国参拝問題などがあり、国内問題としては教育・教科書問題がある。前章までに既に各諸問題がどのように発生したかについて触れてきたが、本章では各問題の本質、解決法を考えてみたいと思う。

第1節　「南京虐殺事件」は本当に存在したのか

1・「南京虐殺事件」は日本軍残虐性のシンボルになっている

「南京虐殺事件」が日本人の前に最初に現れたのは、戦後GHQによる占領政策の「太平洋戦争史」や東京裁判であった。そして日本軍の残虐性のシンボルとして宣伝された。その内容は、中国政府によると、昭和12年（1937年）12月13日、南京陥落後6週間にわたって、日本軍が中国の一般市民や捕虜を30万人以上殺害した」という事件である。しかし今日では、多くの資料や文献から、大部分は捏造であることが明らかになってきた。ここでは、その南京攻略の事実経過、南京虐殺事件が実際あったのかどうかを記録に従って客観的に検証する。

2・南京陥落の事実経過

南京攻撃の日本軍総司令官は中支那方面軍を率いる松井石根大将であった。日本軍は１９３７年12月初めには、南京の周辺に到達し、南京城を完全に包囲した。

南京城は周囲約35キロであり、廻りを囲う城壁の高さは10数メートルから25メートル、幅は10メートル前後あった。城壁の上は車も通れるような立派な造りであり、日本人の常識とはかけ離れた巨大建造物であった。周囲に水濠を巡らせ、城門は16カ所に設けられていた。南京城の西北には挹江門《ゆうこうもん》があり、これを出ると揚子江に沿った港湾地区「下関《シャーカン》」につながり、ここが南京城脱出には好適な場所になっていた。

南京戦が始まる前に、南京城内に安全区が設定された。これは、南京市民を戦闘から保護するために設けた云わば「市民の避難地区」である。この安全区を管轄したのが「南京安全区国際委員会」で、その委員会はアメリカ人７人、イギリス人４人、ドイツ人３人、デンマーク人1人、の15人の委員で構成され、委員長はラーベであった。この委員会は一見国際的に中立であるように見えるが、実は中国への布教をめざしていたアメリカ人宣教師が実権をにぎり、完全に中国寄りの委員会であった。

第5章4節に概略を述べているように、上海から首都南京へ逃げた蒋介石は、部下の唐生智に南京防衛を託し、蒋介石自身は南京を脱出した（12月7日）。中国政府要人や地方公務員等も南京を脱出したため無政府状態となり、市民は混乱状態に陥っていた。結局、南京城内に残ったのは中国防衛軍と貧しい市民だけであった。中国防衛軍は正確には分からないが約5万程度とみられる。

・1937年12月8日：中国軍の唐生智司令長官は、城内のすべての非戦闘員に対し安全区に集結するよう布告し、市民は身の安全を求めて安全区へ殺到した。この安全区に逃げ込んだ市民が戦闘中守られたことは、南京戦が終わった後、安全区委員会が「安全区内に集めた一般市民は日本軍の攻撃から全部無事であった」という報告から確認された。

・12月9日：松井石根司令官は犠牲の無い無血入城を願って、唐生智に投降を勧告した。しかし、彼は受け入れなかった。

・12月10日：日本軍は遂に10日午後総攻撃を開始した。城の守備兵約5万と、攻める日本軍約10万が激突した。激しい戦闘であり、当然、戦場では多くの死傷者が出た。

・12月12日：激戦のさなか唐生智は部下と共に夜８時頃南京城を脱出した。司令官を失った中国敗残兵はまさに烏合の衆となり、長江へ逃げるため南京城の邑江門へ殺到した。ところが唐生智はここに督戦隊《とくせんたい》（自軍を監視する部隊）を待機させ、乱射をあびせた。南京戦で敗北した中国軍の一部は安全区内に逃げ込み、一般市民に変装して便衣兵になった。

・12月13日：南京城は陥落し、日本軍が入城した。日本軍は、12月14日、15日、16日の３日間便衣兵の狩り出しを行なった。安全区の各辻ごとに歩哨を立て、将校の指揮のもとに、整然と一軒ごとの捜索を行なった。３日間の捜索の結果、約６５００人の敗残兵を検挙し、トラック数台分の武器も押収した。

・12月17日：松井石根司令官は、盛大な南京入城式を挙行した。

・12月18日：松井石根司令官は全軍と共に慰霊祭を執り行ない、日中双方の戦死者を弔った。慰霊祭の後、「20日南京出発」の布令を出した。

・12月19日：出発前日の19日は南京見物の日とした。希望者を募って孫文の中山陵、国民政府、軍官学校や帝国大使館などを見学した。南京城の平和なひとときであった。

・12月20日～21日：南京攻略に参加した日本軍は警備兵を残してすべて南京を去り、所定の場所へ向かった。南京城の安全区内の警備（12月13日から24日までの期間）は日本軍

1592名で行ない、12月24日から31日までの警備は約1000名で行なった。1月1日以降は、中国人の警察官に委嘱した。

・1938年1月3日：12月13日の南京陥落以後、南京市街地の水道も電気もとまり、夜は真っ暗となる状態であった。そこで、日本人技術将校らが中心となり、電気・水道工事を行ない復旧させた。

まさに、平和時の都市復興であり、殺伐とした「南京虐殺事件」があったという雰囲気は全くなかった。

3・「南京虐殺事件」の存在を否定する論拠

（1）南京虐殺を最初に報道したのは英米紙であった。しかし、いずれも記者が中国国民党中央宣伝部と通じた宣伝記事であった。

南京戦における日本軍の虐殺行為を最初に報道したのは、『ニューヨーク・タイムズ』のダーディン記者（1937～1938年）と『シカゴ・デイリー・ニューズ』のスティール記者（1937～1938年）であった。1938年には、英紙『マンチェスター・ガーディアン』の中国特派員、ティンパーリが『戦争とは何か』という本を書き、ロンドンとニューヨークで出版した。これは「南京虐殺」を世界に知らせた最初の書物として有名である。ティンパーリの著書は、実はベイツ教授（安全区国際委員）、フィッチ（南京ＹＭＣＡ副委員長）らとの共著になっている。安全区国際委員会の記録を基本資料にして、日本軍の残虐性を誇大描写している。ティンパーリもベイツ教授も「国民党中央宣伝部顧問」であり、『戦争とは何か』とは、国民党中央宣伝部が総力揚げてのプロパガンダ工作作品であったのである。

（２）松井石根司令長官は無血開城を願い、兵士の横暴を抑え、入場後慰霊祭を行なって敵味方の犠牲者を弔った武士であった。

松井石根司令長官は、南京を攻撃するに当たって、無血開城を願って降伏勧告をし、入城後混乱がないよう全軍に厳重訓示をした。さらに、入城後は慰霊祭を行なって敵味方双方の戦死者を弔った。このような武士の誇りをもった司令官が南京城攻略後のスケジュールを規律正しく執行したのである。およそ大虐殺を計画するようなことはあり得ない。東京裁判で、松井石根氏が死刑判決を受けたのは、少数の若い部下の犯罪に強い責任を感じ、僅かの罪でも許すことができない指揮官のプライドあるいは潔癖性から判決を受け入れたのである。

（３）南京陥落後殺到した記者による「虐殺」報道は一切なし

南京陥落と同時に入城した新聞・雑誌記者、カメラマンは、外人記者5名を含めて、約１５０名もいたと云われる。そのうち誰一人として非戦闘員の虐殺は見ていない。アメリカのパラマウント・ニュースは、南京占領の記録映画をつくっているが、その中で「虐殺の記事」は少しも報じていない。また当時、中国で『ノース・チャイナ・デイリー・ニュース』というイギリス系の英字新聞が発行されていたが、その1937年12月24日（南京陥落の11日後）の紙面をみると、日本軍が南京市民に食糧などを配り市民が喜んでいる光景を写真入りで報道している。これらが南京陥落直後の偽らざるマスコミ報道であった。

日本軍と共に南京に入った東京日日新聞の金沢喜雄カメラマンは、次のように語っている。「私は南京をやたら歩いていますが、虐殺を見たことがなければ、兵隊から聞いたこともありません。虐殺があったなんて、あり得ないことです。死体はたくさん見ています。敗残兵がたくさんいましたし、戦争だから撃ち殺したり、殺して川に流したことはあるでしょう。しかしそれは、南京へ行く途中、クリークで何度も見ている死体と同じですよ」

なお、南京陥落後、平和復興の光景を撮影した写真が当時多くあったが、これらの写真は左翼団体がかき集め隠匿したという。これは明らかに、左翼連中が「事件が無かった」証拠を隠蔽《いんぺい》するためにしたことである。その心情たるや実に情けない。

（4）蒋介石は演説で「南京虐殺」に全く触れず

中国国民党の総統・蒋介石は南京を脱出してから終戦に至るまで、中国人民向けに何百回ものラジオ演説を行なっている。ところが、その中で彼はただの一度も「南京で虐殺があった」ということは云っていない。もし虐殺があったのなら、当然演説で触れるはずである。

結局、「南京虐殺」は存在していなかったのである。

（５）南京戦の終盤で中国側は多くの戦死者を出した

本節及び第５章４節に述べたように、唐生智司令官の脱出後、中国兵が、なだれを打って挹江門から下関の埠頭方面へ逃亡した。それを唐生智の督戦隊が迎え撃ちした。また下関の埠頭方面へ逃げ延びた兵へ、対岸の日本軍が猛射を浴びせ、夥しい数の死体が発生した。その惨状は目を見張るものがあったという。この地獄のような光景が「南京虐殺」の報道を生んだと推察される。しかしながら、これはあくまでも戦闘による兵士の戦死であって、「虐殺」ではない。戦争では負けた側の犠牲が大きく、より悲惨な光景を呈するのが常である。

（６）犠牲者の数

中国側が発表している資料「何応欽上将の軍事報告」は、第一級の公式史料であり、これ以上信頼できるものはない。これは、盧溝橋事件（１９３７年７月）から１９３８年２月までの期間の報告であり、中国軍の死傷者数を記録している。ただ残念ながら、南京戦については、上海戦と合計した統計になっている（表３参照）。

上海・南京戦（第３戦区）における中国軍の犠牲者の数は、戦死者（将校・下士官兵）３万３０００、負傷者は６万５３４０であり、合計９万８３４０人である。中国軍の犠牲者は上海戦よりも南京戦の方が多いという。しかし、中国側の公式史料には、南京戦で万を超す虐殺があったという記録はどこにもない。

なお、日本側の上海・南京戦における戦死者は、2万3104人という記録がある。この犠牲のほとんどが上海戦であり、上海戦が日本軍にとっていかに厳しいものであったかが分かる。南京戦での日本軍の戦死者は800という報告がある。南京戦は日本軍にとって圧倒的な勝ち戦であった。したがって、中国軍に比較すると日本軍の犠牲者が極めて少ないことが理解できる。

（7）捕虜の大部分は解放された

南京虐殺事件を支持する日本人は捕虜を大量虐殺したと宣伝する。しかし、記録を忠実にたどれば捕虜虐殺の事実は発見されない。

南京戦で最も多くの中国軍捕虜を捕えたのは第13師団山田支隊の第65連隊が幕府山を陥落させたときであり、1万4777人の数に上った。捕虜をどのように扱ったか、捕虜を扱った当該者の一人である栗原利一の証言まで聞き確かめられた。それによると、非戦闘員と思われる者約半数（7000人）をその場で釈放した。残りの半分は火事に便乗して逃亡し約4000人以下に減少した。この捕虜集団が移動する途中で騒動が起こり、大混乱の中で1000～3000人ぐらいが死亡し、他は逃亡したという。

また、第45連隊は、城内から敗走してきた約1万の敵と上河鎮・新河鎮および三叉河で戦

表３　中国軍抗戦官兵傷亡統計表

上海・南京戦（第３戦区）			
	負傷	戦死	合計
将校	3,288	1.638	4,926
下士官兵	62,052	31,362	93,414
計	65,340	33,000	98,340

い、最後に４０００~５０００人ほどの捕虜をとらえた。しかし、これらの捕虜は全員その場で釈放されたという。また、別の部隊は、仙鶴門鎮の戦いの後で約７２００人の捕虜を抱えた。これは武装解除したのち、捕虜収容所（中央刑務所）に収容したが、その後彼らの多くは釈放され、故郷に帰されたという。

（８）便衣兵の大部分は釈放された

日本軍は、入城後安全区に潜伏した便衣兵約６５００人を検挙し、武器を押収したのち、そのまま釈放した。当時、この安全区内には、各国の新聞記者も１００人あまりいて、日本軍の捕虜検挙や武器の押収の状況をつぶさに見ていた。したがって、虐殺など全く起こりようがなかった。

（９）死体の埋葬数は30万虐殺を完全否定する

東京裁判によると、埋葬にあたった慈善団体は紅卍字会と崇善堂の二つが存在していた。紅卍字会は南京攻略戦の直後（１９３７年12月頃）から翌年５月頃までの期間４万３０００余体を処理し、崇善堂は11万２０００余体を処理した。埋葬死体の合計は15万５０００余体であったと発表した。しかし記録によると、死体処理は実は日本軍が主体となって執行し、実際の埋葬作業を紅卍字会に依頼した。紅卍字会は2月1日から3月15日までに3万1791体を埋葬した。しかしその頃、崇善堂は活動しておらず、南京戦の死体処理には無関係であることが分かった。したがって、埋葬死体数は全部で3万1000余体と推定された。

なお、埋葬死体のほとんどは中国軍戦死者の遺体であり、女性や子供の死体はほとんどなかった。さらに、先の上海、無錫の戦闘で出た夥しい数の傷病兵が南京に後送され、南京で死亡した兵士も数多くあり、これらも上記埋葬死体数に入っていると考えるべきである。

このように、東京裁判で報告された埋葬数は15万5000余体であったが、実際の数は3万1000余体であり、5倍も過大評価していることが分かる。なお、30万以上の虐殺死体は発見されるはずもなかった。

(10) 南京市人口の推移は「南京虐殺」を完全否定する

南京戦前に南京城内にいた人口は、住民20万、兵5万、合計で最高25万程度と推測される。南京安全区国際委員会の発表によると、南京戦後の南京市人口は、1937年12月17日で20万、27日も20万と報告されている。1938年1月14日になると逆に25万～30万に増加した。以後2月10日まで25万を維持していたという。戦闘後、人口が増加したことは、南京の治安が急速に回復し、近隣に避難した市民が帰還し始めた証拠である。この人口の推移は、「20万～30万という大虐殺」はあり得なかったことを強く示唆している。

４・「南京虐殺事件」は中国が描き出した壮大なる嘘である

上記のように、南京攻撃の総司令官の性格、厳格な軍の指導から、組織的虐殺はあり得ない。しかも、南京城内における兵士のスケジュール、南京市内の人口の推移、死体の埋葬数をみても、また南京陥落後現地に入ったメディアの報道からも、虐殺を示す証拠は何もない。被害者であるはずの蒋介石も当時一切虐殺事件に触れていない。

このように南京事件の記録をたどると、虐殺事件が存在したとする証拠はほとんど発見されない。結局、「南京虐殺事件」は中国国民党中央宣伝部が意図的につくり上げた壮大なプロパガンダであり、虚構と云わざるを得ない。

５・南京虐殺記念館の設立

（１）南京虐殺記念館は日本人の要請と寄付でつくられた

１９８０年、元日本社会党委員長・田邊誠は南京市を訪れ、南京虐殺記念館を建設するよう中国側に勧めた。しかし、中国共産党は建設資金が集まらないという理由で消極的であった。すると、田邊氏は建設資金を日本から提供すると云い、総評から３０００万円を南京市に寄付したという。反日日本人とは云えここまで徹底して非常識なことをやるのかと、日本民族の性格に深い疑問を抱かざるを得ない。１９８５年、日本からの寄付金を資金として記念館が建設され、「虚構の虐殺事件」を歴史的事実として国内外に宣伝し続けているのである。

（２）記念館の展示写真は偽物であった

日本の研究者が調べた結果、南京虐殺記念館に展示されている写真のうち、「連行される慰安婦たち」、「日本兵に惨殺された幼児たち」、「置き去りにされ泣く赤ん坊」などの写真は他から持ってきた偽物であり、また南京事件には無関係の写真を転用していることが分かり、日本は強く抗議した。中国側はその是正に応じたが、30万人という虐殺犠牲者数、百人斬りなどの虚構はそのまま強行展示している。

（３）「日本の提案と出資で記念館ができたこと」を館長が否定

２０１３年12月17日、中国のインターネット上に「南京虐殺記念館は日本の提案と出資により建設された」と公開され、多くの中国人が驚き問題が浮上した。すると、同記念館の館長は、「記念館建設のどの工程も、日本人の出資は受けていない」と否定した。しかし、建設の歴史的事実を曲げることはできない。歴史の隠蔽、歪曲を平気でやる中国側のやり口を、日本人はしかと心にとめておくべきである。

この記念館には日本軍の残虐な行為の写真と説明が展示され、多くの中国人や外国人に向けて抗日思想を宣伝する拠点になっている。この南京虐殺記念館の一隅には、多数の千羽鶴が飾られている。これは、日本から訪れた修学旅行の高校生が献納したという。南京虐殺の虚構が未来永劫に独り歩きするのを日本人が敢えて支援するとは…。修学旅行を企画した日教組の教師は日本をどこへ導こうとしているのか理解に苦しむところである。

第2節　中国抑留者が自供した残虐行為は真実か

1・中国抑留者（中国戦犯）とは

終戦後、ソ連に抑留された日本軍将兵や満州国官吏の中から969人が選抜され、中国に引き渡された。抑留者は「撫順戦犯管理所」という「監獄」に戦犯として収容された（1950年）。さらに、中国山西省で共産党軍と戦い、投降、捕虜となった将兵140人が、「太原戦犯管理所」に戦犯として収容された。この撫順と太原の両管理所に収容された合計1109人の戦犯は、中国抑留者（もしくは中国戦犯）と呼ばれる。

中国抑留者は、中国の重要な新国家政策である所謂《いわゆる》「思想教育（洗脳）」を受けた注目の戦犯グループである。洗脳を受けた多くの将兵は、自己批判によって自分が犯した罪を自供し、供述書を提出させられた。6年間の収容生活の後、一部は起訴され、大部分は起訴免除となり、釈放されて日本へ帰国した。

ここで問題となるのは、中国抑留者（中国戦犯）が自供した供述内容である。戦後、供述書の一部が公開されたが、その内容は驚くほど残虐性に満ちた犯罪行為であり、日本人としては到底信じられない残忍な非人間的犯罪行為であった。果たしてこれはどこまで真実であるのか。これをどう読み解き、解釈するかは、日本人にとって実に深刻な課題である。田辺敏雄氏らの著書を参考にして、「洗脳」の事実経過と内容を掘り下げてみたいと思う。

2・中国抑留者の「洗脳」「思想改革」はどのように行なわれたか

（1）管理所生活の初期

管理所内に戦犯として監禁された当初は、「監禁されたことの不平」と「処刑されるかもしれないという不安」が渦巻いていた。何故俺たちが捕虜ではなく戦犯になったのか、なぜ犯罪者として責任を追及されなければならないのか、と反抗し抗議した。

ところが、思いのほか、監視員が寛大であり、食事は最初粗末であったが、そのうち食事内容は大幅に改善された。三度の食事は白米となり、魚・肉・野菜が豊富になり、うどん・まんじゅう・果物までも提供された。また、多数の医師を派遣して健康診断し、毎日看護婦が健康状態に応じて薬を配付した。管理所の待遇のよさにはいささか驚かされた。しかし彼らは、「やがてくるであろう処刑」の「前の気休め」ではないかと疑い、内心では怯えていた。反抗の時期が終わり、戦犯たちは提供された各種の遊びごとにうち興じた。やがて遊びにも飽き、次に提供された書籍で自主学習をするようになった。彼らは、自分たちがなぜここにいるのか、戦争相手の自分たちがどうしてこのような手厚い扱いを受けるのかなど、現在および過去のことについて多くの疑問を持ち始めた。

（２）学習への勧め

この時期になると、管理所当局は戦犯たちに「学習」、「討論」を呼びかけ、多くの図書や新聞を配布し、自習用の用紙・筆記具も支給した。人民日報・中国共産党の歴史・矛盾論・実践論・文芸座談会の講話・抗日戦の戦略と戦術など、あらゆる領域の本や資料が提供された。時間つぶしの遊びにも疲れた人は、本を読むことに楽しみを見出すようになった。難しい本が沢山あったが、時間は十分あり、同僚に助けられ、何度も繰り返し読み込んだ。与えられた資料の多くは、生まれて初めて接するようなものの見方、考え方、理論を述べており、驚きの連続であった。これらの文献は、戦前の日本で発行が禁止され、もし持っていれば「危険思想」の持ち主として特高警察に引っ張られ、非国民のレッテルを貼られた。戦犯たちは学習を続けるうちに、いままでの自分の知識や認識があまりにも片寄っていたことに気付くようになった。そして、多くの人は学習をとおして新鮮な新しい知識に接し、喜びを感ずるようになった。

当局が学習に求めたことは、戦犯たちに共産主義を叩き込むこと、ついで、日本軍の侵略戦争に参加し多くの罪を犯したことを、各人に認識させることであった。はじめは誰も自分の罪を認めようとしなかった。罪を認めればどんな罰が待っているか分からないと恐れたからである。

（3）検察官による取り調べ、「認罪」

監収されて4年が過ぎた頃、遂に犯罪に対する厳しい尋問が始まった。検察官による罪状の取り調べである。数百人の調査官が派遣され、戦犯を一人一人呼び出し、戦争中に犯した罪状について審問した。当局の取り調べに際していつも強調したことは、「罪を素直に自白すれば軽い罪になり、抵抗すれば重い罪になる」ということであった。

比較的罪が軽いと見なされた兵士たちは1回か2回の取り調べで終わったが、古い下士官や将校には突っ込んだ尋問があった。特に集団的な虐殺事件や大きな被害を出した事件などに関与した人物に対しては、何回か尋問が行なわれた。そして時には具体的な証拠書類をも突き付けて詰問された。尋問が半年以上続いたのち、戦犯全員は過去の罪について供述書を作成するよう命じられた。過去の罪について、中国人民を何人殺したか、どのように殺したか、「焼く」「殺す」「犯す」等の罪を、正直に書くようにということであった。

最下級の兵士は個人の責任範囲にとどまるので比較的素直に自白することができた。しかし、下級将校は現地での直接の命令者であり、部下とともに処罰を受けるという危惧から、肝心なところを隠す傾向があった。将軍たちは、自分の命令が前線でどのように伝わっているか分かっていないので、具体的罪状を告白することは極めて困難であった。

「認罪運動」が予想通りに進まないのを見て、ある日管理所所長は全員を屋外に集め、壇上から脅しの演説をした。「諸君は中国人民を何だと思っている。中国人民は君たちのような帝国主義思想の持ち主を絶対に許さない。中国人民は日本帝国軍隊と闘い、勝利したのだ。君たちは負けた。日本帝国軍隊は破滅したのだ。にもかかわらず、君たちは何等反省をせず、帝国主義を持ち続けている」、「中国人民は君たちを招待したのではない。日本軍は武装して勝手に海を渡り、わが中国に乱入してきたのだ。我々の同胞を殺し極悪非道の犯行を平気でやってきた。それは誰だ！　お前たちではないか！　その重大な犯罪を中国人民は許すと思うか！　絶対に許さない。お前たちを殺すも生かすも、中国人民の権利であり、自由意志である」と。

所長の演説に胸をつかれたのか、その演説が終わると宮崎弘中隊長が飛び入りで登壇し、自らの残虐行為を涙しながら告白した。過去の罪状を包み隠さず暴露するだけでなく、どんな重い処罰でも受け入れる覚悟であると、土下座までして謝罪した。この告白は多くの抑留者に強い衝撃をあたえ、さらに第二、第三の宮崎が現れて、自分の罪を告白する雰囲気になった。これらの告白が大きな突破口となり、認罪する者がどんどん出るようになったのである。

下士官と違って、将校はなかなか認罪しようとはしなかった。そこでとられた方法は高級将官をターゲットにした「吊るし上げ大会」であった。兵士が上官を指名して大衆の面前に立たせ、かつての部下たちが告発を続けた。大勢で罵詈雑言の怒号を浴びせ、本人を動揺させ告白させた。告白大会は次第にエスカレートし、深刻な、命がけの自己批判となり、相互批判の学習会となって数カ月続いた。将官、佐官、将校、憲兵、警察の中には海千、山千の頑固者が少なくなかったが、最後には跪《ひざまづ》いて謝罪するようになった。こうして、日本人戦犯の人間改造が進められていったのである。

しかし、人によってはこの雰囲気についてゆけない者もおり、緊張と不安のあまり、手洗水の原液を飲んで自殺する者、便所で自殺をはかる者も出てきた。このため、屋外の便所のドアは取り外され、便器の口を木で狭めたりして、自殺者の出ないような措置が講じられた。この厳しい状況の中で、多くの者が末梢神経症にかかり、重症者は小便がもれるのも分からない状態となり、記憶に錯覚がうずまく状態となった。俗にいう監獄病が蔓延したのである。このような厳しい状態の中で、全員が自らの罪状を供述書に自白するよう義務付けられていたのである。

（4）供述書、手記には残忍な行為が満載

自白させられた内容は「供述書」として提出させられた。供述書の中で優秀な作品は、創作グループの人々が文体、構成を修正し、さらに中国側担当者の許可が得られるまで何度も書き直しをし、「手記」として仕上げられた。この手記の一部は抑留者が帰国後、「三光」や「侵略」の表題で出版されたのである。

ここで驚くのはその「手記」のすさまじい内容である。読むに堪えない非道な悪行が満載である。一部を紹介すると、女性を強姦、惨殺したあと局部に棒切れを挿入する。また、中国人を惨殺した後、その肝と脳味噌を食べる。生きている人間の肋骨の下に鋭い刃を入れ、「人」字型のように切り裂き、力強く踏むと肝臓と心臓が飛び出してくるので、これを食べる。また妊婦の腹を割いて胎児を取り出し、投げつけるなどである。日本の歴史には、人間の肉や内臓を食う習慣はないはずである。しかし、悪鬼のような行為の実例は、枚挙にいとまがない。これらの告白は果たして本当に真実なのだろうか。

この手記を読んだ人はほとんど「底知れない日本軍の残虐性」に身を縮め、日本軍に強い嫌悪感を覚えたことだろう。そしてこの日本軍のイメージがそのまま昭和前期の歴史イメー

ジとして定着してくるのである。ちょうど、『中国の旅』や『天皇の軍隊』を読んだときと同じショックである。

戦場での話であるから人を殺傷し、食料等を略奪するなどの加害行為はある程度やむを得ない。しかし、このような猟奇的残虐行為が語られるのは「撫順戦犯の手記」に限られ、これ以外の日本軍の記録には全くみられないのである。およそ、死体を損壊する行為は中国兵の伝統的な残虐手法であり、同様の手法は中国には古来多くの記録が残っている。動物の皮を剥いだり、肉を切ったりすることはまさに狩猟民族に特有の発想である。牛馬を農耕の友として暮らし食してきた農耕民族の日本兵には、考えられない手法である。

撫順戦犯管理所の金所長ですら抑留者が告白した罪状に驚いて次のように云っている。「まるで吸血鬼のように、中国人を惨殺し、その肝と脳味噌を食べたのである。このような人間性の一かけらもない野獣のような行為は、枚挙にいとまがない」と述べている。

（5）告白内容はすべて真実であるか

供述書の作成において、抑留者が卑近な犯罪を自供すれば、取調官は「まだ深く反省していない」といって供述書を受け付けない。何回か供述書をつきかえされると、彼らはますます不安になり、知る限りの残虐性あるいは猟奇性の高い犯行を無理して供述するようになる。すると、「お前は進歩した」と云って高い評価を受け、供述書が受け付けられたという。

罪が甚大になる所以《ゆえん》である。このような雰囲気の中で、抑留者は自分の犯した行為とは無関係に、各自競って知る限り（思いつく限り）のより残酷な犯罪を自供し、また自分の仲間および上官の犯罪をも証言したのである。まさに、生死の土壇場に追い詰められながら、犯罪の自供に迫られたのである。人によっては、緊張のあまり記憶と幻想が混然となり、中にはストレスの余り、自殺した人も多かったという。このように追い詰められた人の告白の真偽は極めてあやしい。恐らく自分が知る限りの犯罪行為を絞り出し、書き留めたと想像される。そしてこれらの告白はそのまま、日本軍の実際犯した犯罪行為として収録されたのである。

中国抑留者の多くは、既に何年も中国の地において戦場の中に身をおいてきた人たちである。虐殺の記録および実話に接する機会は度々あり、しかも、通州事件のような同胞が受けた残虐な事件は心の底に深く刻みつけられていたと思う。また、実体験として共産党軍（八路軍）にゲリラ戦を仕掛けられ、戦争がもたらす残虐性をリアルに経験してきた兵士たちもいた。追い詰められた末、残虐な行為が評価されると分かれば、記憶を総動員して、より猟奇的残虐性のある行為を記載するのは自然である。命がかかっているのだから。

事実、手記の内容は、あまりにも中国の伝統的虐殺行為、そして中国兵が近代に起こした虐殺行為に酷似していた。例えば通州事件において、日本人が中国兵から受けた虐殺行為に極めてよく類似していた。これから判断すると、記載内容の多くは、自分が行なった犯罪と云うよりも、記憶の中から幻想として引き出されたものであると推測されるのである。

(6)中帰連の活動

昭和32年(1957年)、中国抑留者たちは日本に帰国し、「中国帰還者連絡会」(中帰連)を結成した。撫順・太原戦犯管理所からの帰国抑留者の約半数が加入した。彼らは満州抑留中に自白した「手記」を出版し、日本軍の悪逆非道ぶりを恥ずることなく積極的に証言し、中国共産党員と同じく日本を非難し中国を擁護している。

発刊された「手記」は日本軍の残虐性を生々しく描写し、これらの内容はどこまでが真実なのか戸惑うのである。しかし、原文の供述書は日本人である抑留者の口から吐き出された内容ということになっており、その意味において簡単に無視することはできない。そして彼らは「日本軍国主義の侵略戦争に加担し、人道に反した罪を犯した」という深い反省の上に立ち、解放されて帰国した後も、反省の生き方を貫いて活動しているのである。

この洗脳計画を企画した周恩来は「日本に200名の中国工作員を送り込むより、洗脳された日本人を帰国させるほうが、中国にとってははるかに大きな宣伝効果をもたらす」と云ったという。中国側から云えば、宣伝工作として試みたこの「洗脳政策」は、日本人の中国抑留者に対して見事成功したと云える。日本人としては恐るべき方法として注視しなければならない。

第３節　「従軍慰安婦」

１・「従軍慰安婦」問題

第10章４節で述べたように、「従軍慰安婦」問題は吉田証言で始まり、朝日新聞の宣伝で問題が大きくなり、「河野談話」を発表することによって「従軍慰安婦の強制連行」を日本が公式に認めることになった。吉田証言が嘘であることが分かった後も「河野談話」は独り歩きし、韓国外務省は「日本軍が20万人の韓国人女性を性奴隷にした」と、いまも国際的に宣伝し続けている。

アメリカの議会内部や大学なども慰安婦展示会を開き、国連人権委員会は非難決議をした。２００７年にはアメリカ下院本会議において「対日非難決議案」が可決され、ソウルの日本大使館前を始めとする世界各地に慰安婦の碑や像が建立されている（第10章４節を参照）。

虚偽の吉田証言が河野談話で公式に承認されたことになり、嘘が真実となり、世界をめぐっているのである。日本にとって実に不名誉なことと云わざるを得ない。

2・今後日本がなすべきこと

（1）吉田証言の虚偽を世界に宣言し、「河野談話」の修正もしくは破棄を宣言する

日本政府は、先ず吉田証言が捏造であったこと、そして官憲による強制的な慰安婦狩りはなかったことを、世界に向けて英語で表明しなければならない。ついで、河野談話を修正するかもしくは破棄する。もし、歴史上重要な談話として残すならば、偽りのない真実の内容に修正することが絶対必要である。

朝日新聞は吉田証言の捏造を認め、それまでの報道に誤報があったことを表明し、謝罪した。この際、朝日新聞も日本政府とともに、誤報であったことを明らかにし英語で国際的に知らしむべきである。

（2）従軍慰安婦の像および碑の撤去を要求する

１９９８年８月「マクドゥーガル報告書」を採択した国連人権委員会、および２００７年６月「慰安婦」決議案を可決したアメリカ議会下院の外交委員会へ、決議案の撤回を申し込むべきである。また、ソウルの「少女のブロンズ像」、アメリカ・ニュージャージー州のパラセイズ・パーク市にある慰安婦の碑、およびロサンゼルス・グレンデール市に設置した従軍慰安婦像をすべて撤去するように働きかけねばならない。

要するに、日本政府はいままで、「問題を荒立てない」、「できればことなくすます」という

受け身外交でやってきた。間違ったことがまかりとおっている場合でも「おとなし外交」を貫いてきたのである。少なくとも間違いは徹底的に訂正し、攻めの積極外交に変わることが必要である。この意味において、吉田証言が嘘であること、「河野談話」については強制連行はなかったことを明らかにし、慰安婦問題が、戦時中各国で行なわれたものに他ならないということを表明すべきである。

２０１５年も押し迫った12月28日、安倍内閣は急遽「従軍慰安婦」問題の解決を図った。軍が連行に関与したことを首相が謝罪し、10億円の政府資金を提供し、慰安婦像を撤去し、今後これを一切問題としないとする不可逆的解決を求めた。日韓政府間では「従軍慰安婦」問題は一応解決したかたちになっている。しかし、韓国国内がこれでおさまるかどうかは未知数である。安倍首相は「謝罪を続ける宿命を次世代まで背負わせてはいけない」という信念から、無理したのだと思う。果たして「軍連行」まで譲歩して図った解決がどうなるか誠に疑問である。

（3）トルコ政府の姿勢を見習え

２００７年、「従軍慰安婦問題」と「アルメニア人虐殺事件」についての非難決議が、アメリカ議会に同時に上程された。アルメニア人虐殺事件の非難対象はトルコであり、「従軍慰安婦問題」の非難対象は日本であった。両政府はアメリカの非難決議に対して全く対照的な行動をとったのである。参考までに紹介しておく。

アルメニア人虐殺事件というのは、第一次大戦中、オスマン帝国軍が150万人ものアルメニア人を虐殺した事件である。オスマン帝国を継承しているトルコ政府は、「アルメニア人が帝政ロシアの侵略を助けるために起こした反乱であり、双方に多数の犠牲者が出たが、オスマン帝国側の一方的な『虐殺』ではない」と主張した。

アメリカ議会下院の外交委員会はこのアルメニア人虐殺事件を議題として取り上げ、2007年10月10日、オスマン・トルコ帝国への非難決議案を可決した。次いで、下院本会議の採決に向けて動き始めた。これに対し、トルコ政府は決議案が議題に上るや否や、「アルメニア人虐殺の実態はなお不透明な部分が多く、『虐殺』と呼ぶことには問題がある。もし決議案が採択されれば、トルコ国民は激怒し、トルコ・アメリカ間に重大な打撃を与える」といって猛反発した。さらに、トルコは『ワシントン・ポスト』に決議不当の意見広告を掲載するなど、反対運動を展開した。また、決議案が本会議で採択されれば、イラク駐留アメリカ軍の補給物資を扱う基地の使用を差し止める。さらに、ヒロシマ、ナガサキなどの原爆やアメリカが世界中で引き起こした殺害行為をどう謝罪するのか、とやり返した。さすがに、元国務長官のキッシンジャーら8人が連名で決議案の反対を表明し、アメリカ政府も遂に反対を表明するに至った。この結果、決議案は上下両院で葬り去られることになったのである。

一方、「従軍慰安婦問題」の非難決議上程に対して日本政府はどう動いたか。日本政府は「事実誤認」であるというだけで、明確な反対の意思を表明せず、「静観」の態度に終始した。結局、対日非難決議案はそのままアメリカ議会を通過し、決議案の内容は日本政府もそのまま認めたということを世界に表明するかたちになった。

アメリカについでオランダでも、下院が「元慰安婦への謝罪と補償」を求める決議案を全会一致で採択した。またカナダ下院でも同決議案が全会一致で可決された。日本政府はこのような世界の動きに対し何の対応もすることなく、また日本のメディアも全く反対表明をしなかった。トルコと日本とは、国を思う心、愛国心にこんなにも違いがあるのか、そして日本のメディアもこのようなことには全く無関心なのか、戦後の日本が大きく変貌していることを、いまこそ日本人は自覚すべきである。

第4節　靖国問題

朝日新聞が中国にご注進報道を繰り返すことによって、靖国神社の首相参拝に対し中国・韓国が「A級戦犯を合祀した靖国への参拝は、軍国主義への復帰である」と強く反対するようになったことは既に第10章5節に述べた。

ここでは、戦後靖国神社が抱えている問題ならびにその解決法についても触れてみたい。

1・靖国神社とGHQ

戦時中、靖国神社は日本軍国主義の象徴になっていた。GHQは軍国主義の除去と民主主義の定着のため、靖国神社をすぐに取りつぶす予定であった。しかし、政府関係者や遺族から強い反対があり、靖国神社を一宗教法人として政府とは切り離して残すことになった。ただし、歴代の宮司には皇室の家系にある者や旧華族出身者が就任し、また、靖国神社に合祀される人々の名簿の作成は厚生労働省が担当することになり、政府との結びつきは現在もかなり強いままとなっている。

2・靖国神社に関する問題点

近年、首相が靖国参拝をすると中国や韓国から強い批判を受けているが、この問題以外に靖国神社はなお次のような問題点を抱えている。

①靖国神社はかつて軍部と一体化し、戦死して靖国に祀られることが日本国民にとって最高の栄誉とされた。戦後も靖国神社には戦死した軍人を神として祀《まつ》っており、空襲や原爆の犠牲になった民間人は祀られていない。こういう軍国主義的な宗教法人に国が公的に関

わることは、憲法の平和主義に反するというのである。
②Ａ級戦犯は、東京裁判で有罪と判決を受けた人たちである。すなわち靖国神社は戦争を指導した人物を祀っている神社である。ここに首相が参拝することは、日本が犯した戦争責任を否定することになる。日本の侵略を受けた中国や韓国は、この戦争責任の問題をとりわけ重視しており、首相の靖国参拝をきびしく批判しているのである。
③「政教分離」の問題がある。首相が国を代表する立場で靖国神社を参拝することは、靖国神社という特定の宗教法人を政府が支援することにつながる。このことは、憲法20条が定める信教の自由と政教分離の原則に違反するという批判がある。
靖国神社は上記３問題を抱えているが、多くの日本人は首相の靖国参拝を支持している。その共通した考え方は、「国のために戦死した人たちを首相が参拝し追悼するのは、国を代表する立場にある者にとって当然の義務である」ということである。靖国神社に祀られているのは、ほとんどが一般兵士たちであり、彼らは徴兵されて戦地へ行き戦死した人たちである。いわば、彼らは時代や社会の犠牲者とも云える。こうした人たちに対して、首相が国を代表する立場で、「公式に」参拝することは当然の義務である。

3・「A級戦犯」の合祀《ごうし》は国民の総意であった

(1)戦犯は国内外の正式な手続きを経て復権する

靖国神社の起源を考えると、戦死者ではないA級戦犯が合祀されたことは奇異に感じられる。しかし、この合祀は当時の日本国民の総意によって行なわれたのである。その経過を以下に述べる。

昭和26年(1951年)、日本はサンフランシスコ平和条約を締結し、晴れて独立国になった。それまでは平和条約が成立すれば、国際慣習法(アムネスティ条項)に従って、日本政府単独で戦犯者をすべて釈放することができた。しかし、この時はそれを禁止するため、サンフランシスコ平和条約第十一条の規定を設けた。その内容は次のとおりである。

「日本国は、極東国際軍事裁判所ならびに他の連合国戦争犯罪法廷の判決を受諾し、これらの法廷が課した刑を引き続き執行するものとする。これらの拘禁者の釈放は、各事件について刑を課した一又は二以上の政府の承諾及び日本国の勧告がなければ行使できない。極東国際軍事裁判が課した戦犯者については、関連する政府の過半数の承諾および日本国の勧告がなければ釈放することができない」と謳っている。

平和条約発効後、日本では全国一斉に「戦犯受刑者の助命、減刑、内地送還嘆願」の署名運動が始まった。しかも、この運動は日本社会党の推進によって進められ、当時の日本人口

７０００万人に対し４０００万人（57％）もの署名が集まったのである。こうした広い国民世論の後押しを受けて、１９５２年衆・参両議院の本会議で「戦犯者の釈放等に関する決議」を可決した。政府は直ちにサンフランシスコ平和条約第十一条に従って、戦犯釈放について関係各国と折衝を始めた。連合国側は戦犯釈放に簡単には同意しなかったが、日本政府の熱心な働き掛けにより、釈放は徐々に進んだ。「A級戦犯」も昭和31年（１９５６年）３月31日までには全員出所した。「B・C級」の最後の18名が仮出所したのは、昭和33年（１９５８年）５月30日であった。こうして、東京裁判およびその他の裁判で判決を受けた日本人戦犯者はすべて復権し受刑者ではなくなったのである。すなわち、日本から戦犯者はなくなったのである。

他方、戦犯の遺族たちへの援助問題も浮上し「戦傷病者、戦没者遺族等援護法」の一部が改正され、戦犯刑死者を「公務死」と認定し、遺族年金および弔慰金が支給されることになった。

（２）戦犯復権者の合祀《ごうし》

厚生省・都道府県が靖国祭神の選考を行ない、祭神の合祀は靖国神社が行ない、官民一体の共同作業で合祀《ごうし》が進んだ。１９５９年３月10日、祭神名票に基づいて最初の「戦犯」の合祀が行なわれた。「戦犯」は法的には復権し、いまは戦犯でないが、理解しやすいようにここでは従前どおり使用することにする。

A級戦犯は少し遅れ、昭和53年（1978年）10月の秋季例大祭前日に合祀された。このことが一般に知らされたのは、昭和54年（1979年）4月19日の新聞報道であった。合祀されたのは、死刑となった東條英機《とうじょうひでき》元首相、板垣征四郎《いたがきせいしろう》陸軍大将、土肥原賢二《どいはらけんじ》陸軍大将、木村兵太郎《きむらへいたろう》陸軍大将、武藤章《むとうあきら》陸軍中将、廣田弘毅《ひろたこうき》元首相、松井石根《まついいわね》陸軍大将（松井陸軍大将は「B級戦犯」）ら7人と、獄中で死亡した5人および未決で病死した2人の計14人であり、「昭和殉難者」として合祀された。

戦犯の死は「法務死である」として遺族への年金や恩給が支払われた。戦犯の復権は約4000万人という多くの国民の支持を得て進められた。この事実を、後世の我々日本人はしっかりと受け止める必要がある。国家指導者の戦争責任や多くの犠牲を払った道義的責任という問題と、慰霊とは別の問題になるのかもしれない。A級戦犯が靖国神社に合祀されたことについて、反対した日本人は極めて少数であった。これが日本人の情に流される伝統的なよさかもしれない。

しかし、東京裁判とは別に、日本人として、先の戦争に対する総括がなされていないのは大きな問題である。戦中戦後を生きてきた日本人にはなお残された重要課題である。

4・靖国参拝問題を複雑にする宗教観の違い

近年、中国・韓国は、日本の首相が靖国神社に参拝すると、強く非難する。この第一の理由は「日本が侵略戦争の責任を否定し、軍国主義を復活させている」というのである。

確かに日本は、A級戦犯を戦争犯罪人と判決した東京裁判ならびにサンフランシスコ平和条約を受け入れた。しかし、その後日本はA級戦犯を正式に釈放、復権する手続きをとった。つまり、サンフランシスコ平和条約第十一条に従って釈放申請を行ない、関係11カ国の同意を得て、A級戦犯はすべて１９５６年に釈放・復権されたのである。したがって、現在A級戦犯は法的には戦争犯罪人でなくなったのである。しかし中国や韓国はこれを認めていない。

靖国参拝問題は日本人と中国人・韓国人との宗教観の違いが誤解をより深くしている。ここに、日本の精神文化と中国の精神文化との摩擦が垣間見えるのである。「死ねばみな神となり、敵も味方もなくなる」という日本の精神文化と、「末代まで憎しみ続ける」という中国の精神文化は、まさに対立的である。

日本人は死者については敵も味方もなく、死後は神になるとして平等に扱う寛容精神がある。日本人は死者に鞭打つことをしないし、死者に対して悪口を云うこともしない。また、古来、日本人には、敵味方の差別なく死者を祀る習わしもある。

これに対し、中国・韓国の宗教観の根底には、儒教がある。儒教の死生観では、人間の死は精神を司る「魂《こん》」と肉体を司る「魄《はく》」が分離することを意味する。「魂」は中空を漂いさ迷っているが、「魄」は骨として墓に納められる。この「魂」と「魄」が合体すれば、死者が蘇ると信じられている。いわば「ゾンビ」のようなもので、それを防ぐには墓を暴き死体を破壊しなければ安心できないのである。そのため、「招魂」という言葉は、中国人にとっては「死者の霊を蘇らせて敵に復讐する」という意味になる。日本が戦没者を慰霊することを中国人の死生観で解釈すると、「日本は故人の霊を甦らせ軍国主義を復活させようとする」という意味に誤解するのである。このことを日本人はよく理解していなければならない。

5・靖国参拝問題の解決法はあるか

現在靖国神社が持っている問題点を基本的に整理すると政教分離の問題と首相の靖国神社参拝の2つになる。

（1）政教分離の問題は、靖国神社が国と独立した一宗教団体であり、首相、国会議員、都道府県知事などの公職にある者が公的に参拝することは憲法の定める「政教分離の原則」に抵触するという問題である。左翼グループが度々非難して訴訟を起こし、福岡高等裁判所は中曽根首相の公式参拝を違憲であると判断した。また、仙台高裁も「天皇や首相の公式参拝は違憲である」との判決を下した。公人の公式参拝は違憲の非難をまぬがれることはできないのである。

（２）首相の靖国神社参拝に対する中国、韓国の非難問題については、年々関係が険悪化しており、できれば知恵のある解決法が望ましい。

（２）の問題は緊急な解決法が望まれる。いままで、多くの意見が出されてきた。①「日本の立場をよく説明し、理解を求めるべきである」と、しかし従来から努力されているが効果はほとんど期待できない。②長年努力してきたが理解が得られないので参拝は遠慮すべきである。③靖国参拝はそもそも国内問題であり、外国からの口出しは内政干渉である。日本は日本の立場を毅然として貫くべきである。④中国や韓国の非難の対象はＡ級戦犯であるので、靖国神社からＡ級戦犯を分祀すべきである。⑤靖国神社を国有化して無宗教の施設をつくるべきである。

これらの解決案には、それぞれ反対論があり、スムーズにことは解決しない。

現在私の関心を強く引いている案として、民主党（当時）の長島昭久衆議院議員が２０１４年の初めにブログに綴った「靖国神社解決案」がある。これは、政教分離の問題およびＡ級戦犯の問題を同時に解決する方法であり、さらに日本人自身による戦後総括という重要な内容が含まれるので賛成した。以下、彼の案を骨格として靖国神社問題の解決法を考えてみたい。

（1）靖国神社を本来の姿へ返す

靖国神社はもともと、国のために尊い命を捧げた戦没者を慰霊、追悼する施設である。ところが戦後、「軍人でも戦没者でもない」戦争指導者すなわち「A級戦犯」が祭神として合祀された。この合祀の根拠は、「死者を鞭打たない」という我が国古来の感情から、多くの国民の支持を得ている。上述のように、A級戦犯はすべて「昭和殉難者」として靖国神社へ合祀されたのである。この中には、廣田弘毅（元首相）や松岡洋右（元外相）、東郷茂徳（元外相）、白鳥敏夫（元駐イタリア大使）らも入っており、本来、靖国神社とは何の関係もない文官である。また、病気で仮釈放された後に死去した平沼騏一郎（元首相）は厳密には獄死ではなかった。このように、「国のために尊い命を捧げた戦没者」を祀るという靖国神社本来の性格が、戦後かなり変質しているのである。

したがって、靖国問題を解決する大事なポイントは、この「A級戦犯」、「昭和殉難者」なる概念を生み出した東京裁判と明確な一線を画すことである。そして、私たち日本人が、主体的に戦争の総括を行なうという立場に立つことである。日本は侵略戦争をしたのではなく、自衛のために懸命に戦ってきたのである。戦争指導者は日本の独立を保持する為、西欧列強と勇敢に戦ってきた。しかし、日米戦争では戦況が明らかに不利になってきたにもかかわらず、終戦の決心をすることができなかった。その結果、日本はとことん追い詰められ、国土は徹底的に荒廃させられ、２６０万もの尊い犠牲者を出し、そしてやっと終戦になったのである。この最悪の状況に至ったのはやはり戦争指導者たちの責任であり、理由のいかんを問わずその責任を負うのは当然である。Ａ級戦犯で刑死した東條英機は遺書に「私は国際的に罪を犯したとは思わない。しかし、日本国土をこのように荒廃させ、多くの犠牲者を出した罪は重く、死をもっても償いきれない」との主旨の言葉を残している。恐らく、他のＡ級戦犯の方々も同じ心境であったと推察される。

戦国の武将は闘いに負ければ、自ら命を絶って責任をとったものである。これが日本古来の武士道である。Ａ級戦犯の方々は靖国神社に祀られ、多くの国民にあがめられ、果たして本人は喜んでいるだろうか。かつての戦国武将は、「しかるべきときに死を与えられることは、武士の情けである」と悦んだという。この意味において、私たち日本人は、このあたりで勇気を持って、近現代史を主体的に自ら総括し、けじめをつけることが大切である。戦後、一億総懺悔《ざんげ》の言葉がよく叫ばれた。しかし、やはり責任を取るべき立場は自ずから厳然と存在する。国の進むべき道を決定し指導してゆく指導者と、決定された方針に協力してゆく国民とはおのずから責任の差異がある。

このような考え方から、戦争（大東亜戦争）の指導者すべてを靖国神社の祭神名票から削除することが望ましい。これは、本人にとって決して不名誉なことではなく、国の指導者たるものの、日本国および日本国の将来に対してとるべき立派な責任のとり方である。

（2）靖国神社を国家管理の公的施設に変える

国家のために命を捧げた方々をお祀りするという国家的事業を、一宗教法人に丸投げしてきたこと自体が、国家の在り方から云っても世界の常識に照らしても、極めて異常だと云わざるを得ない。麻生太郎副総理が以前に提案したように、靖国神社を非宗教法人化（国が関与できる特殊法人への移行）し、国立追悼施設にすることにより「国有化」する。すなわち、国有化とは、靖国神社を「東京招魂社」と呼ばれた明治2年の創建時の姿に戻すことに他ならない。宗教法人への国家介入が憲法上禁じられている現状では、靖国神社の「国有化」を進める道はきわめて多くの難問を含んでいる。しかし、平和憲法の改正、そして大東亜戦争の総括と、戦後の締めくくりは、日本の将来のために、やらなければならない平成の課題である。

第5節　教科書問題

戦後日本の教育はすべて「アメリカ教育使節団報告書」の提言に従って行なわれた。教育勅語の廃止、男女共学、ＰＴＡを導入した。もちろん、教育内容も大きく変わった。

昭和22年（１９４７年）、新学制が成立して6・3・3・4制がスタートし、小・中学校が発足、翌年に高等学校が発足した。新制度の発足とともに、教科書は全面的に変更され、小学校、中学校、高等学校においては、昭和24年（１９４９年）から文部省検定済教科書の使用が始まった。民間の教科書発行者が編集した教科書について、文部大臣が適正かどうかを審査し、これに合格したものが教科書として使用されるという制度である。そして教科書の採択は教育委員会が行なった。

戦後日本の歴史教科書がゆがめられた要因を探すと、第1がアメリカ軍の占領政策、第2が日教組による左傾化教育、第3が「近隣諸国条項」の新設、第4が「従軍慰安婦の強制連行」を認めた「河野談話」、そして第5が日本の謝罪外交・土下座外交である。

（1）教科書問題の発端

昭和46年（１９７１年）、『中国の旅』が発表され、これに煽られて報道各社はわれもわれもと中国や東南アジアに出かけ、日本軍の残虐行為を競って報じた。歴史学会、教育界、法曹界なども足並みをそろえて過去の日本を糾弾した。たまたまこの時期（1982年）に、日本のあるマスメディアが、「文部省が歴史教科書の検定で『侵略』を『進出』に書き換えさせた」と誤った報道をした。たちまち多くのマスメディアがこれを一斉に報じ、教科書が大問題になった。ところが、「侵略→進出」の報道は明らかな誤報であり、文部省ははっきり否定した。にもかかわらず、報道各社はこれに便乗して日本軍バッシングの報道を繰り返し流したのである。

中国政府は、日本のマスコミ報道から1カ月後の昭和57年（1982年）7月20日に、堰を切ったように教科書問題について厳しい日本批判を始めてきた。中国の第一アジア局長が日本の中国公使に「教科書検定についての申し入れ」を行ない、報道が一気に過熱したのである。

（2）日本政府の弱腰対応が「近隣諸国条項」を招く

1982年8月7日、文部省は、正式に侵略を進出に書き換えさせた事例はなかったと発表し、マスコミ報道が間違っていたことを表明した。しかし、日本政府（鈴木内閣）は文部省の見解を中韓両政府に直接伝えなかった。それどころか、度重なる中国・韓国の強硬な抗議に日本政府は膝を屈し、報道が間違っていたことを説明することなく、中韓両国に謝罪したのである。さらに、鈴木内閣の宮澤官房長官が談話を発表し「今後は中韓両国に配慮して歴史教科書をつくる」ということを表明し、１９８２年11月24日、新しく「近隣諸国条項」を検定基準に追加したのである。この結果、近隣諸国は日本の歴史教科書の作成に際して自由に意見を述べる権利を得たのである。日本の弱腰外交が日本教育の将来を根幹から歪めることになったのである。

(3)「近隣諸国条項」の弊害はたちまち現れた

「近隣諸国条項」ができて以来、日本を貶める表現が歴史教科書に目立つようになった。検定を通じて教科書の偏向を正すという文部省の基本姿勢も変えざるを得なくなったのである。

昭和58年（１９８３年）の教科書検定では、日本政府（中曽根内閣）は、教科書の中国や韓国に関連した部分を、わざわざ両政府に事前に見てもらったという。そして、両国の要望に応じて、歴史教科書の記述を「南京事件」から「南京虐殺事件」に、「日華事変」から「侵略戦争」にするなど、計１３７カ所も訂正したという。日本のマスコミは、日本の教科書が外国の事前チェックを受けていることなど全く無関心であり、国民はこの侮辱的事実をいささかも知らされていないのである。

その後、中国・韓国は再三教科書内容に干渉してきた。例えば、朝日新聞が、検定作業中の『新編日本史』について、「復古調の日本史教科書」であると報道した。この報道に呼応するかのように、中国外務省が「近隣諸国条項」に基づいて抗議の覚え書きを股野大使に送ってきた。昭和61年（1986年）6月、まだ中国・韓国が読んでいるはずもない『新編日本史』を一斉に非難し始めたのは、明らかに両国に注進した日本のメディアがいた証左である。なお、この『新編日本史』は、「日本を守る国民会議」編の高校用教科書であり、黛敏郎氏らの執筆によって「日本人に誇りを持たせるよう改訂した教科書」であった。中国・韓国の非難に耐えきれない弱腰の文部省は、既に検定済だった『新編日本史』を、骨抜きになるまで徹底的に書き直させたのである。日本の教科書を改善しようと頑張ってきた文部省は、1982年の「近隣諸国条項」の導入以来、完全に変貌してしまったのである。

（4）教科書採用をめぐる関係者の醜い紛争

アメリカ軍の占領政策は、日本人を精神的に骨抜きにして弱体化し、日本人に戦争の罪悪意識を植え付けることを目的とした。この占領政策を教育現場で100％以上に引き継いだのが日教組であった。日教組と文部省とは激しい角逐《かくちく》を続けてきたが、1950年代に入ると文部省が日教組に妥協し、左翼の学者が歴史教科書を執筆するようになり、教科書は左傾化した。この左傾化教育を受けた世代は、やがて大学紛争、60年安保そして70年安保へと走ったのである。

1982年、教科書検定基準に加えられた「近隣諸国条項」によって、最初に問題にされたのが高校の歴史教科書『新編日本史』であった。先にも述べたように、『新編日本史』は戦後の歴史教科書が偏向しているのを憂い、公正で客観的な記述をし、生徒に誇りと自信を与えるよう書かれた教科書であった。『新編日本史』は一旦文部省の検定に合格したにもかかわらず、中国・韓国の圧力により文部省は超法規的に追加修正をさせた。中国・韓国の主張を鵜呑みにし、両国の主張に沿った教科書に変えられたのである。すなわち、まだ事実認識が確定していない事項である「関東軍７３１部隊（細菌戦部隊による生体実験）」、「南京虐殺事件」、「朝鮮人の強制連行」、「従軍慰安婦」等がそのまま教科書に掲載された。また、中国を始め東南アジア各地で日本軍が残虐な行為を行なったとする内容が大幅に増加し、アジアの犠牲者を「２０００万人」とする記述も検定に合格した。

平成５年（１９９３年）「河野官房長官談話」が発表されると、たちまち全教科書に「慰安婦強制連行」が載ることになった。「慰安婦」というような性的な事柄を中学生に教える必要があるのか、という国民的な議論が起こり、結局平成13年（２００１年）の検定では「従軍慰安婦」という表現は姿を消した。

平成7年（１９９５年）、衆議院で戦後50年決議がなされ「村山談話」が発表された。政府の謝罪外交はたちまち教育行政にも影響し、中学・高等学校の歴史教科書の内容は一層自虐的なものとなった。例えば、教科書における「侵略」という表現の出現回数を調べて比較すると、日本はあのナチス犯罪国家の8倍も、また世界中を植民地にしたイギリスの14倍も侵略したことになる。

このように、過度に自虐的な表現の教科書が氾濫する中で、心ある学者による教科書の改善運動が起きてきた。前述の「日本を守る国民会議」編の高校用教科書『新編日本史』に次いで、平成9年（1997年）に「新しい歴史教科書をつくる会」（初代会長・西尾幹二）が発足した。「創設にあたっての声明」で「われわれは日本の次世代に自信を持って伝えることのできる良識ある歴史教科書を作成し、提供することをめざすものである」と宣言した。平成14年度版の中学教科書の検定をめざして、中学用の『新しい歴史教科書』や中学用の『新しい公民教科書』の執筆が開始された。発行所は産経新聞社系の扶桑社である。ここから、誇りある歴史教科書をつくろうという動きと、歴史教科書をもっと自虐的・反日的なものにしようとする動きとが激しくぶつかり合うようになった。

2001年2月、扶桑社版の『新しい公民教科書』が検定を通りそうだと分かると、朝日新聞は中韓両国に干渉と妨害を誘う一大キャンペーンを行なった。以来、両国とくに韓国の干渉は日を追うごとにエスカレートした。そして、同年3月、『新しい歴史教科書』および『新しい公民教科書』が検定に合格し、教科書の採択が始まると、中国、韓国および日本のメディアの非難が殺到し、日教組をはじめとする共産党・社民党系の激しい採択妨害が始まったのである。あるブロックの学校地域が扶桑社版の教科書を採用決定したと分かると、膨大な量のファックスや電話による妨害が行なわれたという。この嫌がらせ・妨害の結果、扶桑社の歴史教科書の採用率は全体の僅か０・４％台に抑えられたという。

国の教育で最も大切な教科書は中立公正に選択されるべきであるのに、現実は左翼による日本弱体化の手段となり、このような酷い紛争に巻き込まれているとは、多くの日本人は知らないであろう。現状を詳細に報道しないばかりか、教科書の偏向に働いている左翼マスメディアや左翼グループの罪は極めて大きいと云わざるを得ない。

（５）歴史教育のあるべき姿を取り戻そう

前述のごとく、戦後日本の歴史教育および歴史教科書は、他国および日本左翼系分子の餌食となってきた。その結果、戦後の歴史教育は、日本の歴史の負の面ばかりを強調し、あまりにも偏った歴史観を学生に植え付けることになった。こんな教育では、「祖国の歴史に誇りが持てない」、「戦前の日本は最悪であった」、「日本は反省と謝罪をすべきである」という思いを学生に刻みつけ、ＧＨＱが目指した「日本弱体化政策」通りに、自虐史観を徹底浸透させることになった。左翼の人々は、自分の国を一方的に断罪し、子どもに誇りを失わせ自国を嫌いにすることが、あたかも進歩的であるかのように錯覚しているとしか思えない。

自国に誇りを持ち自国が好きになるような歴史教科書を一刻も早くつくり、採用する学校を増やすことが必要である。そのためには、まず近隣諸国条項を削除し、偏った教科書を改善し、子供たちに歴史の真実を伝えることが重要な一歩である。

歴史教育で特に学んでほしいことは、近現代史において日本が戦争を行なわなくてはならない立場に追い込まれた当時の世界情勢、そして、戦争に至る詳細な経過と考え方である。なぜあのときあのような決断をしたのかを、時代背景をベースにしっかり考えさせる教育が必要である。そして、一旦戦争が始まればどんなに悲惨であるかをもしっかり理解させねばならない。

さらに先の大戦が果たして侵略戦争であったのか、やむを得ぬ自衛戦争なのか、GHQ、中国、韓国そして日本の左翼の偏った評価を教えるだけでなく、国際的評価も広く教えてやることが大切である。そしてさらに子供たちが自分なりの評価ができるような正しい史料を与えてやるべきである。いずれにしても、歴史の正しい真実を通して、日本がよくやったこと、失敗したことを判断しなければならない。そして日本の正しい未来を想像できる人材を教育しなければならない。これこそ本来の歴史教育というべきである。

第12章　日本の侵略戦争・植民地略奪は本当か

「日本は侵略国である」と断罪したのは、ＧＨＱの占領政策であり、東京裁判である。検察団の起訴状によると、「A級戦犯の全被告は、共同謀議をして昭和３年（１９２８年）から昭和20年（１９４５年）の間、満州事変、日中戦争、太平洋戦争と侵略戦争を遂行した」と述べている。しかも、他国侵略の共同謀議は、あの怪文書「田中上奏文」（第７章３節）に基づいて進めたとしている。

また、韓国人は、日韓併合による日本統治は酷い植民地略奪を行なったと非難する。

しかし、日本は西欧列強のような侵略戦争も、また西欧列強のような植民地略奪も決してやっていない。以下、信頼できる記録と文献を参考にして順次解説する。

第1節　日本は中国を侵略したか

1・満州事変

東京裁判は、「日本の中国侵略は満州事変から始まった」という。この正否を判断するには、満州事変、さらに日露戦争の頃まで遡らなければならないだろう。

19世紀初頭、日本は西欧列強による侵略の脅威にさらされていた。中でも、満州を経て極東アジアを南下してくるロシアの侵略は最大の脅威であった。これを防ぐため、日本は一大決心をしてロシアと戦い、幸いこれに勝利した（日露戦争）。そして、「満州における鉄道・鉱山開発の権益」をロシアから譲り受けた。勿論この権益は清国の承認も得た条約に基づき、法的根拠もはっきりしていた。

満州は万里の長城の北に位置し、清朝（満州族）の故郷であったが、清時代は中国と満州は別の場所として認識されていた。清朝が北京に移動して以来、清国は満州に中国人が住むのを許さなかったので、満州は抜け殻になり、盗賊の跋扈《ばっこ》する荒野として放置されていた。そこへ北からロシアが侵入しシベリア鉄道まで作ったのである。日本は満州における法的権利を得てから、この荒野に莫大な投資をして開発を始めた。鉄道を敷き、産業を興し、学校、病院などをつくり、比較的短期間で近代産業都市に発展させたのである。

日露戦争から8年後（１９１２年）、清国は滅亡して中華民国が誕生した。ところがこの中華民国の時代は一国多政府時代とも云われ、決して「中華民国」という統一された国家ではなく、多くの政府が乱立して互いに争うという混乱した時代だった。

中華民国は、荒野だった頃の満州にはまるで関心を示さなかったが、満州が魅力的な近代都市に変貌してくると、次第に満州の地がほしくなってきたようである。ところが、当時の仮政府中華民国は、国際的常識も持たず、日清間の国と国の諸条約を一方的に破棄したり、日本の権益を否定する法令をつくるなどの挙にでてきたのである。また、当時満州を支配していた匪賊《ひぞく》の長、張学良《ちょうがくりょう》は中華民国と組んで日本の鉄道経営を計画的に妨害し、テロ攻撃を加えてきた。さらに、その頃、新しく生まれた中国共産党が、排日・侮日運動を指導して日本企業で働く人を脅迫・虐殺し、日本人経営の鉱山を爆破するなど、テロの限りを尽くすようになったのである。

このような激しい企業妨害とテロの中で、身の危険を感じた日本居留民は関東軍に保護を嘆願した。関東軍は日本政府に懇願するも、幣原《しではら》軟弱外交で中華民国との交渉はゆきづまり、窮地に追い込まれた。

今日、しばしば関東軍が暴走したと云われるが、中国側の激しいテロ攻撃から日本の権益および居留民を守るため、関東軍は我慢の末最後に立ったのである。当時の国際法では、条約で確立された権益を守り、居留民の安全を守るために、武力を行使することは正当な権利として認められていたのである。関東軍は中国側・張学良の兵約20万をたちまち満州から追い払い、南満州の大部分の都市を制圧したのである。これが満州事変である。このように、満州事変は法的にも正当な権利に基づいた戦争であり、侵略戦争という表現はあたらない。

日本軍は満州事変で満州南部を制圧したのち、長年匪賊に苦しめられてきた満州3000万人の民衆の希望に応え、満州国を成立させたのである。これは清朝最後の皇帝だった溥儀の強い願望でもあった。しかし、中国側はこれを認めず、日本の一連の挙動を国際連盟に提訴した。

国際連盟はリットン調査団を派遣し、報告書が作成され、「満州国の独立は認めない。日本が満州を軍事的に独占し占領を続けるのは連盟規約に反する。したがって満州を一旦は中国に返還すべきである。しかし、中国には統治能力がないので、国際連盟による委任統治とし、潜在的な主権を持つ日本に主役を演じてもらうことが望ましい」と提案した。このようにリットン報告書は、日清戦争にまで遡って日中両国の歴史を分析し、かなり日本に好意的な妥協案を提案してくれたのである。しかるに、日本はこれを受け入れず拒否して、国際連盟を脱退した。これは日本外交の大きな失策であり、もうすこし柔軟な外交をとっておれば歴史は違った流れになったと思う。まことに残念である（第4章2節を参照）。

２・日中戦争

東京裁判では、「日本の侵略は満州事変で始まり、日中戦争、太平洋戦争につながった」と断じている。そして、日中戦争は日本軍の最初の発砲で始まったと中国側は宣伝していたが、中国共産党が挑発し誘導した戦争であったことは今日明らかになっている。北京郊外の盧溝橋《ろこうきょう》で、共産党のスパイが国民党軍および日本軍の両方に向けて発砲することによって、戦争が勃発《ぼっぱつ》したのである。国民党軍と日本軍とが戦えば、中国共産党は国民党軍に攻められることがなく、また両軍が消耗すれば革命の好機が到来すると予想したからである。

日本側は最初から不拡大の方針をとり、敵の発砲にもかかわらず反撃を抑え、停戦協定の締結に努力した。しかし、中国側は幾度か協定を破って攻撃をしかけ挑発を繰り返してきた。日本軍の腰が重いのを見越して共産党軍はさらに激しい挑発をしかけてきた。その最大のものは通州事件であった。通州事件は中国側による日本居留民の大規模な虐殺事件であり、中国人特有の非人間的な殺戮行為を見せつけたのである。日本人の怒りは頂点に達し、遂に腰をあげて応戦し日中戦争に突入した（当時は、双方とも宣戦布告や最後通牒を行わず、戦争という体裁を望まなかったため「支那事変」などと呼称されたが、１９４１年12月の日米開戦後、支那事変も含めて大東亜戦争と改められた。戦後、学校教育の中で日中戦争の呼称が定着した）。しかし、なおも戦争不拡大方針に固執し、日中戦争を通して12回もチャンスをとらえて中国側に対し和平提案を行なった。残念ながら、これらは悉《ことごと》く破棄され、日中戦争は長期化し泥沼化していったのである。これは、コミンテルンが背後で戦争の長期化を工作し、またアメリカも武器、弾薬などを送って蒋介石を支援したからである。

日中戦争は明らかに中国側がしかけてきた戦争であり、日本の侵略戦争とは云い難い。侵略戦争と非難するのはおよそ実態を全く知らない人の見方である。

3・日本軍は本当に残虐行為をしたか

中国、韓国、そして日本の左翼は、「日本軍は中国で酷い虐殺行為をした」としばしば非難し弾劾を続けてきた。一体これはどこまで本当か！

上海事変や南京攻防戦を除けば日中戦争で凄まじい戦闘はあまりなかった。日本軍の進撃に対して、国民党軍はひたすら逃走・撤退を重ねるというのがこの戦争の通常パターンであった。

以下日中戦争の実態をみてみよう。

（1）残虐な中国軍は仲間・一般民衆を平気で殺す

中国の軍隊は、共産党軍でも国民党軍でも、基本的に軍隊というよりルンペンもしくは匪賊の寄せ集めといった集団である。彼らが軍隊に入るのは、占領地区で略奪ができるとか、食いっぱぐれがないという理由からである。だから中国の司令官は、ある土地を占領すると、最低1週間兵士たちに好きなように略奪や強姦をさせたという。また、中国兵は戦争になると戦場から逃げだす兵士が多く、これを防止するため通常「督戦隊《とくせんたい》」を置く。督戦隊は本隊の後ろにいて「敵を殺せ、殺せ」と叫びながら兵士たちを戦わせ、逃げる兵士がいると、迷うことなく射殺するという。だから日中戦争における中国兵の死者は、日本軍による死者よりも督戦隊によって射殺された死者の方が多数であったと云われる。また、中国の軍隊には、伝統的に「補給」や「後方支援」というものがなく、野戦病院と云えるものもなかった。従って、戦地で逃げ遅れた傷病兵は運の尽きで、捨てられる運命にあるのである。

これに対して、日本軍は訓練を受けた兵士から組織され、上官の命令で規律ある行動をとり、兵士は国もしくは天皇のために死すという大義名分をもって戦った。日本軍には、軍夫（戦略物資の輸送その他をこなす人夫）、従軍看護婦、従軍記者、従軍僧侶、工兵、憲兵隊がいて、戦傷者の処置や戦場の後始末をし、つねに犠牲者を少なくするよう努力をしたのである。

（2）日本軍の残虐行為は中国の捏造である

中国は「日本軍は満州事変以来華北、華中、華南を侵略し、各地で残虐行為を行なった」

という。「その典型的な証拠は南京虐殺事件であり、また中国抑留者の手記がその証拠である」という。しかし、南京虐殺は既述のように中国プロパガンダのための虚構であることはほぼ確実である（第11章1節）。また、中国抑留者の手記が示した非人間的猟奇的虐殺行為も、実際にやった行為というより、むしろ大部分が追い詰められた心境で描かされた幻想であると考えられ、ストレートに日本軍の行為とは受け取れない（第11章2節）。勿論、繰り返し戦争を経験してきた将兵であり、殺さねば殺されるという悲惨な戦場においては、平時では想定されない暴行虐殺があったことは考えられる。しかも、中国共産党軍のゲリラ戦のように住民に紛れた戦い方をする戦争では、兵士と民衆の区別がつきにくく、間違って民衆を殺害することもやむを得ない。

このように、日本軍に比べて明らかに劣っている中国軍は、日中戦争中、いつも敗戦・敗走を繰り返したのは事実である。敗走するときは日本軍が利用できる何ものも残さないようにするため、民衆から食糧・家具などを奪い、村落を焼き払う、いわゆる「清野作戦」をするのが伝統である。したがって、日中戦争においては、中国側の犠牲者は戦闘による死亡よりも、督戦隊による射殺、逃げ遅れた傷病兵の死、清野作戦による民衆の死などが加わり、予想以上に多くの犠牲者が出たのである。しかも、中国当局はこれら犠牲者をすべて日本軍によるものだというプロパガンダを行ない、根拠もなく水増しして発表するのが常である。

（３）中国農民はいつも自然災害と飢餓に襲われていた

中国は古代から人間社会と自然とのバランスを失っていた。自然崩壊による資源の枯渇は戦乱を多発させ、戦乱・災害のあとには飢饉が襲う。中国の農民は戦乱のたびに難民となって流浪・逃亡し、天災・飢饉のたびに流民の発生・四散が起きた。この繰り返しが中国の特徴であるが、中華民国時代は特に戦乱、災害、飢饉が頻発し、多くの民衆が亡くなった。

軍閥割拠の戦乱・混乱の中、民衆は支配者から搾取・掠奪の限りを尽くされ、中国農民は、外国軍の到来と聞くだけで新しい統治者に期待を寄せざるを得なかった。この雰囲気の中で、進出した日本軍はその土地の民衆から解放軍として歓迎されることもあった。戦時中の誇大宣伝として無視されているが、実はれっきとした事実である。

中国側は日本軍による民衆の虐殺を誇大宣伝し、日中戦争での日本軍による犠牲者数を、昭和21年（１９４６年）の東京裁判で１３２万であると発表した。その後その数は年々増加し、２０１４年の習近平国家主席の発言では３５００万だったという。しかし実は、戦争と関係のない災害・飢饉による膨大な犠牲者を日本軍による犠牲にすり替えるのが、彼らの常套手段なのである。20世紀に入ってからも大飢饉が各地を襲っているのが中国の実情だ。例えば、昭和５年（１９３０年）頃の西北大飢饉では死者が１０００万人を超えたという。

（４）日本軍は中国住民の救済、戦災復興に努力した

中国軍が通るところすべて掠奪と破壊であった。日本軍はその荒らされた村を復興させ、農民の救済、農業の再建、道路・灌漑施設の復興を図った。日本政府の推計によると、昭和13年（1938年）から終戦の昭和20年（1945年）までの日本の対中国投資の累計は、約47億円にも達した。当時の日本の国家予算が約20億円であったので、その2・3倍くらいになる。しかし、これは、戦争に使った金ではない。中国の国土と経済の復興に使った金である。中国軍が各地を焦土化し、同胞を虫けらのように殺していたとき、日本軍は中国民衆の救済と中国の近代化に努力していたのである。誠に信じられない話であるが事実である。中国人民の本当の敵は日本軍ではなく中国軍であったのである。

この時代を体験した中国の老人の中には、親日的な人々が多くいた。中国政府は反日を叫ぶので彼らは多くを語ることをしなかったが、当時の日本軍が彼らにしてくれたことを忘れてはいなかった。戦後日本人が中国大陸から引き揚げるとき、多くの帰りそこなったいわゆる中国残留孤児が出た。しかし、自ら進んで日本人を助けてくれた中国民が多数いた。これは戦時中日本軍が中国民衆を助けた恩義をよく知っていたからである。現代の日本人がほとんど忘れている話である。

(5) 中国の悪質なプロパガンダに騙されるな

日本人の多くは悪質な中国のプロパガンダに完全に騙されている。「南京虐殺事件」まで捏造し、日本軍が中国大陸でいかに残虐なことをしたかを誇大宣伝している。ところが、日本軍に比べて中国軍がいかに残虐であったかはよくよく知るべきである。例えば、先の戦争で中国軍が組織的に日本軍ならびに日本居留民を虐殺した記録がはっきり残っている。南京事件（１９２７年）、漢口事件（１９２７年）、済南事件（１９２８年）、通州事件（１９３７年）、そして戦後の通化事件（１９４６年）である。

特に済南事件、通州事件では、中国軍は残虐の限りを尽くし、非人間的、猟奇的残虐性を発揮したのである。伝統的な残虐性は今日の中国兵に明確に受け継がれていることは事実である。しかも、この中国軍の恥部を隠すため、中国共産党は歴史を歪曲し捏造するのが常である。例えば、済南事件は、「北伐を妨害するため、日本軍が計画的に行なった事件である」と主張し（真相は第3章4節を参照）、あつかましくもこの日を「国辱記念日」として日本を一方的に非難している。また、南京虐殺事件を捏造し、虐殺記念館まで設立して、偽りの証拠写真や説明を堂々と展示し、厚顔無恥な宣伝を続けている。

さらに中国共産党軍が民衆に対していかに残虐であったかは、次の事例がその実態をよく示している。１９５８年~１９６０年に施行した農業・工業の大増産政策では、政策（大躍進）の失敗で２０００万人から５０００万人の餓死者が出た。また、１９６６年から１９７７年まで続いた文化大化革命では、数百万から２０００万人以上が殺害されたという。アメリカの『ワシントン・ポスト』紙（1994年7月17日）は「毛沢東治世下での死者は最大8000万人にのぼる」と書いている。中国共産党は、都合の悪いことは常に完全に隠蔽《いんぺい》しているのである。

4・中国こそ侵略国家である

中華人民共和国が典型的侵略国家であることは戦後の政策・行動でよく分かる。中国共産党は、大モンゴル帝国、大清帝国がかつて征服した領土をすべて中国の固有領土であると理解し、各近隣諸国に侵攻してその民族を虐殺し、着々と領有拡大を進めてきた。

チベット：1950年、解放という名の下に独立国家であるチベットへ侵攻した。人民解放軍は富裕層や地主らを公衆の面前で銃殺、あるいは生き埋めにし、さらにチベット人を根絶やしにしようと120万を大虐殺した。その後大量の漢民族を移住させて漢民族化し、チベット語やチベット文化を禁じ、中共チベット自治区にしている。現在チベットの大部分はチベット自治領として中国に編入されている。

ウイグル（中国名：新疆）：1949年以降、ウイグル全土が中国に侵略され、ウイグル自治領として中国に帰属された。入植当初人口7％だった漢民族が1991年には40％になり、ウイグル族に匹敵する割合となった。このウイグルの中国への帰属過程では75万人が虐殺されている。

内モンゴル：１９４７年に成立した内モンゴル自治政府は、１９４９年に中華人民共和国に参加するという誤った選択をした。中国は内モンゴルを実質的な植民地として容赦の無い弾圧と虐殺を加え、モンゴル人数十万人を粛清《しゅくせい》した（１９６６～１９７６年）。その後、漢民族数千万人を内モンゴルに移住させ、漢民族が人口の80％を占めるようになり、内モンゴルの漢民族化が急速に進んだ。

南シナ海：１９９２年にアメリカ軍がフィリピンから撤退すると、中国は一方的にスプラトリー諸島（南沙諸島）を占拠し、軍事施設の建造を始めた。中国は南シナ海すべてを中国の領海と主張し、ベトナム・フィリピン・マレーシア・ブルネイはそれぞれ中国と鋭く対立している。

中越戦争：大量虐殺で知られたカンボジアのポル・ポト政権はベトナムの侵攻によって崩壊した（１９７９年）。カンボジアを支援していた中国は、その懲罰行為と称してベトナムへ軍事侵攻を開始した。中国軍はベトナム軍のゲリラ作戦にはまり大損害を蒙った。しかしさらに、激戦を交え中国軍は予定の目標を達成したとして撤退を開始した。この間、中国軍はベトナムの国境地帯を徹底的に破壊したのである。

5・中国の歴史教科書は何を教えているか

中国は日本の教科書を激しく非難するが、中国自身の教科書は歴史を随所で歪曲し、全くのプロパガンダのみの内容になっている。共産党のイデオロギーに満ち、極めて政治化されている。太平洋戦争に関してほとんど記述がなく、広島・長崎の原爆投下にもほとんど言及していない。中国の教科書は２００４年に改定されているが、改定後は中国人の愛国心を謳い、日本との戦いに勝利したことを強調している。国共内戦の話は後退し、抗日戦線での勇ましい描写が増した。南京虐殺事件などをより詳細に記述して、日本軍による残虐行為を強調している。自国に不都合な史実は無視して捏造を加え、都合のよいところは誇大に強調している。つまり中国人のナショナリズムを煽ることを強く意識しているのである。以下教科書に記載されている具体的内容を示す。

（1）「元寇」をはぶき、「倭寇《わこう》」の被害を強調

中国にとって都合の悪い史実の一つに「元寇」がある。モンゴル帝国（元）と高麗連合軍が二度にわたって日本に侵攻し、多数の犠牲者を出した。しかし、中国の歴史教科書は一切これに触れていない。一方で、自国が被害を受けた「倭寇」については、「元末から明初、日本の武士、商人及び海賊は、しばしば中国の沿岸地方を脅かした」と書き立てている。

（2）日清戦争を侵略として描くが、日露戦争には触れない

１８９４年に起きた日清戦争は、朝鮮を清国から独立させせた戦いであった。しかし、中国では「日本の侵略戦争」にすり替えられ、「日本侵略軍は旅順でわが同胞を狂ったように虐殺し、死者、被害者数は1万８０００人余りにも達した」と描く。

日露戦争は日本の勝利によって満州からロシアを撤退させ、世界各地の民族独立運動に大きな影響を与えた。孫文も「これはアジア人の欧州人に対する最初の勝利であり、アジア全体の民族は非常に歓喜し、希望を抱くに至った」と述べ、世界的、歴史的に重要な事件である。しかし、中国教科書は日露戦争について一行も触れていない。

さらに、日露戦争での日本の勝利は中国の革命家に大きな影響を与え、多くの若者が日本に留学し学んだ。帰国後彼らは中国に「辛亥革命」を起こした。しかし、中国教科書は「辛亥革命」をブルジョワ民主主義革命と称してほとんど無視している。

（３）満州事変を日本侵略の原点とし、その背景を描かない

満州事変については満鉄妨害、激しい排日ボイコットのテロがあったにもかかわらず、これには全く触れず、専ら日帝（日本帝国主義）の一方的侵略戦争として記述している。

（４）「盧溝橋事件」は日本軍が計画的に始めた

盧溝橋事件はコミンテルンの指導のもとに中国共産党軍が作為した事件であることは今日明白である。にもかかわらず、教科書は盧溝橋事件を「日本軍の中国侵略の始まり」とし

て、「長い間日本が計画していた全面的な侵華戦争」であると書いている。しかも、偽書として有名な「田中上奏文」を恰《あたか》も本物かのように引用し、「日本には一貫した侵略政策があった」と述べ、「満蒙、支那そして世界を征服しようとする政策」の第一歩であるとして日本の野望を組み立てている。歴史事実を歪曲した酷い虚構である。

（5）虚構の南京虐殺事件

証拠の全くない「南京虐殺事件」を捏造し、「日本軍は南京を占領した後、南京市民に対し血なまぐさい大虐殺を行ない、その数は30万に達した」と述べる。中国の各地には「抗日戦争記念館」を造り、その中心テーマは「盧溝橋事件」と「南京虐殺事件」になっている。歴史的虚構を可視化して信じ込ませる政策である。日本への深い恨みと激しい怒りを現代・未来の民衆にまで植え付ける計画である。

（6）日中戦争における犠牲者数

中国の教科書に出てくる統計数字は全くいい加減ででたらめである。抗日戦争（日中戦争）における中国人の犠牲者数は年ごとに増大し、1960年頃は1000万だったが、1970年には1800万に、1985年には2100万と水増しされ、1995年になると、3500万に膨れ上がった。中国の歴史的記録・数字は事実に基づかず、政治の都合で勝手に決められるのである。経済的損失は「5620億ドル」と記載している。

（７）教科書には偽写真、日本軍とは無縁な残虐事項があふれている

日本軍が中国人を細菌生体実験に使ったという写真は済南事件で日本人が虐殺された写真であった。南京虐殺事件の写真や彼らが云う日本軍の三光作戦での残虐写真は、別の戦闘で死亡した中国兵の死体を撮ったものであることが分かった。中国労働者を生き埋めにしたという万人坑《まんにんこう》は中国側のつくり話であるが、堂々と日本人の残虐例として記載している。

（８）中国の侵略は「平和的解放」と表現し、都合の悪い国内事件はすべて省く

１９５０年にチベットに侵攻し、１２０万人を虐殺、その後もチベット人の根絶を謀っている。中国教科書はこれをずうずうしく「平和的解放」と教えている。

１９２８年、蒋介石の北伐軍による済南事件を教科書では「日本軍が国民政府の北伐を阻止するため、中国兵や民間人を多数殺した」と書いている。しかし、歴史的事実は全く逆である。北伐軍が日本居留民を虐殺したので日本軍がやむなく応戦したのである（第３章４節を参照）。

また、朝鮮戦争は「アメリカ帝国の侵略戦争だった」と教えているが、事実は北朝鮮軍が最初韓国に攻め込み、朝鮮戦争が始まったのである。その後、国連軍が出動して反撃し、最後に中国軍も北朝鮮軍に参加して、北緯38度線を国境線として収めた戦争である。

教科書には、毛沢東の「大躍進」政策の失敗で２０００万～５０００万人を餓死させたこ

と、チベット侵略で120万人を虐殺したこと、「文化革命」で数百万~2000万人以上を犠牲にしたことなど、中国の負になることは一切記載していない。1989年の天安門事件は、中国軍が天安門広場で多くの学生らを殺害した事件であり、大躍進政策、文化大革命とならんで、中華人民共和国史上3大悲劇事件である。これにも一切触れていない。

一方、戦後の日本の発展についてはたった1行しか述べず、日本からのODAその他6兆円の援助を受け、中国の道路、空港、地下鉄などインフラが充実したことには、全く触れていない。

このように、中国にとって不利なことは無視し、自国に都合がよくなるよう歴史を歪曲もしくは捏造している。しかも、徹底した反日の教科書になっている。このような反日教育を行なえば、今後ますます反日に燃える学生が増大するであろう。日本がいかに日中友好に努力しても、関係は好転するどころか、年ごとに悪化するのは当然の成り行きである。

6・中国の卑劣な宣伝工作

中国軍は伝統的残虐性を発揮して戦中膨大な数の虐殺を行なってきた。また、戦後も周辺国を続けざまに侵略して虐殺を行ない、典型的な侵略国家であることを露呈した。ところが中国は、これら国の恥部を隠すため、日本を中国以上の悪の侵略国家として断罪すべく、歴史を捏造し、記念館まで設立して嘘を国内外に大宣伝している。

また、中国共産党は、１９９０年代初頭、「南京虐殺事件」や「従軍慰安婦」問題を根拠にして、「日本は第二次世界大戦期中にホロコーストを行ない、戦後もそれを謝罪せず隠蔽してきた」と主張した。「ホロコースト」とはナチス・ドイツがユダヤ人などに行なった組織的大量虐殺を指すが、のちに転じて、大虐殺、大破壊、全滅を意味する言葉となっている。日本はいまなお「ホロコースト」のためにアジアから信頼されていないという。そして「日本の戦争責任の隠蔽工作に加担したのがサンフランシスコ平和条約体制であり、戦争の賠償問題を決着済みとしたサンフランシスコ平和条約体制を全面的に見直すべきだ」と彼らは主張する。これは明らかに日米同盟を破壊し、中国がアジアで覇権を握るための戦略である。その中国の目論見に韓国の「従軍慰安婦」問題グループも乗ってきた。そして、１９９４年に日本の戦争責任を追及するアメリカ、カナダ、香港を中心とする30もの中国系、韓国系、日系団体を結集し、「世界抗日戦争史実維護連合会」（世界抗日連合）を結成した。「南京虐殺事件」や「従軍慰安婦」問題で日本が世界中の批判を受けている背景には、この中国共産党の国際的な反日ネットワークの謀略があることをしかと認識する必要がある。

「ホロコースト」と関連付けて世界抗日連合は、「日本が中国人や韓国人を絶滅させるため、南京虐殺や慰安婦強制連行をしたのだ」と非難し、さらに「ホロコーストの責任を取らない日本は国連常任理事国になる資格はない。反省しない日本が軍事力を持てば再び軍国主義国家になろうとするので、軍事力を持たせてはならない。憲法9条も永遠に守らせるべきだ」という政治的ロジックを組み立てている。このロジックは竹島、尖閣の領土問題にもおよび、「竹島や尖閣を問題とするのは、日本が再び軍国主義を復活させようとする証しである。だから、我々はアジアおよびアメリカの良心的な人たちに警鐘を鳴らすために活動しているのである」という。さらに在米のチャイナロビーは、「安倍政権や石原慎太郎は日本の極右勢力であり、アメリカが日本撤退後再び大東亜共栄圏を復活させようと計画している。彼らの軍事拡大主義は厳重に警戒すべきである」と宣伝しているのである。

日本人には想像を絶する議論である。恐らくこれは、中国が歴史を歪曲し日本を悪者にしていることを日本人は知っており、やがて日本が「真実の歴史を」と修正抗議をしてくることを予想した運動である。外交に当たる人はこのあたりをよく理解し、必要なところで大胆な抗議反論をしなければならない。しかし、日本にはあまり猶予は許されないだろう。既に、アメリカの国務省や国防総省の中には中国のロジックを真に受けている人たちもいるというから。

上記中国の活動は座視できない運動である。繰り返し英文で反論する必要がある。さらに、中国共産党がチベットとウイグルでやっていることこそ現在進行形のホロコーストであると反論するべきである。彼らは自分たちのホロコーストを隠蔽するために、日本批判のプロパガンダを展開しているということを、世界に強くアピールすべきである。

第2節　日本は韓国を植民地化し略奪したか

1・日本は何故韓国を併合したか

日韓併合に関しては、既に第２章３節に概略を記載した。日露戦争で日本が勝利し、ロシアの南下侵出の脅威がなくなると、韓国内では日本シンパの政治組織の主張が強くなり、ロシア派を抑えて日韓併合が成立したのである。今日韓国側は「日本は武力でもって反対を押し切り合併を強行した」としばしば非難するが、事実は決してそうではない。日本は韓国側から懇願され併合したのである。

当時の朝鮮は李氏の悪政で国土は荒廃し、財政も破綻寸前であり、国家運営能力は全く無くなっていた。日本側もこのような国を抱え込むことを実は躊躇した。だが一方で、日本政府は韓国が日本の友好国として共に外敵にあたるような独立国になって欲しいと強く望んでいたのである。

そこへ、当時朝鮮最大の政治組織「一進会」が韓国皇帝（高宗）や首相（李完用）を説得して、「韓日合邦」を願ってきたのである。最初彼らは、両国の連邦制すなわち「合邦」を目指していたが、余りにも国力・文明に差があるため、「併合」のかたちをとらざるをえなかった。なお、「日韓併合」を進めたもう一つの理由は、自主再建不能の荒れ果てた韓国をこのまま放置しておくと、アジア混乱の呼び水になるかもしれないと、日本およびイギリス・アメリカもが恐れていたことがある。したがって、日本政府はイギリス・アメリカの国際的な意見も聞きながら、慎重な手続きを経て、日韓併合を成立させたのである（1910年）。

2・日本は韓国をどのように扱ったか

1910年、日本は大韓帝国を併合し、日本領にした。しかし、西欧列強のように植民地化し略奪する政策はとらなかった。韓国人に云わせれば、「日本による朝鮮統治は史上最悪の植民地統治であった。あの時代は暗黒と収奪の酷い時代だった」と、日本統治を完全否定する。そして韓国の教科書には、「酷い植民地政策のもとで韓国国民は屈することなく、勇敢に闘って戦後の解放を勝ち取った」と、教えている。果たして実態はどうだったのか、客観的な文献および記録に従って真実を見てみよう。

日本統治以前の朝鮮（李朝末期）は清国の属国支配を受け、その待遇は全く奴隷以下であった。清国は朝鮮をとことん収奪し続け、また李王朝が極端な悪政をしいたため、国土は荒廃し、民衆はつねに飢餓と疫病に苦しみ、国家財政は破綻して、国家運営能力は全く無くなっていた。

韓国を併合した日本は、まず朝鮮半島を一日でも早く日本本土並みに近代化するべく、巨額の資金を投じて改革・改善を進めた。すなわち、基本的には日本人と同じ権利を韓国人に与え、「内鮮一体」（日本内地と朝鮮の一体）のスローガンを掲げて、荒廃している韓国を内地のレベルにまで近づけるよう努力した。遅れていた韓国を近代化するには莫大な投資を必要とし、総額80億ドル（当時の韓国の国家予算の数年分に匹敵）を投じた。日本本土と同じように鉄道、道路、港湾などインフラを整え、製鉄、造船、重化学工業などの工場をつくり、土地整理も行なった。また、治安を維持する憲兵や警察も日本人だけではなく、半数以上を朝鮮人から採用した。また、教育にも力を入れ、併合時にはせいぜい１００程度しかなかった学校の数を、30年も経たないうちに４２００以上に増やし、識字率も10％から65％にまで上がった。さらに師範学校や高等学校をあわせて１０００校以上つくり、１９２４年には京城帝国大学を日本の６番目の帝国大学として設立した。これは日本内地の大阪帝国大学や名古屋帝国大学よりも早かったのである。

その結果、日本統治を始めて35年間で、韓国は、①24歳だった平均寿命が45歳に伸び、朝鮮半島の人口は２倍に増えた。②近代的な農業を教え、耕作地は２倍に増加し、１反当たりの収穫量は3倍に増えた。③放置されていたハングル語を復活し普及させた。④禿げ山に6億本もの樹木を植林し、ため池も整備した。欧米の植民地のように搾取を徹底するのではなく、その土地が進化発展するよう努力したのである。

このように短期間に韓国を近代化させたが、やがて日本は敗戦を迎え、やむなく朝鮮半島から引き揚げることになった。朝鮮半島に残した日本の施設及び資産を日本は交渉の結果、全てそのまま韓国に提供したのである。その額は軍事用資産を除き53億ドルもあったという。

3・日本敗戦に対して朝鮮人はどのように反応したか

（1）敗戦の連帯責任から逃れるため強い反日に走る

日本の一部だった朝鮮半島は、日本敗戦により、連合国によって日本から強制的に切り離され、独立した。朝鮮は「日本と連帯で敗戦責任を取らされること」を恐れて突然態度を豹変させ、「我が国は最初から反日で、韓民族は日本に強制的に従わされていただけだ！」と大声で叫び始めた。南北にできた両朝鮮政府は敗戦責任がないことを強く主張し「日本叩き合戦」が始まった。南北の両政府が最も恐れたことは、国民に「日本統治時代の方が良かった…」と云われることである。当時はまだ、人生の大半を日本人として生きてきた朝鮮人たちがたくさんいたので、親日派が「現行政府を否定」しないとも限らなかったのだ。もし親日派の反政府勢力が拡大すれば、「国家が転覆してしまう恐れ」があるのである。そこで、韓国は「日本は韓国をボロボロにした悪逆非道の悪魔である」と日本を弾劾して貶め、韓国国民を洗脳する方法をとったのである。

(2) 日本統治に対する韓国人の厳しい評価は反日から日本叩きへ

韓国・北朝鮮の両政府は存続のために、事実とは無関係に日本統治を極度に非難する政策をとった。「日本統治は史上最悪の植民地統治であり、あの時代は暗黒と収奪の酷い時代だった」と、極めて厳しい表現をした。そして、韓国は35年間の日本統治を「日帝支配36年」と呼び、日本は韓国から徹底した略奪を行なったと非難する。

その略奪の具体的内容を韓国は「七奪」と呼び、次の7項目にわたっている。すなわち、①国王を奪った、②主権を奪った、③命を奪った、④土地を奪った、⑤資源を奪った、⑥国語を奪った、⑦姓名を奪った、である。しかし、実態はすべて嘘であることが以下のように証明されている。

①「韓国国王を奪った」…日本は李王家を日本の皇族の一員としてお迎えし、併合時の純宗皇帝は李王となられて日韓の皇室は融合した。日本は李王家を手厚く保護したのである。

②「主権を奪った」…朝鮮は清の属国を続けていて、もともと主権は存在していなかった。

日本が日清戦争で勝利し下関条約で朝鮮を清からわざわざ独立させたのが事実である。

③「命を奪った」…三・一独立運動（1919年）と光州学生運動（1929年）以外には、これといった反日騒擾はなかった。むしろ、比較的平和な生活で、日本統治の35年間に朝鮮の人口は1000万人（1910年）から2400万人（1945年）に増加し、平均寿命も24歳から45歳に延びたのである。

④「土地を奪った」……近代国家として土地調査は近代的な所有関係を決定する上で必須であり、日本の資金で8年がかりで土地調査を実施した。持ち主のいない土地を国有地としたが、それは全農地のわずか4%であった。韓国はこれを「60%の土地が侵奪された」と誇張・非難している。

⑤「資源を奪った」…教科書には「日帝は金、銀、タングステン、石炭など産業に必要な地下資源を略奪した」と書いている。しかし実際には、当時の朝鮮半島にはそれほど魅力的な資源は開発されていなかった。日本は収奪どころか逆に税金をつぎ込み、産業を育成した。大韓帝国が1906年に初めて編成した国家予算は748万円にすぎなかった。日本は1907年から1910年まで毎年2000万円から3000万円を補助した。これは日本の国家予算の20%を越える額であった。日本統治期間を通して日本政府が朝鮮半島につぎ込んだ金額は、累計で20億7892万円、当時の1円が現在の3万円とすると62兆円

という天文学的な数字になる。また、日本は鉄道建設に力を注ぎ、その総経費は現在の価値にして10兆円以上になる。民間資金もダム建設に投入され、有名な水豊ダムだけでもその額は現在の価値で3兆円近いものになる。

また林業では、「膨大な山林が朝鮮総督府と日本人の所有となり、韓国人の鉱山経営はきびしく抑えられ、日本人がほとんど独占した」と非難する。ところが、李朝時代の山林は全部国有であり、すべて禿山になっていた。「朝鮮総督府はこれを管理し立派な林にしてから、返した」というのが事実である。

⑥「国語を奪った」…根も葉もない嘘である。朝鮮語禁止という政策はとっていない。ハングルを禁止したというが、これは全く嘘である。ハングルは世宗の時代（１４４３年頃）に作られたが、愚民が使うものとして当時は普及していなかった。むしろ、朝鮮では中華文化の影響で漢字を使うことを誇りとしていた。その後、ハングルと漢字をまぜると便利であるといってハングルを普及させたのは日本の福沢諭吉であった。

⑦「姓名を奪った」…１９４０年から始まった「創氏改名」のことである。この「創氏」とは、朝鮮人の名前に新たに日本風の「氏」すなわち「家族名」を加えると、その人は日本風の名前になる。例えば、「金正日」の場合、金（氏族名）、正日（個人名）からなり、これを日本風にするには、家族名として例えば「金井」を設けると、日本風の名前「金井正

日」にかわる。当時、日本風の名前を希望する人が多く、それに応えて制度を変えたのである。決して強制ではなく自由選択であった。届出しなければ朝鮮名はそのままであった。

以上、韓国側の云う「七奪」はすべて嘘であり、でたらめである。日本の韓国に対する扱いは、西欧列強がとっていた搾取の植民地政策とは基本的に異なり、当時としては配慮ある政策であった。また後述のように、ＧＨＱがいう「奴隷化扱い」とはほど遠いものであった。ただ、韓国・北朝鮮政府は「親日派の国民」が出ないように、日本批判を強化したのである。もともと韓国人は日本人に対して異常な優越感を持っており、韓国が格下の日本に支配されたことは、韓国人のプライドをいたく傷つけたことは事実である。そこで、韓国は民族の栄誉とプライドを守るため、後述のような「輝かしい韓国史」を作り上げるのである。

４・南朝鮮には大韓民国、北朝鮮には朝鮮民主主義人民共和国が建国された

日本が降伏文書に調印した１９４５年９月２日の後、朝鮮では呂運亨らが早々に朝鮮人民共和国の独立を宣言し、李承晩らは大韓民国臨時政府を宣言した。しかし、アメリカはこの人民共和国の政府樹立を承認せず、臨時的に北緯38度線以北および以南にそれぞれソ連軍とアメリカ軍が進駐し、しばらく連合軍軍政が敷かれた。そして、１９４８年８月南朝鮮に大

韓民国が成立し、李承晩が初代大統領になった。ついで、北朝鮮には朝鮮民主主義人民共和国ができ、金日成が初代の首相となった。

５・日本の敗戦直後に在日朝鮮人（韓国人・北朝鮮人）が暴れる

日本が敗戦となるや、朝鮮半島では反日・日本叩きが起こり、日本本土では在日朝鮮人が暴動を起こした。

ＧＨＱは占領政策として、在日朝鮮人に戦勝国民と名乗ることを許した。しかも、アメリカはわざわざ「朝鮮人を奴隷から解放した」と誇らしげに公言した。これはアメリカ自身が以前持っていた奴隷制度という負の歴史で失った名誉を回復し、同時に日本人に強い贖罪意識を植え付けるための策略であった。在日朝鮮人は歓喜して、「朝鮮人は日本の奴隷制度から解放された。いまや我々は連合国軍と同じ戦勝国民だ」と叫んだ。さらに、ＧＨＱは「在日朝鮮人連盟」を結成させ、治外法権の特権までも連合国兵と同様に朝鮮人にも与えたのである。

このＧＨＱの朝鮮人優遇の占領政策は、在日朝鮮人を極度に驕らせ、日本への報復に走らせる結果になった。彼らは日本軍の武装解除で放出された武器を奪って武装し、徒党を組み、乱暴狼藉を働き、多くの日本人を無差別に殺害した。ＧＨＱの記録に残っているだけでも4000人以上の日本人がその餌食になったのである。それは、各地における暴行、略奪、窃盗、官公署への不当な要求、建築物の不法占拠、汽車、電車、バスなどの不法乗車、リンチなどであり、かなり非道残虐なものであったと云う。具体的には、浜松事件、直江津事件、坂町事件などを起こし、また警察署を襲撃した生田警察署襲撃事件、富坂警察署襲撃事件、長崎警察署襲撃事件などが発生したのである。さらに、昭和21年（1946年）には約2000人の在日朝鮮人部隊（朝鮮進駐軍ともいう）が完全武装して首相官邸に突入した。日本の警官隊は当時武器の所持は禁じられていたので、アメリカ軍憲兵隊（MP）に応援を依頼した。アメリカ軍憲兵隊と朝鮮進駐軍とが大銃撃戦を展開し、多くの死傷者を出した。

このような大事件が頻発したというのに、当時の日本のマスコミは全く報道していないし、また歴史の記録にも載せていない。反日マスコミほど三国人《さんごくじん》（注：戦後の連合国軍占領下時代に日本に在留していた、主として朝鮮人と中国人、台湾人のこと）の蛮行を封印した。多くの日本人は現在も朝鮮人暴動の詳細を知らないのである。

当時の朝鮮人はやりたい放題で、駅前の一等地の多くは朝鮮人によって占拠された。しかも、そこに住んでいた日本人女性は容赦なく強姦され追放されたのである。あまりの横暴ぶりに、GHQは1945年9月30日、朝鮮人の治外法権の資格をとりあげ、さらに昭和24年

（１９４９年）９月８日に朝鮮人連盟を「暴力主義的団体」として解散を命じた。その後、「朝鮮人連盟」は「朝鮮人総聯合会」となり今日に至っている。

在日朝鮮人たちは日本の土地を不法に占拠し続けながら、「俺たちは何も悪いことをしていないのに、不当な差別を受けている」といって騒ぎ立てた。そして、有楽町駅前、新橋、渋谷、新宿など駅近くの便利な一等地を占拠して、「パチンコ」事業を広げた。いまでもパチンコ業者の８割が在日朝鮮人であるのは、この時に始まったのである。パチンコであがった金は北朝鮮へ送金された。金正日は「日本のパチンコがある限り、我が国は安泰だ」といったと云う。

戦後の韓国問題は、アメリカが日本を黙らせるためにデッチ上げた「朝鮮半島奴隷化論」に端を発するものが多い。「韓国人は日本に奴隷扱いされた」というアメリカの主張は、実態とは無関係に韓国人の心に定着していったのである。これが韓国人の日本を憎む怨念を増加させ、今日の激しい反日思想につながっていったのである。アメリカは日本の残虐性を宣伝するため「南京虐殺事件」を捏造し、さらに自国の奴隷制度を隠蔽するため「朝鮮半島奴隷化論」を捏造したのである。

6・朝鮮戦争

昭和25年（1950年）6月、北朝鮮軍が一気に韓国に攻め込んだ。これが朝鮮戦争である。かつて中国共産党軍が国民党を台湾へ追い出し中国を統一した先例にならって北朝鮮が仕掛けたという。1950年9月には北朝鮮軍は釜山の近くまで攻め込んだ。しかし、アメリカ軍の反撃で北緯38度線以北まで押し返され、その後、中国共産党軍が参加して再び押し戻したが、結局北緯38度線を軍事境界線として休戦した。この戦争で朝鮮半島は荒土と化し、日本統治時代の遺産もかなり破壊されたという。

7・韓国の復興

韓国の初代大統領である李承晩は、左翼を抑えて大韓民国の基礎を固め、徹底した反日の基礎教育をつくり上げた。政府組織すべてを反日派の人材でかためた、反日政策を国是とし、徹底した反日教育を始めた。親日派が居残っておれば、これを探し出して断罪するという「親日狩り」まで公式に行なったという。また、公海上に勝手に李承晩ラインを引き、その領海内に入って来た外国船を拿捕し、ライン内にあった竹島を韓国領として主張した。しかし、経済政策は無策であり、日本から多くの社会的産業的施設を受け継いだが、復興はあまり進まなかった。

韓国の経済復興で大きな業績を残したのは朴正熙大統領（３代目）であった。彼はクーデターで政権をとり大統領となった。典型的な開発独裁者で、国内の反対派を弾圧すると共に、国内の産業振興に務め、特に重化学工業を育成して、経済成長の基礎を築いた。朝鮮戦争後の韓国は、一人当たりの国民所得が世界最貧国の状態であった。しかし、その後日韓基本条約を締結し、日本からの経済・技術援助を受け、さらにベトナム戦争に参戦して戦争の特需を受け、「漢江の奇跡」と呼ばれる経済成長を遂げた。そして、朴正熙の在任中の20年ほどの期間に、韓国の１人あたりのＧＮＰが20倍になるという高度な経済成長を遂げたのである。

（1）日本の経済援助

１９６５年日本は韓国と国交正常化を行ない、日韓基本条約を締結した。日本は「独立祝賀金」もしくは「発展途上国支援」の名目で、無償３億ドル、有償２億ドル、民間借款３億ドルの合計８億ドルの供与および融資を行なった。この金額の貨幣価値をいまの時代に換算すると３兆円相当となり、当時の韓国の国家予算の2･3倍に相当した。さらに日本は１９６６年から１９９８年までの長期間、韓国へＯＤＡの提供を続けた。その累積額は合計７０００億円を超えている。しかも、国交正常化の交渉において、「朝鮮半島に残した日本の資産や債権を全て提供する」という〝超・破格〟のプラスαの補償をした。植民地が独立するとき、宋主国は植民地にある資産はすべて本国へ持ち帰るのが当時の慣習であった。日本だけが例外的にそのまま残し提供したのである。その資産の総額は約53億ドル、現在の価格で最低に見積もっても16兆円（当時の韓国の国家予算10年分以上）になる。

しかし、韓国政府は日本がみせた誠意を国民に全く知らせていない。そのため、韓国の世論は、「日本は一度も謝罪していないし一文も払っていない」という事実とは全く異なる認識になっており、国民レベルの感情的問題はそのまま残っている。ＯＤＡで建設したもので代表的なものは浦項製鉄所やソウル地下鉄などがある。浦項製鉄所は日本の資金と技術を提供してゼロから立ち上げたもので、かつては世界最大の生産量を誇っていた。ソウル市の地下鉄一号線も日本の資金と技術で完成させた。現在、これら日本の支援を韓国学生に話しても、反日教育を受けた学生には到底信じられないことだという。

（2）韓国軍のベトナム戦争参加と蛮行

韓国の朴正煕大統領は経済復興のため、アメリカのベトナム戦争に１９６５年から本格的に参戦して「戦争の特需」を獲得した。この韓国軍のベトナム派兵は、朝鮮戦争の際アメリカが韓国を助けてくれたことの恩返しであるという口実であった。延べ32万人の兵を派遣し、１９６５年から１９７２年まで、アメリカから戦争特需を受けた。その総額は10億２２００万ドルに上った。これらの資金は日本からの経済協力資金とともに、韓国経済に奇跡的発展をもたらしたのである。

ところが、このベトナム戦争への参戦中、韓国軍は現地で強姦、虐殺などの蛮行問題を起こし、大きな汚点を残すことになった。この韓国軍の虐殺問題が韓国で知られるようになったのは、ベトナム戦争から30数年を経たのちである。１９９７年、ベトナム大学へ留学したク・スジョンが、韓国軍の組織的虐殺や強姦などの蛮行を大々的に報道し暴露したのである。その蛮行とは、女、子供を問わず強姦したあと虐殺し、武器も持たない命乞いをする子供を射殺し、妊婦の腹を胎児が飛び出すまで踏みつけ、母親の前で子供の首をはね、切り刻んで埋めたりしたという。実に残酷の限りを尽くしたのである。韓国軍の限りない残虐行為によって殺されたベトナム人の数は数万人にも達したと云われている。

また、韓国軍兵士や軍属の韓国人がやたらに「レイプ」をしたため、多くの混血児が生まれる結果となった。特に現地妻との間に生まれた混血児（ライダイハン）の数は、２００４年9月18日付の『釜山日報』の記事によれば、５０００~3万人と推定された。しかし、韓国政府から被害者や混血児に対する謝罪や補償は一切行なわれていない。韓国政府はベトナムにおける韓国軍の虐殺問題を全く調査せず、今日まで事実の隠蔽に徹している。

１９９８年金大中氏（当時・大統領）が訪越（１９９８年）し、ベトナムに謝罪したところ、ベトナムのチャン・ドク・ルオン大統領は、「両国は未来志向的に関係を構築していかなければならない」と紳士的に応えた。ところが、当時保守派のハンナラ党の副総裁であった朴槿惠氏は、金大中大統領が行なった謝罪を、「参戦勇士の名誉を著しく傷つけた。大統領の歴史認識を憂慮せざるを得ない」と強く非難したという。現在、「従軍慰安婦問題」で日本に厳しい要求を突き付けている朴槿惠氏が、立場が異なるとこうまでも態度が変わるのかと、驚かざるを得ない。

8・韓国の歴史教科書は何を教えているか

韓国は1000年もの長きにわたって中国（元朝、明朝、清朝）の属国の地位に甘んじ、しかも中華思想を信奉して、国の近代化を怠ってきた。それゆえ、世界における最も貧しい不衛生な貧弱国となり、周辺諸国から蔑視されてきた。そして最後に日韓併合して日本統治を受け、日本の敗戦でやっと独立したのである。

韓国人は「長い属国時代に中華思想」を叩き込まれ、世界の文化はすべて中国から発して韓国に至り、韓国を経て日本へと伝わったと信じている。そして、韓国人は常に日本人より優れた民族であるという、異常に強いプライドを持っている。しかし、現実の歴史は余りにも惨めであり、そのまま学生に教えこむことはできない。歴史教科書は学生に自国の誇りをもたらすものでなければならない。そこで韓国がとった国定歴史教科書の編集方針は、民族主義や愛国心を育成するにふさわしい、立派な輝かしい歴史にするためには、歴史的事実を歪曲しあるいは捏造してもかまわないというものだった。

こうして韓国の輝かしい捏造の歴史ができあがり、教科書で堂々と教えているのである。その概要を以下に要約した。

①朝鮮は５０００年にも及ぶ長い輝かしい歴史持つ

13世紀末に書かれた『三国史記』によると、檀君は紀元前２３３３年部族を統一し、古朝鮮を建国したとある。この古朝鮮の建国の年を韓国独立の年とした。しかし、檀君は神話であり、これを建国歴史の根拠にするにはあまりにも無理がある。だが、韓国は建国が中国より古いことを強調し、敢えてこのような建国を採用したのである。三国史記とは朝鮮半島における最古の歴史書のことだ。日本書紀ができてから４００年後に、朝鮮最古の歴史書ができたということになる。

②韓国は文化レベルの高い国、日本は文化劣等国である

韓国人は「中華思想」を持ち、世界の文化はすべて中国から発して韓国に至り、韓国を経て日本へと伝わったと考える。したがって、文化レベルは日本より韓国が上であり、韓国人は日本人より優れた民族であると固く信じている。

③韓国が中国の従属国であったことは固く隠蔽する
古代から19世紀末まで、中国の従属国になっていたことは、明らかな歴史的事実である。しかし、日本が日清戦争に勝利することによって朝鮮の属国関係が解消されたというのは、韓国人のプライドが許さない。中高の教科書ではこれを完全に隠蔽している。

④日本の貢献は完全に無視する
朝鮮の清国からの独立、日本統治後の韓国の発展など、日本の貢献はすべて隠蔽する。

⑤日本統治は歴史上かってない酷い植民地搾取であった
朝鮮は長い輝かしい歴史を持つ立派な国であったが、突然日本が侵入し、日本統治を始め、韓国を徹底して搾取し破壊した。

⑥韓国は自力で発展・近代化し先進国となった
朝鮮人は元来極めて優秀であり、日本の圧政をはねのけて独立し、他国に頼らずに頑張って、今日の韓国を作り上げてきた。

以上要約すると、「韓国は5000年もの輝かしい歴史を持つ国であり日本に侵略されるまで他国に侵されることはなかった。ところが、突如日本植民地が始まり、徹底的に掠奪・破壊された。しかし、韓国人はよく抵抗し、独力で韓国を独立させ、優秀な民族の力で今日の先進国・韓国を作り上げてきた」というのである。

９・韓国は何故反日か

韓国は日本より絶対優秀であるという韓国人のプライドは、日本によって独立国となり、日本統治によって国が発展したことを、絶対認めることができない。日本の貢献はすべて隠蔽し、韓民族の優秀な能力によって成し遂げたとする。この捏造を隠しきるために、日本の貢献を隠すだけでなく、日本が悪者であり、輝かしい韓国の歴史を汚し、韓国を破壊したことを恨み続けるという、反日の教育を徹底させた。もしこの捏造が露見すれば、韓国の輝かしい歴史、民族の優秀性、アイデンティティは無くなり、民族そして国は亡ぶ。したがって、韓国人の反日は国および民族を守るための必死の手段になっているのである。

しかし、韓国の若者が成人して海外転勤や留学をしたとき、もし歴史の真実を知ることになればどうなるか、たちまち自尊心は瓦解し、本人は深い悩みに取りつかれる。現実を認めることができない場合、自我の崩壊にまで至る。実際、韓国の３大報道機関の記事によると、人格障害の存在割合は、先進国の平均が11～18％であるのに対し、韓国ではその疑いがある人が71・２％にも達し、また国民の25％が精神病であるという。さらに別の記録によると、韓国の成人の４人に１人は生涯に一度以上、精神疾患を経験することが分かっている。

このような韓国国民の高い精神異常率は、捏造された歴史教育と無関係ではないように思える。

10・在日（在日朝鮮人・在日韓国人）は異常に優遇されている

「在日韓国人・在日朝鮮人」は日本に在留する韓国・朝鮮籍外国人である。日本に帰化していない在日コリアンであり、簡単に「在日」とも呼ばれる。「在日」は終戦以来、税およびその他生活面で異常に優遇されていることが分かっている。その内容及び理由は不明なところが多いが、分かっていることを以下簡単に述べる。

（1）在日は違法手段で特権を獲得した

戦後在日特権がどうして生まれたかの詳細は定かでない。ただ、敗戦後朝鮮人が暴力集団になって暴れ、行政を脅迫し、やむを得ず特権を認めたことは事実のようである。

例えば、1950年、約200人の朝鮮人が神戸市長田区役所に押しかけた（長田区役所襲撃事件）。要求は「市民税免除」と「生活保護の徹底」である。しかし、区長がこれを認めなかったため、区長を軟禁状態にして騒ぎ出した。その後再度襲撃を繰り返し、2年後の1952年、その脅迫に屈した区役所は、ほぼ無条件で生活保護、住民税、所得税減免などの在日特権を彼らに与えた。このように違法手段で獲得した特権は、帰化していない在日に与えられ、まさに「在日コリアン」を「差別被害者を装った特権階級」にしている。この特権は日本国民の目に触れないところで不当に与えられており、他の外国人や日本人にとっては納得しがたいものである。

（２）在日朝鮮人は税金を払っていない

国税庁と朝鮮総連系・在日朝鮮人商工連合会との間で税金の取り扱いに関する通称「五箇条の御誓文（後述）」が交わされ、現在も在日の「税金逃れの特権」が認められている。例を挙げると、パチンコ産業だけでも在日が８割を牛耳り、年間30兆円も日本国内で利益を得ている。しかし、まともに税金を払っていないという。国税庁もパチンコ脱税を見て見ぬふりをしている。この一銭も税金を払わない連中が日本の福祉を受け、朝鮮学校の運営費まで日本政府からもらっているのである。

「五箇条の御誓文」は１９７６年10月に当時の社会党衆議院議員・高沢寅男が国税庁と朝鮮総連の団体、在日朝鮮人商工連合会（朝鮮商工連）との間で取り交わした。

１．朝鮮商工人のすべての税金問題は、朝鮮商工会と協議して解決する。
２．定期、定額の商工団体の会費は損金（＝必要経費）として認める。
３．学校運営の負担金に対しては前向きに解決する。
４．経済活動のための第三国旅行の費用は損金として認める。

5．裁判中の諸案件は協議して解決する。

これらの合意に基づき、商工連は団体交渉権の成立を主張し、確定申告や税務調査への対応は原則として個人で行なわず、商工会を窓口にして行なっている。「商工連の印鑑さえあれば日本政府は触れられない＝脱税ＯＫ」ということである。海外旅行まで全部経費で落ちる。

したがって基本的には、在日朝鮮人は日本への納税の義務感など全く持たない。日本に納税するよりは朝鮮の肉親や親戚に送金するのが彼らの愛国である。税務署や国税局査察部は日本の真面目な中小零細企業に対しては厳しい追加徴税を行なうが、相手が朝鮮人になると急に弱腰になって優遇してしまっているのである。

（3）生活保護の異常な優遇をうける

在日朝鮮人に対する「生活保護」の給付は、朝鮮総連や民団《みんだん》（注：大韓民国を支持する在日韓国人の組織）の圧力によって特権的に認められてきた。その生活保護支給率（２０１４年）は、日本全国民は1・7％であるのに、在日朝鮮人は14・2％で8倍以上も優遇されている。給付金額の詳細は精確に把握できないが、日本人より多いことは事実である。在日の生活保護者一世帯当たりの年平均支給額は６００万円であるという。全支給額は総計すると年2兆3千億円となり、日本の全生活保護支給額の62％が在日朝鮮人に支給されることになる。

在日の7割が無職であり、膨大な額を働かずにタダで貰っているのである。しかも、医療費は保険診療内なら全額タダとなる。病院の通院費も必要と認められれば全額支給の対象になる。上下水道の基本料金も免除、ＮＨＫは全額免除、国民年金も全額免除となる。都営交通も無料乗車券が与えられるし、なんとＪＲの定期券まで割引になる。なお、「掛け金無しで」年金も支給される場合もあるという。

なお、日本国民は通称名などを登録することが禁じられているが、在日は通称名を使用することが許され、二重、三重の支給を受けるなどのごまかし・犯罪も横行しているという。

第3節　東京裁判を否定する発言

日米戦争は第６章、第７章で見たようにルーズベルト大統領の挑発とコミンテルンの誘導で始まったものだった。

ところが、第８章１節で述べたように、東京裁判は日本を侵略国と断定し、戦争指導者を裁いて、日本人に強い贖罪意識を植え付けた。しかし、東京裁判に提訴された内容の多くは、捏造された虚構のものであることが、その後の検証で明らかになってきた。さらに、東京裁判は国際法の専門家からみると裁判そのものに多くの問題点があり、正式な裁判として認めることはできないという。専門家が指摘する問題点は以下の通りである。

①ポツダム宣言は戦争犯罪人を処罰するとしているが、当時の国際法に規定されていない罪、すなわち「平和に対する罪」、「人道に対する罪」で裁く権限は東京裁判にはない。事後法になるからこの議決は法律的に無効である。

②国際法では、国家の戦争で責任を問うのは国家であって、個人に戦争責任を求めるのは無効である。

③東京裁判では、満州事変に始まり太平洋戦争（大東亜戦争）は日本による侵略戦争であることを前提に審議されてきたが、侵略戦争であるという検証がしっかりなされていない。なお、国際法では侵略戦争は犯罪ではない。

④東京裁判の裁判官と検事は戦勝国の11カ国のみで構成され、敗戦国からは選ばれていない。裁判としての公正さが欠けている。

さらに、東京裁判が終わってから、東京裁判の関係者や関係国の要人たちの中からさえも、「東京裁判は誤りであった」と発言する人が下記のように相次いで出てきている。

（1）マッカーサー元帥

昭和25年（1950年）10月トルーマン大統領に対して「東京裁判は誤りであった」と告

白し、さらに1951年にアメリカ議会上院において「彼らが戦争を始めた目的は、主として安全保障上の必要に迫られてのことだった」と公式に証言した。

（2）インドのパール判事

「日本が戦争に踏み切ったのは侵略のためではなく、植民地政策をとった西洋諸国によって挑発されたためである。東京裁判は正義からでなく勝利者による復讐のためであった。日本は国際法に照らして無罪である」と主張した。しかし、その主張を法廷で述べることは許されなかった。

（3）アメリカのブレークニー弁護士

「日本は原爆に対して報復する権利を持つ」とウエッブ裁判長に抗議した。

（4）豪州のウエッブ裁判長

東京裁判が終わって帰国後「東京裁判は誤りであった」と繰り返し表明した。

（5）オランダのレーリング判事

裁判終了後に「東京裁判には法的手続きの不備と南京虐殺のような事実誤認があったが、裁判中は箝口令《かんこうれい》（注：ある事柄についての発言を禁ずること）が敷かれていて云えなかった」と発言。また、「私たちは国際法を擁護するために裁判を執行したはずなのに、連合国が国際法を徹底的に踏みにじるのを毎日見せ付けられた。それは酷いものであった。もちろん、勝者と敗者を一緒に裁くことは不可能であり、まさに復讐劇であった」と述べた。
（6）フランスのベルナール判事
レーリング判事と同様な発言を裁判終了後に公にした。
（7）アメリカのキーナン首席検事
日本糾弾の旗頭キーナンですら、裁判が終わった後に「東京裁判は公正なものではなかった」と発言した。
（8）イギリスの国際法の権威ハンキー卿
『戦犯裁判の錯誤』（時事通信社出版局、1952年）という著書の中で「日本無罪論のパール判事の主張は絶対に正しい」と明言した。
（9）イギリス法曹界の権威ビール氏
『野蛮への接近』という著書の中で「東京裁判は勝者が敗者に加えた野蛮きわまりない復讐行為である」と断言した。

以上、東京裁判の執行者は、裁判の進行中は心ならずも嘘をついていたことを認め、裁判が終わった後で自分の行為を恥じ、法の概念そのものを冒涜した判決を反省し、判決とは正反対の発言をしている。

このように、東京裁判はデタラメな裁判であり、この裁判によって日本を犯罪国に仕立てあげ、贖罪意識を持たせたことは、むしろ世紀の汚点になったとも云える。

さらに、戦後のアメリカの議会議事録によると、アイゼンハワー共和党政権下の副大統領であったニクソンは、占領時に憲法制定を日本に押しつけたことを、日本の国会で公式に謝罪している。また、アメリカ共和党の大物下院議員だったハミルトン・フィッシュは、著書の中で当時の共和党下院議員の90％が日本との戦争に反対していたことを明らかにしている。また、アメリカがハル・ノートをつきつけ、「日本が自殺するか、降服するか、さもなくば戦うか、の状況にして日本を戦争へと追い込んだこと」を強く批判している。

このように東京裁判執行者自身が東京裁判の判決が正しくないことを自白し、日本の戦争が間違っていなかったことを認めている。このことはさらに、植民地を失うことになった戦勝国側を含め世界の多くの国が認めている。しかし、なぜか日本人自身は「日本は残虐行為をした侵略国」とか「日本はまだ謝罪を続けなければならない」などといまなお思い込んでいる。我々日本人は世界の客観情勢をよく把握し、歴史の真実を見抜かなければならない。

第13章　日本は独立国になれるか

第1節　世界の要人は日本の戦争をどのように見ているか

中国・韓国そして日本の左翼は、大東亜戦争における日本軍の「侵略」や「残虐」行為を激しく非難してきた。そして、日本の歴史教科書も近現代史における日本のことを「とてつもなく悪い国だった」と教えている。しかし、第12章において、歴史的事実はそうでないことをみてきた。本章では、さらに世界の要人が日本の戦争をどのように見ているかを調べた。

西欧列強の激しい侵略の時代に、アジアで独立を守った国は日本とタイだけであった。他のアジアの国々はすべて列強に侵略され植民地になったのである。植民地化された人々は、「到底有色人種は白色人種にはかなわない」と諦めていたのである。この状態の中で、日本が日露戦争に勝利したことは、植民地化に苦しめられていた人々を勇気づけ、頑張れば独立ができると、大きな希望を与えたという。果たしてこれを証明するかのように、日本の敗戦後、アジアの国々は続々と立ち上がり独立を獲得した。確かに日本はアジアの国々を侵略し損害を与えたが、しかし他方、日本はアジアの国々に独立への勇気を与え、また直接独立運動を支援したことは事実である。大東亜戦争を通じて、世界の要人が示した日本に対する評価・感想を以下に示す。ただし、原文の和訳でおかしいところは訂正している。

1・ジョイス・C・レブラ博士（アメリカ・コロラド大学歴史学部教授）

「大東亜戦争下、アジア諸国に進駐して行なった日本軍政の最大の特徴の一つは、各国の青年を教育し、組織し、独立精神を奮起させた点にある。その遺産は戦後も様々な形で生き続けている。日本の敗戦は東南アジア全域の独立運動に決定的な意味を持っていた。いまや東南アジア各国の独立が確かになってくると、西洋の植民地支配の復活を許してはならないという考えが、彼らの間に強く浸透するようになった。民族主義者は、日本の占領期間中日本軍から教わった自信、軍事訓練、政治能力を総動員して、列強の植民地復帰に対抗した。そして、日本占領下で、民族主義や独立要求はもはや引き返せないところまで進んできたことを、イギリスやオランダは思い知るのである」（ジョイス・C・レブラ『東南アジアの解放と日本の遺産』秀英書房　１９８１年）

「東京裁判で示されたイメージ、即ち『日本は世界で最も貪欲な軍国主義国家の一つである』とする考え方は、太平洋の西側（つまり日本を含むアジア）で、長い間再検討されないまま放置されてきた。資料入手が困難なためその解明が遅れ、太平洋戦争における幾つかの問題がまだ未解決になっている。また、日本の歴史家たちは、大東亜共栄圏として抱いた理念や実現方法の説明がかなり消極的であったと云える。

ごく最近になって、アメリカの学者は、日本の戦争目的を再検討し、これまでの定説を修正し始めた。（中略）アメリカの学者たちによれば、太平洋戦争は西欧帝国主義の単なる日本版では無く、列強進出の脅威から日本権益を防衛するための自衛戦争であったことが分かる。さらに、大東亜共栄圏の理念は、アジアを征服しようとする日本の野望として見られていたが、再検討されて然るべき内容である」（ジョイス・C・レブラ『チャンドラ・ボースと日本』　原書房　１９６９年）

２・ジョージ・S・カナヘレ博士（ハワイ・日本経済協議会事務局長）

「日本占領軍が、インドネシアの為に行なった種々の訓練の中で、最も重要なものの一つは、インドネシアに正規軍及び準軍事組織を創設し、それに軍事訓練を与えた事である。この訓練は、特にジャワ、バリおよびスマトラの各島で押し進められた。後に、インドネシア独立軍の将校、下士官、兵士となった者は、この訓練を経て軍事技術を身に付け、日本軍の敗退後やってきたオランダ軍を相手に、独立戦争を戦った。もし、この訓練が無かったなら、また日本軍の武器や軍需資材が無かったなら、インドネシア独立戦争は違った方向に進んでいたかも知れない」（ジョージ・S・カナヘレ『日本軍政とインドネシア独立』鳳出版社　１９７７年）

３・ラジャー・ダト・ノンチック（マレーシア元上院議員）

ノンチック議員は、かつてマレーシアの独立に半生をかけた人である。

マレー半島は、１５０年もの間、イギリスの植民地支配で苦しんできた。１９４１年、日本がマレー半島に進撃し、たちまちイギリス軍を打ち破った。その後日本軍は、マレーシア独立のための訓練所を造り、マレー青少年の教育に力を注いだ。日本政府は南方特別留学生制度を創設し、アジア諸国の独立のための指導者養成をも行なった。ノンチックは、その第一期生であった。

１９４５年、日本は敗戦を迎えた。ノンチックは「日本はアジアのために戦い疲れて破れた。今度はわれわれマレー人が自分の戦いとして、これを引き継ぐのだ」と決意し、ついに１９５７年、祖国の独立を果たしたのである。さらに、日本に来た南方特別留学生たちが中心となり、現在活躍しているASEAN（東南アジア諸国連合）を設立したのである。

4・ガザリー・シャフェー（マレーシア元外相）

「私が惜しいと思うのは、日本くらいアジアのために尽くした国はないのに、日本の政治家はそれを否定することだ。責任感をもった政治家ならば、次のように云うだろう。当時アジア諸国はほとんど欧米の植民地になり、独立国はなかった。日本軍は、その欧米の勢力を追い払ったのだ。日本軍がマレー半島を南下した時の勢いは凄かった。わずか3カ月でシンガポールを攻略し、我々が決して対抗できないと思っていたイギリス軍を屈服させたのだ。私はまだ若かったが、あの時は神の軍隊がやってきたと思った。日本は敗れたが、イギリス軍は再びこの土地を取り返すことができず、マレーシアは独立したのだ」

「大東亜戦争なくしては、マレーシアも、シンガポールも、その他の東南アジア諸国の独立も考えられない。日本は欧米にばかり目を向けず、アジアに対して責任を持つ国になって欲しい。日本はかつてアジアに対して責任を感じ、戦争であれだけの犠牲を払ったのです。この尊い戦争の遺産を否定することは、バックミラーばかり見ているようなものです。自動車は前を見て運転しなければ、進路を間違えますよ」（1988年7月19日、於赤坂プリンスホテル）

5・ククリット・プラモート（タイ元首相）

「日本のおかげで、アジア諸国はすべて独立した。日本というお母さんは、難産して母体をそこなったが、生まれた子どもはすくすくと育っている。今日、東南アジアの諸国民が米・英と対等に話ができるのは、身を殺して仁をなした日本というお母さんがあったためである。12月8日（日米開戦の日）は、われわれにこの重大な考えを示してくれたお母さんが、一身を賭して決意をされた日である。われわれはこの日を忘れてはならない」

6・ブン・トモ（インドネシア元情報宣伝相）

「我々アジア・アフリカの有色民族は、ヨーロッパ人に対して何度となく独立戦争を試みたが全部失敗した。インドネシアでは３５０年間もその失敗を続けた。それなのに、日本軍は我々の面前で徹底的に米・英・蘭・仏を打ちのめしてくれた。我々は白人の弱体と醜態ぶりをみて、アジア人全部が自信を持ち、独立は近いと知った。

日本軍は郷土防衛義勇軍を編成し訓練してくれた。日本の敗戦後、その義勇軍はインドネシアの独立戦争で主力となって闘い、１９４５年にインドネシアは独立を獲得したのである」

7・アリフィン・ベイ（インドネシアナショナル大学日本研究センター所長）

「第二次世界大戦において、日本に占領された国々は軍事的南進経路となったが、他面、近代化した日本の精神的、技術的影響を受けることになった。日本軍が戦争に負けて引き上げた後、アジアに残されたものは、外ならぬ日本の精神的、技術的遺産であった。この遺産が、第二次世界大戦後に新しく起こった東南アジアの民族独立運動にとって、どれだけ多くの貢献をしたかを認めなければならない。日本が敗戦国になったとはいえ、その精神的遺産は、アジア諸国に高く評価されているのである。その一つに、東南アジアの教育に与えた影響があげられる。（中略）日本は目標達成のために、どれほど必死にやらなければならないかということを我々に教えてくれた。この必死の訓練が、後のインドネシア独立戦争の時に大いに役立ったのである」（アリフィン・ベイ『魂を失ったニッポン』未央社、１９７６年）

8・バー・モウ（ビルマ初代首相）

「約50年前ビルマは三度にわたる対英戦争に負け、植民地になった。イギリス側はアジアの掠奪を目指し、伝統的陰謀賄賂や詐欺・術策を弄して搾取を進めた。ビルマ人は莫大な物的資源、文化、言語、さらにその生活様式までも失い、愛国者は捕縛、入獄、拷問されて斃《たお》れた。ビルマ人はアジアを救う救援者を長らく待ち望んでいた。そして遂に、大日本帝国が現れた。我が国に対して最大の貢献をしてくれた日本に対し、永遠の感謝を送りたい。ビルマの真の独立宣言は１９４８年の1月4日ではなく、１９４３年8月1日に行なわれた。真のビルマ解放者はアトリー率いる労働党政府ではなく、東條大将と大日本帝国政府であった。歴史的に見るならば、日本ほどアジアを白人支配から離脱させる事に貢献した国はない」（ビルマ国独立宣言より）

９・朴鉄柱（韓日文化研究所）

朴鉄柱は李承晩大統領の反日政権下で苦汁を嘗めさせられるも、日韓永遠の架け橋たらんとして活躍した悲劇の知日家である。

「現在の日本の自信喪失は敗戦に起因しているが、そもそも大東亜戦争は決して日本から仕掛けたものではなかった。日本は平和的外交交渉によって事態を打開しようと最後まで取り組んだ。いままで、日本はアジアのホープであり、誇り高き民族であった」

「日本の武士道は、西欧の植民地勢力に捨て身の一撃を与えた。それは大東亜戦争だけでなく、日露戦争もそうであった。この日露戦争と大東亜戦争の二つの捨て身の戦争が歴史を転換させ、アジア諸国民の独立をもたらした。この意義はいくら強調しても、強調し過ぎることはない。大東亜戦争で日本は敗れたというが、負けたのはむしろイギリスをはじめ植民地を失った欧米諸国であった。日本は戦闘に敗れたが、戦争目的は達成したのである。日本こそ勝利したのであり、日本の戦争こそ、聖なる戦争であったといえる。２百数十万人の戦死者は確かに帰ってこないが、しかし彼らは英霊として、靖国神社や護国神社に永遠に生きて国民尊崇の対象になっているのである」

10・黄文雄（台湾・評論家）

台湾出身の評論家である。中国および日本をともによく知り、広い視野から中国および日本の出来事を第三者の立場から客観的に評論している人である。

「明治維新以来、アジア各地の革命や独立運動のために自らの命や財産をかけた日本人は、犬養毅、頭山満をはじめとして数多くいる。民族・国家を超えて献身的に尽くす日本人の精神は、世界でもまれに見る特筆すべき義侠心である」

「東南アジアの人々の日本に対する思いは、中国や韓国の人々の感情とはまさに逆である。東南アジアにおいては反日デモがしばしばあったが、この反日デモを主導したのは華僑と日本の反日マスコミであった。東南アジアには昔から華僑がおり、白人と結託して現地人から搾取を続けていた。華僑は現地の民族とは決して同化しないだけでなく、現地人を蔑視し、利益を地元に還元せず、吸い上げることとばかりしていたのである。とくにインドネシアではその商業活動は悪質で、統治者と結託し、白人の手先となって、オランダ人よりも過酷にインドネシア人を搾取していた。そのため、東南アジアの現地人と華僑との間には、いまも根強い反感と対立が続いている。日本軍は、東南アジアから欧米人を追放するだけでなく、華僑の追放も行なった。したがって、華僑の中には、いまも根強い反日感情を持っている人々が少なくない。しかしそれは、東南アジアの現地人の感情とは無関係である。それにしても、反日の日本マスコミが華僑と一緒になって、日本国の名誉貶めに動いているとは、世界の笑いものである」

11・ジャワハルラール・ネルー（インド初代首相）

「インドは程なく独立する。その独立の契機を与えてくれたのは日本である。インドの独立は日本のおかげで30年早まった。この恩は決して忘れてはならない。これはインドだけではない。インドネシア、ベトナムをはじめ東南アジア諸民族すべてに共通する。インド国民は、日本国民の復興にあらゆる協力を惜しまないであろう。他の東亜諸民族も同様である」

12・ラダ・ビノード・パール（インド・極東国際軍事裁判判事）

パールは日露戦争に感激した一人である。パールは東京裁判で判事となり、11人の判事の中でただ一人の国際法学者として出席した。彼は、戦犯容疑者全員に堂々と無罪の判決を下したのである。判決書の中で、「日本の行為は国際法に照らして無罪であり、欧米の白人たちこそ、日本を非難する前に自らのアジア・アフリカの植民地支配を反省すべきである」と主張した。また、非戦闘員まで無差別に大量虐殺した原爆の使用を、国際法違反と断定した。

なお、パール判事は広島の原爆死没者慰霊碑にお参りしたとき、「安らかに眠って下さい、過ちは繰り返しませぬから」の碑文を見て、「主語が日本国民であるならばおかしい。本当はアメリカ大統領が述べ、誓うべき言葉である」と言った。日本人の贖罪的《しょくざいてき》自己卑下の心情を恥ずかしく反省させられる言葉である。

13・エドゥアルト・ヴァン・ティン（アムステルダム市長・内務大臣）

１９８５年、日本傷痍軍人会代表団がオランダ・アムステルダム市長主催の親善パーティに招待された時のこと、市長は以下のように歓迎の挨拶をした。

「あなた方日本は先の大戦で負け、私共オランダは戦争に勝った。しかし私共は大敗しました。今日の日本は世界で1、2位を争う経済大国になりました。私たちオランダは、その間、屈辱の連続であった。即ち、勝った筈なのに貧乏国になってしまいました。戦前はアジアに大きな植民地（オランダ領東インド＝ほぼ現在のインドネシア）が有り、石油等の資源・産物で本国は栄耀栄華を極めておりました。しかしいままでは、日本の九州と同じ広さの本国だけになってしまいました。日本は、アジア各地で侵略戦争を起こして申し訳ない。アジアの諸民族に大変迷惑をかけたと自らを蔑み、ぺこぺこと謝罪していますがこれは間違いです。あなた方こそ、自らの血を流して、アジア民族を解放し、救出したと云う人類最高の良い事をしたのです。

ところが、あなた方は過去の真実の歴史を隠蔽《いんぺい》され、或いは洗脳されて、悪い事をしたと自分で思い込んでいるのです。ここらあたりでしっかり歴史を振り返って真相を見極める必要があるでしょう。本当は、私共白色人種が悪かったのです。１００年も２００年も前から、競って東亜諸民族の武力征服に走り、自分の領土として支配下に置いたのです。植民地・属領にされ、永い間奴隷として酷使されてきたアジア諸民族を解放し、崇高な理想・大東亜共栄圏の樹立という旗印をかかげ共に繁栄しようと立ち上がったのは、貴国日本だったでしょう。本当に悪いのは、侵略し威張っていた西欧人の方です。日本は戦いに敗れたが、アジアの解放を実現したのです。即ち、日本軍は戦勝国の全てをアジアから追放して敗退したのです。その結果、アジア諸民族はすべて独立を達成しました。日本の功績は偉大であり、血を流して戦ったあなた方こそ、最高の功労者です。自分を蔑む事を止め、堂々と胸を張って、その誇りを取り戻すべきであります」（１９９4年3月24日　財団法人日本国防協会

理事・浅井啓之）

14・アーノルド・J・トインビー（イギリス・歴史学者）

アーノルド・J・トインビーはイギリスが生んだ20世紀最大の歴史学者、文明批評家として有名である。

「第二次大戦において、日本人は日本のためというよりも、むしろ戦争によって利益を得た国々のために、偉大なる歴史を提供したと云わねばならない。その利益を得た国々とは、日本の掲げた理想である『大東亜共栄圏』の中に含まれた国々である。日本人の歴史上の業績は、アジア・アフリカを支配してきた西洋人がもはや過去2百年間に考えられてきたような『不死の半神』でないことを、アジア人の面前で明らかにした点にある」（1965年10月28日、英紙『オブザーバー』）

「マレー沖海戦（1941年）で日本空軍はイギリス最新最良の戦艦2隻を撃沈した。これは特にセンセーションを巻き起こす出来事であった。それはまた永続的な重要性を持つ出来事でもあった。なぜなら1840年のアヘン戦争以来、東アジアにおけるイギリスの力はこの地域における西洋人支配の象徴であり、イギリス戦艦は不沈艦の名をほしいままにしていたからである。1941年、日本はすべての非西洋国民に対し、西洋は無敵でないことを決定的に示した。この啓示がアジア人の士気におよぼした影響は、１９６７年のベトナム戦争で明らかになったのである」（昭和43年３月22日『毎日新聞』）

15・ダグラス・マッカーサーの証言

日本占領時の連合国軍最高司令官ダグラス・マッカーサーは、日本が再びアメリカおよび連合国の脅威にならないよう、日本を徹底的に無力化・弱体化する政策をとった。また、東京裁判では、「日本は隣国に侵略し多くの戦争犯罪を行なった」として、その指導者（Ａ級戦犯など）を処罰した。しかし、その後マッカーサーは、朝鮮戦争が起こり共産党軍の恐ろしさを経験すると、「日本側の主張が基本的に正しかった」と反省し日本のことを理解したという。東京裁判における日本側の主張の一番重要なことは、共産主義の防止に立ち向かったことである。東條英機が、「満州を守らなければ満州が共産化し、支那も赤化される。満州事変や支那事変の勃発は、その背後にコミンテルンの誘導が働いていた」と主張したことである。

マッカーサーは１９５１年４月16日、最高司令官を解任されアメリカに帰国した。アメリカ議会上院の軍事外交合同委員会の公聴会（１９５１年5月３日）において、公職を解任された立場で彼の心情を述べた。日本が満州に兵をおくり、満州国を建国し、そして戦争に打って出ざるを得なかった理由を、私は正確に理解することができる。日本の過去の戦争は自衛戦争であり、侵略国として判決した東京裁判は誤りであったと思う、という主旨のことを述懐している。

マッカーサーは、さらにつぎのように述べている。「過去百年間に太平洋地域でわれわれが犯した最大の政治的過ちは、中国で共産勢力を増大させたことである。（中略）これは根本的な問題であり、次の百年間に代償を払わなければならないだろう」と。ベトナム戦争やいまなお続くアジアでの緊張、中国の軍事的台頭をみると、アメリカが百年間代償を払うことになるだろうというマッカーサーの見通しは当たっていたと云える。「中国で共産勢力を増大させた政策の誤りは、中国大陸に満州国という共産主義の防波堤を築いた日本を、敗北させたことである」

この小文は、小堀桂一郎氏らが『ニューヨーク・タイムズ』紙の記事として掲載された証言録を入手し、その翻訳文と解説が雑誌『正論』２０１０年5月号（3月31日発売）などに掲載された内容の一部である。

16・アジア・アフリカ会議（バンドン会議）

昭和30年（１９５５年）、第一回アジア・アフリカ会議が開催された。いわゆるバンドン会議である。この会議はインドネシアのスカルノ大統領の提唱で開かれた。日本は招待状を受けたが、参加するかどうか躊躇していた。なぜかというと、独立したばかりでアメリカに対する遠慮があったのと、東南アジアでは「日本の戦争で生活が完全に破壊された」と非難されるかもしれないと恐れていたからである。しかし最終的には参加した。この会議はアジア・アフリカから中国も含め29カ国が参加した。

日本からは、高碕達之助経済企画庁長官以下が出席したが、日本以外のほとんどの国は首相や大統領が出席するという、いわゆる首脳レベルの国際会議だったのである。日本はそこで何と云われたか。参加国代表は異口同音に次のようなことを云った。「我々がこうして白人国家と対等に口を利けるようになったのも日本のお陰だ。日本があれだけの犠牲を払って戦ってくれなかったら、我々はいまもイギリスやオランダの植民地のままだった。それにあの時出した大東亜共同宣言が良かった。アジア民族のための日本の勇戦とその意義を打ち出した大東亜共同宣言は歴史に輝いている」。これは、本会議に外務省から参加した加瀬俊一氏が日本に報告した内容である。

なお、「大東亜共同宣言」とは、１９４３年東條英機が招集した大東亜会議で採択された共同宣言である（第13章２節を参照）。

17・「世界要人が語る大東亜戦争の評価」のまとめ

前述の大東亜戦争に対する世界要人の評価は、全体を知るには人数が少ないが、しかしその概要は推察できる。中国、北朝鮮、韓国の人々はすべて徹底した日本批判をするのに対し、日露戦争や大東亜戦争を好意的に評価している世界要人がいることは喜びである。

特に、日露戦争や大東亜戦争が、広く欧州列強の植民地政策に苦しんでいたアジア・アフリカの人々に勇気を与えたことは事実のようである。しかも、ビルマ、インド、マレーシア、インドネシアの独立に日本軍が直接間接に努力したことも事実である。そして、日本で教育を受けた南方特別留学生たちが中心となり、現在活躍しているＡＳＥＡＮ（東南アジア諸国連合）を設立したことは驚きである。さらに、占領政策を取り仕切ったマッカーサーが、日本の過去の戦争は自衛戦争であり、東京裁判は誤りであったと述懐したことは、我々が歴史を考える上で極めて大事である。

ところが、日本のマスコミは朝日をはじめ、いずれも、この重大ニュースをあえて報道していない。また、教科書にも記載されることもなかった。東京都立高校独自の地理歴史教材の平成24年（２０１２年）度版に新たに掲載されたが、その後取り消されたという。戦後の日本には自国のためのマスメディアが存在せず、日本人が歴史の真実から遠ざかり、歪曲された歴史を信じ、自虐史観に悩まされてきたことは極めて残念であり、広く世界をみなければならない。

第2節　謝罪外交を正せ

1・自虐史観を捨てよ

戦後の歴史教育は日本の歴史の負の面ばかりを強調し、あまりにも偏った歴史観を国民に植え付けてきた。その結果、日本人の多くは戦後70年たった今日でも「日本は近隣諸国を侵略した」、「日本軍は民衆に残虐行為をした」、「日本は反省と謝罪をすべきである」といった考えを信じるようになった。この自虐史観を最初に押し付けたのは、ＧＨＱであり、ＧＨＱの占領政策である日本弱体化政策であった。自虐史観をさらに徹底的に叩き込んだのが、ＧＨＱに迎合した日本の左翼のマスコミ、日教組、政治家、学者、「進歩的文化人」らであった。

実は、イギリスでも先の大戦の後、日本と同じように自虐的偏向教育が行なわれた時期があった。これは、イギリスの「日教組」とも云える「教師労働者連盟」が自国の歴史や伝統を否定する教育を推し進め、労働党がこれを強く支持し、日本と同じような教育の弊害が高じたのである。ところが、１９７９年サッチャー政権が成立すると、断固たる「教育改革」を旗印に自虐的偏向教育の改革に乗り出した。その結果、イギリス国民にとって英国史が光り輝くものとなり、国民は自国に誇りが持てるようになったという。

戦後日本人は一億総懺悔の虚脱状態になり、なすりつけられた罪をすべて受け入れ、戦前をすべて否定して、真実を知ることを避けてきた。しかし、これでは国は亡ぶしかない。そろそろ、日本人は立ち上がり、過去の歴史の真実の何たるやを探り求めなければならない。そして、正しい歴史認識を得て自虐史観を追放し、自信と誇りを取り戻して、日本の未来を創造してゆかなければならない。

2・戦後の嘘

敗戦国日本は、戦後GHQに支配され、多くの「嘘」から出発していることを知らねばならない。

(1) 現憲法が「自主憲法」であり平和を守っているという嘘

日本の現・平和憲法(日本国憲法)は、戦後日本政府によって自主的につくられたものと報道されている。しかし、憲法作成の詳細を第8章1節に述べたように、国の仕組みの基本を示す憲法が、「真っ赤な嘘」から出発しているのである。

「憲法9条があったから日本は平和を維持できた」という神話は、戦後左翼が盛んに主張し、多くの日本人もこれを信じてきた。憲法９条のような条文を持っている国は、日本以外世界のどこにもない。そして、確かに日本は終戦から今日まで大きな戦争をすることなく平和を維持してきたことは事実である。しかし、平和憲法を持たない国も、同様に70年の平和を享受している。つまり「平和憲法」とは何の関係もなく、戦後世界の平和が維持されてきたのである。それは米ソ両大国が核兵器を持ってにらみ合い、「核の均衡」があり、さらに、日本はアメリカの「核の傘」に守られ、かつ日米安保によってアメリカ軍に守られてきたからである。もしこの日米安保がなかったなら、そしてアメリカ軍の進駐がなかったなら、日本はあるいは直接間接に侵略を受け、例えば国内では社会主義革命や暴力革命が起こっていたかも知れない。あの「60年安保」騒動の激しさをみれば容易に想像できる。しかし、警察力の背後に自衛隊があり、その背後にアメリカ軍がいるということが、日本社会に戦争に対する無限の抑止力を与えていたことを自覚しなければならない。

戦後日本は高度経済成長を遂げ、戦後の選択はすべて正しかったと、日本の政策はすべて大成功だったと、多くの日本人は信じている。とくに、戦争を無縁にした憲法９条は、「戦争はもうこりごりだ」と実感していた敗戦直後の日本人には心から歓迎された。平和憲法は、自国が戦争をするかしないかを決める場合、確かに強い「しばり」となる。しかし、他国が日本を攻撃するか否かを考えるときは全く効果がない。むしろ、平和憲法下では「先に発砲することができない」という「強いしばり」があるので、これをよく知っている北朝鮮の工作員らは、恐らく安心して日本人を拉致することができたのであろう。攻撃する外敵から見れば、平和憲法を持つ国ほど攻撃しやすい国はないのである。

アメリカ軍に守られながら、日本は平和憲法を持ち戦争をしないことを表明しているのである。日本人の甘さ、幼稚さはむしろ滑稽と云わざるを得ない。

（2）「日本が計画的侵略戦争を行なった」という嘘

第2章で述べたように、日清戦争、日露戦争は、韓国および中国へのロシアの侵略を阻止するために起こした戦争であった。一方、満州事変、日中戦争、大東亜戦争は、中国の背後で働いたソ連やアメリカの巧妙な謀略に誘われ、日本が逃げ場なく引き込まれた戦争であった。概して日本が行なってきた戦争は、第12章などに詳細を述べているように、欧州列強がやってきた搾取のための戦争とは全く異なり、自存自衛と東亜の安定のために戦った戦争である。多少行き過ぎはあったが、決して西欧列強がやったような計画的侵略戦争でないことは明らかである。

中国が「日本軍の残虐性」を激しく強調宣伝するのは、中国軍の非を隠し、他国からの同情を得て中国側を有利にするための、中国特有のプロパガンダ作戦である。

（3）「日本は朝鮮人を奴隷として扱った」という嘘

さらに戦後、アメリカは「日本は朝鮮人を奴隷として扱った」と表明した。これは、アメリカが持つ自国の「負の歴史」─奴隷制度を隠し、「朝鮮人の奴隷身分をアメリカが解放した」と宣伝することにより、アメリカの名誉回復をはかった苦肉の策略であった。しかし、既に第12章2節に記載しているように、事実は全く異なる。日本は基本的には日本人と同じ権利を韓国人に与え、あの荒廃した貧乏な韓国を本土並みの近代国家にするため努力したのである。ところが現在の韓国人は国を挙げて、「日本統治は酷い奴隷的植民地的支配であった」と完全否定をする。これは、丁度同じ頃、日本が統治した台湾と対照的である。恐らく日本は韓国も台湾も同じように統治したと思うが、台湾人は日本統治をむしろ歓迎し、いまでも感謝しているという。これに対し韓国は徹底した完全否定である。この理由は第12章2節に述べたように、韓国民は長年中華思想を信じ、韓国人は日本人よりも優秀な民族であると深く信じているからである。その優れた韓国人が劣等の日本人に支配された事実、これ自体が韓国人にとって絶対許せないのである。統治の内容よりも韓国民族の誇り・自尊心を傷つけられたことが、強い不満・恨みとなり、日本に猛反発し反日の狼煙《のろし》をあげさせたのである。そして、韓国史を捏造・歪曲し、反日をばねに、若者を鼓舞しているのである。

日韓併合によって、韓国人のプライドを害したことは事実であるかもしれない。しかし、中国の属国として長期間苦しみ、貧しさのどん底に喘いでいた韓国を、近代国家にまで発展させたのは日本である。もし当時の貧しい混乱した韓国をあのまま放置していたら、必ずや清国もしくはロシア領に併合され、西欧列強の植民地のように徹底的に略奪され、韓国の独立はあり得なかったと断言できる。日本は韓国に対して謝罪を必要とすることはしていない。日本外交は韓国に対して事実を説明し、堂々と立ち向かうべきである。

3・謝り続けた日本外交を正せ

主権国家は建前として何ものからも指図を受けることのない至高の存在であり、一国が他国に命令・指示することはできない。だから、外国との関係を調整するためには、話し合いで合意点を求める外交か、話し合いがうまくゆかないときは力ずくで従わせる戦争か、ということになる。このように、戦争は外交の延長であり、外交の背景に武力戦争の実力が控えているときはじめて外交は強くなり、功を奏するようになる。しかし、我が国のように憲法が軍隊や戦争を禁じている国の外交は、自ずから弱腰にならざるを得ない。戦後の日本外交が惨めな謝罪外交を繰り返してきたのも、これと無縁ではないだろう。

（1）中国・韓国に対する日本の謝罪

戦後、日本が中国・韓国との外交で謝罪した例はかなり多い。主なものを拾うと次のとおりである。

・１９８２年８月24日、鈴木善幸首相は日中および日韓の教科書問題に関する記者会見で、「過去の戦争を通じ、重大な損害を与えた責任を深く痛感している」と述べた。

・１９８２年８月26日、宮澤喜一内閣官房長官は日中共同声明および日韓共同コミュニケにおいて戦争への謝罪を表明し、さらに教科書検定基準に「近隣諸国条項」を加えることを約束した。

・１９９２年１月17日、宮澤喜一首相は訪韓し、従軍慰安婦問題で「私は総理として改めて貴国国民に対して反省とお詫びの気持ちを申し述べたいと思います」と述べた。

・１９９３年８月４日、河野洋平内閣官房長官は従軍慰安婦問題で「河野談話」を発表して謝罪した。

・１９９３年８月11日、細川護熙首相は首相就任後、内閣記者との初会見で、先の戦争は侵略戦争であるとして、反省とお詫びの気持ちを表明した。

・１９９５年６月９日、衆議院は戦後50年のけじめとして次のように決議した。「世界の近代史における数々の植民地支配や侵略行為に想いをいたし、我が国が過去に行なったこうした行為や他国民とくにアジア諸国民に与えた苦痛を認識し、深い反省の念を表明する」
・1995年8月15日、村山富市首相は戦後50年にあたって「村山談話」を発表し、我が国の侵略行為や植民地支配などについてのお詫びと反省の気持ちを表明した。
・1996年6月23日、橋本龍太郎首相は金泳三大統領との共同記者会見で、創氏改名や従軍慰安婦の問題に関し、「おわびと反省の言葉」を述べた。
・1998年10月8日、小渕恵三首相は共同宣言で、中国への侵略によって中国国民に多大な災難と損害を与えた責任を痛感し、これに対し深い反省を表明した。
・2001年10月15日、小泉純一郎首相は訪韓し、「日本の植民地支配により韓国国民に多大な損害と苦痛を与えたことに心からの反省とお詫びの気持ちを表明する」と述べた。
・2010年8月10日、菅直人首相は「植民地支配がもたらした多大の損害と苦痛に対し、改めて痛切な反省と心からのお詫びの気持ちを表明する」と述べた。

以上のように、1980年代に入ると、日本の首相あるいは官房長官は毎年のように戦争に対する「反省」と「謝罪」をするようになった。中韓に40回以上も謝罪をしてきたことになる。そして、この謝罪外交の中で生まれた、「河野談話」、「村山談話」や「近隣諸国条項」はいまも日本の将来に重くのしかかり、日本国の名誉を貶めているのである。

（２）「謝罪外交」への批判

日本は戦後70年以上経っても平和憲法に依存した従属国同様の状態が続いている。バブル崩壊後、「失われた20年」が続き、ＧＤＰは中国に追い越された。この間においても、自虐史観を刷り込まれた日本は、「侵略戦争」、「日韓併合」、「従軍慰安婦」、「教科書問題」などの非難を真面目に受け、弱腰の謝罪外交が続いている。

ではこの謝罪を繰り返すことによって、日中外交、日韓外交はよくなってきたか。否、むしろ謝れば謝るほど相手を外交的に優位に立たせる結果になっている。世界中でこんな稚拙な外交をやっているのは日本だけであろう。たとえばイギリスはインドをはじめビルマ（現ミャンマー）、マレーシア、シンガポールなど東南アジア諸国を植民地にしていたけれど、何一つ謝罪などしていない。そんな過去の話など関係ないと云って、まったく相手にしていない。

日本の外交がなぜこんなに弱腰になったのか。最も大きな理由は、戦後日本を占領したアメリカ（ＧＨＱ＝連合国軍総司令部）の対日政策の結果である。平和憲法は巧妙な精神的日本解体のシナリオであり、戦後70年の長きにわたり、一貫して日本の弱体化を推し進めてきた。その結果、自虐史観と贖罪意識が日本国民をはじめ政治家そして首相に至るまで浸透し、謝罪外交をとらせる状況を生んでいる。

人間集団の謝罪を専門に研究するハーバード大学のマーサ・ミノウ教授は、「国家対国家、あるいは国家対個人の謝罪という行為は、1960年代以前は考えられなかった」という。主権国家の政府は戦争で降伏し、非を認めて賠償を払うが、「おわびする」とか「すみません」という心情を表明することはなかった。

1965年の日韓国交正常化以来、日本が国家レベルでの謝罪を繰り返し、主権国家が過去の自国の間違いや悪事を認め、これほど外国に対して謝ることは、国際的に極めて珍しいことである。日本の平和憲法下における国家的謝罪を外交手段とみるならば、それは完全に失敗である。なぜならば、「謝罪が成功するには受け手側にそれを受け入れる用意のあることが前提である。しかし、韓国や中国にはその意思はなく、歴史問題で日本と和解する意志はいささかもないからである。

外交は基本的に自国の国益のために行なわれるものである。中国や韓国にとって日本の歴史認識・謝罪外交は大変利益ある外交カードになっている。なぜならば、常に国際的外交で日本より優位に立ち、上手くいけば補償も獲ることができるからである。そして、政府に対する国民の不満が高まれば、日本を批判して謝罪させる。すると、自国民の自尊心が高まり、国民の目は外敵に集中して国内は一致団結し、政府への不満は消散するようになる。このように、中韓は歴史問題を外交カードとして使い、日本を謝罪させることでことを収めてきた。しかし、日本がいくら謝ってもこの問題が解決することは未来永劫にあり得ないのである。日本はこのあたりの事情をしっかり見据え、謝罪する内容の事実確認と歴史的検証をしっかりして、無用な謝罪外交と決別し、自国の名誉、先人たちの名誉をしっかり守る普通の国の外交を取り戻すべきである。

第３節　日本の偉業を知れ

日本人は戦後から今日まで、「日本は戦前、戦中悪いことばかりしてきた」とさんざん聞かされてきた。日本のマスコミ、学者、文化人は競って日本弾劾に奔走するが、日本の業績の評価すべきところを探し出す人はほとんどいない。やはり負け犬をかばう人がいないのは世の常であるのか。しかし、果たして歴史的真実はどうなのか。ここで敢えて、近現代史における日本の偉業を探ってみたいと思う。

日本の近現代史には、世界史的にみて明らかに奇跡と評価すべき素晴らしい出来事・成果がある。

①真っ先に挙げられるのが、日露戦争における勝利である。名もない小国が当時世界最強のロシアの陸海軍を見事に打ち破って、たちまち白人と肩を並べる世界列強への仲間入りが

できたのである。

②次は明治維新の大改革をなしとげ、アジアで初めて西洋近代化に追い付き、あっという間に5大強国の一つになったことである。

③三番目は、天皇制の維持である。万世一系の天皇をいただき、３０００年近くも君民一体の平和で安定した国家を形成してきたことである。これこそ世界人類の憧れの的であり、日本人の誇りである。

④四番目は、大東亜戦争の決断である。当時最強の英米などの白人列強を相手に、日本ただ一国で、有色人種の代表としてこれに立ち向かったことである。戦争には負けた。しかし目的達成では部分的に勝ったのである。列強によるアジアの植民地が解放されて独立し、人種差別のない世界に一歩近づいたのである。

⑤五番目は、戦後の復興の見事さである。終戦後国土は荒廃し焼野原であった。まさにゼロから出発し、短期間で高度経済成長を遂げ、あっという間に世界第二の経済大国にまで成長したことである。

以上であるが、四番目に関しては、中国・韓国や日本の左翼系分子はこぞって反対し否定する。そして、多くの日本人も日本がアジアの植民地の解放に貢献したことを信じていないであろう。なぜならば、日本のメディア、文化人、知識人がほとんど紹介していないからである。やはり、ＧＨＱの言論統制の名残が今日まで続いているせいかもしれない。恥ずかしながら、私もそれを知らない一人であった。

しかし、日本がアジア諸国の独立に貢献したことは歴史的事実である。開戦前の日米交渉で日本は崖縁に追いつめられ、「戦えば敗れるかもしれない。しかし、戦わなければさらに惨めな屈辱を受けるだろう」と考え、日米開戦を決意した。「大東亜戦争」は明らかに自衛戦争であったが、東亜諸民族を植民地から解放し、東亜に共存共栄の真の平和を実現する夢を描いていたことも事実であった。だからこそ、日本は東亜の各地域で許す限りアジア諸国の独立運動を支援している。その記録を以下に紹介する。

（1）ビルマの独立（桑木崇秀著『孫たちとの会話』全国戦友会連合会刊）

日中戦争を早期に終結させるには、最大の援蒋ルートであるビルマ・ルートを遮断することが不可欠であった。そこで当該地を支配下におさめるため、鈴木敬司大佐が活躍した。反英運動の指導者アウンサン（アウンサン・スーチー女史の父）らと協力して、ビルマ独立の中核となるべき30名の志士を集め、これに軍事教育を施し、「ビルマ独立義勇軍」を結成した。この義勇軍の中にはアウンサンをはじめ、バー・モウ（初代ビルマ首相）、ネ・ウィン

（4代ビルマ首相）らも含まれていた。ビルマ義勇軍は日本軍とともにビルマに入り、兵力を増強して首都ラングーンを攻撃し、たちまちイギリス軍を敗走させた。しかし、日本の敗戦色が濃くなると、ビルマは日本と一緒に敗戦国になることを恐れ、アウンサンは「反日に立つのがビルマの生き残る唯一の方法である」と主張し、涙をのんで反旗をひるがえし日本軍と戦った。これは、ビルマが日本の敗戦に友引《ゆういん》されないようにすることを、既に鈴木敬司大佐とアウンサンとの間で話を決めていたからである。日本軍が敗退後、イギリス軍が植民地支配を目指して再びやってきたが、今度は以前とは異なり、アウンサンらは日本軍に育てられた10万人の義勇軍を率い、イギリス軍と堂々とわたりあい、１９４８年、遂にビルマの独立を達成した。

戦後、ビルマ政府は、鈴木敬司大佐以下7名の日本人に、ビルマ独立の勲功をたたえる最高勲章の「アウンサンの旗」を贈ったという。

（2）インドの独立

インド人が一番親愛する国は日本であった。インド人は日露戦争によって覚醒し、この時から民族独立運動が始まっていた。ガンジー、ネルー、チャンドラ・ボースというインド独立の元勲はみな日露戦争に驚嘆感激して立ち上ったのである。

１９４２年2月、日本軍はシンガポールを陥落させ、イギリス軍は降伏した。このとき日本軍はイギリス軍内のインド兵を集め「インド国民軍」を結成した。翌年亡命先のドイツからチャンドラ・ボースがやってきて「インド国民軍」に合流し、１９４３年に「自由インド仮政府」を樹立した。ボースは仮政府首相およびインド国民軍総帥に就任した。インド国民軍は米英に宣戦布告し、日本軍とともにインド東北部のインパールに向かって進撃した。日印両軍はよく奮戦したが惨敗を喫し、ボースも日本の終戦直後に非業の死を遂げた。戦後、イギリスはインドへの支配を強化するため、以前イギリス軍と戦った「インド国民軍」を国家反逆罪で処罰しようとした。ところがガンジー、ネルーの率いる国民集団が立ち上がり、２年間不屈の反英闘争を展開した。そして、１９４７年、彼らは遂にイギリスからインド独立を勝ちとった。

インド首脳は、日本軍によるマレー・シンガポールの攻略、イギリス軍の敗北、ついで「インド国民軍」ならびに「自由インド仮政府」の結成、そしてチャンドラ・ボースによる対英戦の断行など、これら一連の活動がインドの独立を導いたのであるとして、「大東亜戦争なくしてインドの独立は決してあり得ない」と日本軍の活動を評価したのである。それゆえインドは、日本および日本人に対しいまなお深厚なる感謝と敬愛の念を抱き続けているのである。

１９９７年インド独立50周年の記念式典の際、インド在郷軍人会のヤダハ代表は出席した日印親善協会会長・加瀬英明氏に対し、インド国民の感謝の言葉として、次の感謝文を送った。

「われわれインド国民軍は、インドを解放するために共に戦ってくれた、インパール、コヒマの戦場で散った日本帝国陸軍将兵に対し、深甚なる敬意を表します。インド国民は、大義のために生命を捧げた勇敢な日本将兵に対する恩義を、末代にいたるまで決して忘れません。我々はこの勇士たちの霊を慰め御冥福をお祈り申し上げます」

またレイキ法学博士はインパール作戦にふれ、「インド人にとってインド国民軍が日本軍と生死をともにして戦ったインパール作戦こそ、インド独立の歴史に永遠に刻みこまれるべき民族解放の聖なる戦いであった。それゆえインド国民は、インド独立における第一の英雄として、ガンジーやネルーではなくチャンドラ・ボースをあげ、深く尊崇してやまないのである」と述べた。

（3）マレーシアの独立

1942年日本軍（山下泰文中将）はイギリスのアジア最大の要塞・シンガポールを攻略し、イギリス軍を降伏させた。日本軍は興亜訓練所をつくり、マレー青年を教育した。マラヤの各民族から優秀な青年が集まり、その卒業生は1000名を超えた。彼らはマラヤ義勇軍の将校となり、戦後、マレーシア独立の中心人物となった。日本の敗退後、イギリス人が帰ってきて再び植民地を復活させようとした。しかし、マレーシア人は、日本軍から教わった「大和魂」に鼓舞され、勇敢に戦ってマラヤ連邦をつくった。ついでマラヤ連邦からシンガポールが分離独立し、今日のマレーシアができ上がったのである。

（4）インドネシアの独立

インドネシアはオランダの植民地支配に３５０年以上も抵抗してきたが常に失敗してきた。ところが、日本軍は僅か９日間でオランダ軍を駆逐した。日本軍はインドネシアの独立を目指し、郷土防衛義勇軍を編成し訓練した。その後、日本軍が敗退するや、英蘭連合軍は植民地を取り戻すべく、インドネシアに再上陸してきた。これを迎え撃つインドネシア軍は、郷土防衛義勇軍が主力となって闘い、見事勝利した。それは、日本軍が連合国軍に引き渡すべき武器をインドネシア軍に渡し、さらに、獄中から有力な指導者スカルノおよびハッタを救出し、強力な戦闘軍をつくり上げたからであった。

インドネシアのスハルト元大統領は、日本軍の軍事訓練を受けた元軍人であり、次のように述べている。「軍事訓練は想像を絶していた。朝５時半から夜遅くまで軍事訓練、理論、精神教育が続き、最前線の小隊長となる者には、さらに厳しい教育が待っていた。この訓練で叩き込まれた闘争精神や愛国心がなくては、オランダ軍を撃退することはできなかったと思う。我々は日本軍に心から感謝している」。インドネシアの独立戦争には約２０００名の日本兵が参加し、その約半数が戦死した。いまはインドネシアの国立墓地に眠っている。

（5）「大東亜会議」の招集とアジア諸国の独立

大東亜共栄圏の構想は1938年近衛内閣が発表した。朝鮮、台湾、中国、日本を含む東亜の共存共栄を図る構想であった。昭和18年（1943年）11月に東京へアジア地域の首脳を招請し、「大東亜会議」を開いた。この会議は、「植民地解放」という大義を明確にしたということで、世界史的にも意義のあるものであった。出席国は、日本（東條英機首相）、中華民国（南京国民政府代表汪兆銘）、タイ（ワンワイタヤコーン殿下）、満州国（張景恵総理）、フィリピン（ホセ・ペ・ラウレル大統領）、ビルマ（ウー・バー・モウ首相）の6カ国が参加した。インドは陪席として自由インド仮政府の代表（チャンドラ・ボース）が参加した。また、この会議の直後にはインドネシアのスカルノ氏も東京を訪れ、最大級の接待を受けた。

当時、いずれも正式な国家を代表する要人の国際会議であった。「大東亜共同宣言」を発表し、大東亜の植民地からの解放、共存共栄、独立親和・互恵による経済発展、人種差別撤廃などを謳った。事実、この会議を起点としてアジアの独立運動がスタートし、各国が植民地から脱却して、独立を勝ち取っていったのである。

戦前では白人種の前で卑屈に跪いていた有色人種が、急速に自信と自覚を持つようになったのは何故だろうか。戦後、イギリス宰相チャーチルは次のように述懐している。「大英帝国が終焉したのは、イギリス軍がアジア人の目の前で日本軍に惨敗したからである。一度失墜した権威は、再び戻ることはない。戦後もイギリス軍は依然として強力であったが、しかし世界の人々は、イギリス軍がアジア人に脆《もろ》く負けるのを見てしまったのである」。有色人種の日本が香港、シンガポールでイギリス軍に大勝し、フィリピンでアメリカ軍を駆逐した。世界の有色民族はこれらを目の当たりに見て、長年習性となっていた白人隷属の卑屈な気持ちは、ベールが剥《は》がれるように有色民族から一掃された。このとき、「白人優位、白人不敗」の神話は音を立てて崩壊したのである。日本が敗退して撤退した後、各国の独立運動が進み、幾多の変遷はあったが、各国がそれぞれ長年の願いであった独立を達成したのである。

（６）南方特別留学生とＡＳＥＡＮ（アセアン）の結成

戦時中、日本政府は、アジア諸国の独立支援と指導者の育成を行なうため、「南方特別留学生制度」を創設した。１９４３年から１９４４年にかけて東南アジアの各占領地区から国費留学生を招いた。留学生の総数は２０５名、その出身地は現在のマレーシア・インドネシア・ミャンマー・タイ・フィリピン・ブルネイであり、当時の各国の有力者、政治家の子弟など、それぞれ国の将来を担う有為の人材で占められていた。下記に人材の内訳の一部を示す。括弧内は当時または将来の身分を示す。

インドネシア：ハッサン・ラハヤ（国会議員）、ラデン・マス・スキスマン（プルサダ大学

学長）
マレーシア：ラジャ・ノン・チック（上院議員）
ビルマ：ザリー・モー（バー・モー首相の子）
フィリピン：ロス・サントス（マニラ大学総長）、マリアノ・ラウレル（ラウレル大統領の子）

南方特別留学生は帰国後それぞれ祖国独立のために戦い、目的を果たした。さらに、「南方特別留学生」が中心になって、東南アジアの共存共栄のための組織、現在のＡＳＥＡＮ（東南アジア諸国連合）を設立した。加盟国は、何《いず》れも大東亜戦争中日本軍が進駐した国である（インドネシア、カンボジア、シンガポール、タイ、フイリピン、ブルネイ、ベトナム、マレーシア、ミャンマー、ラオス）。

ＡＳＥＡＮは、現在東南アジア10カ国の経済・社会・政治・安全保障・文化に関する地域協力機構として大切な役割を演じている。

日本のマスコミや左翼系分子は、「日本が東南アジアを侵略し、悪いことをした」と盛んに報道してきた。しかし、アジア諸国が植民地から独立する際、日本が貢献したという報道は全くなかった。たとえそのような話が出ても彼らはむしろ強く否定した。

ところが、戦後の文献、記録を見れば、日本がアジア諸国民に独立への勇気を与え、ときには独立運動にも直接参加したことは明らかである。日本マスコミによっていままでむしろ隠蔽されていたこの事実を、日本人は遅ればせながらしかと心に刻み込んでおくべきである。

第4節　日本人の自覚と挑戦

1・日本は国内外で危機状態にある

（1）日本人の国防意欲の消失

戦後、ＧＨＱは「日本弱体化政策」の重要な柱として、学校教育に「自虐史観教育」を導入し、子供たちを洗脳した。さらに、最も大切な学校教科書に関して、鈴木内閣は中国・韓国からの攻撃に屈し、教科書検定基準に「近隣諸国条項」を加え、中国・韓国の意見を配慮して教科書をつくることを約束した（詳細は第11章5節を参照）。これ以降、「反日」を国策としている中国や韓国の意見により、日本の教科書が大きく偏向するようになった。無邪気な白紙状態の子供たちに、南京虐殺事件などを話して「日本は他国を侵略した悪い国である」と教え込んだのである。果たして、この自虐史観的教育は国民にどのような影響を与えたのか。その教育の影響を如実に示したアンケートがある。

各国国民（18歳以上）に対して国防に関する意識調査が行なわれ、「自分の国が侵略されたとき、あなたは戦うか否か」が問われた。ベトナム人や中国人では90〜80％が「当然戦う」であった。これに対し日本人で「当然戦う」と答えたのは僅か数％、あとの90％以上は「海外へ逃げる」とか「すぐに降参する」という答えであった。日本人の「当然戦う」は国連加盟国60カ国の中で最下位であり、同じ国民としてまた同じ民族として、恥ずかしい限りである。戦後70年も、自国の防衛をアメリカ軍に任せ、「平和憲法があるから大丈夫だ」と多くの日本人は本当に信じているのである。日本人はいつの間にか憶病で無責任な、利己的な民族になり下がっている。これは、左翼のマスコミ、学者、文化人が「平和憲法を守っているから大丈夫」と安心させ、危機意識、国防意識をなくさせた結果である。

アメリカ軍が駐留しアメリカの保護国になっている悲しい現実を無視するかのように、ひたすら「占領下の平和憲法」にすがり、独りよがりの平和をむさぼって生きているのである。GHQの占領政策の「東京裁判」や「平和憲法」による復讐策が、日本人を如何に洗脳し変貌させてきたかを示す証である。日本人はいまなお占領政策の呪縛にかかっているのである。このことすら自覚していない日本はまさに大きな危機状態にあると云わざるを得ない。

(2) 隣国から危機せまる

隣国の中国人・韓国人は、低迷の長い時代を経験し、いまこそ国の発展をと願う気持ちが国民の間に満ち、発展国としての勢いを持っているように見える。しかも両国は、過去の日本を悪玉として叩くことによって、国民の団結と発展をはかる政策を力強く進めている。中国は反日を基盤に今後50年の発展計画をたて、極東アジア沿岸から南シナ海沿岸までを中国領として統治することを目指し、着々と計画を進めている。また、韓国は、歴史を大きく捏造して若者に自信と誇りを持たせ、日韓併合で民族の誇りを傷つけられた恨みを「てこ」に、異常な反日思想を燃やし、日本にあくなき挑戦を試みている。

これに対し、日本人はどうであるか。中国・韓国の怨念に満ちた復讐心を知ることなく、いまだに自虐史観と贖罪意識に縛られ、長い経済不調に悩まされ、日本国としての精神的覇気が全くない。これを反映してか、竹島は韓国に実効支配され、尖閣諸島は中国から領有権を主張され、ロシアとの北方四島の返還問題は解決の目途が全く見えない。また、北朝鮮の拉致問題も解決の兆しはほとんど見えない。日本の目の前は八方ふさがりである。しかも、日本は独立国の主権に係わる教科書の作成において、「近隣諸国条項」を通して中国・韓国に支配され続けている。まさに、日本は隣国からの挑戦に対して危機的状態にあると云わざるを得ない。

（3）内なる危機（道徳教育の欠如）

戦後日本におけるアメリカ式教育は、個人の権利を大事にするが他人もしくは社会に対する義務をおろそかにする傾向が強かった。このため、特に少年の犯罪を凶悪化させ、社会を不安に陥れるという危機を招いているようである。戦後の少年犯罪には、神戸連続児童殺傷事件、女子高生コンクリート詰め殺人事件、いじめを原因とする殺人事件、ホームレスをなぶり殺す事件、親殺しなど、戦前の犯罪よりかなり凶悪化しているようにみえる。現在、少年を犯罪へ走らす要因は、核家族化、離婚率の増加等による家族環境の変化および個人の権利のみを主張する偏った教育に依存するところが多い。特に戦後教育は、すさんだ自虐史観と学力中心の教育に流れ、人間としての生き方、すなわち潤いのある道徳教育が全く欠けている。戦後、GHQによって学校教育における「修身」や「歴史」「地理」の科目がなくなったことは、人間らしく生きた先人から学ぶ機会を無くし、人を愛し国を愛する人間本来の情感を育てる教育を放棄したことになる。これすなわち、人の退廃と社会の滅亡につながり、日本国の内なる崩壊の危機を示唆している。

歴史は日本国民の誇りと国を愛する気持ちを鼓舞《こぶ》するものでなくてはならない。戦前日本教育で取り上げた修身は、人の道を教える重要な教育科目であった。「修身」の教科書では、人間の社会生活に必要な徳目に基づいて歴史上の人物を選び、社会で生きた人間の生き様を具体的な物語として教えたのである。小学校で「修身」を習った私は、歴史上の人物の面白い物語を数多く教えられ、90歳近くの今日まで鮮明に覚えており、大切な人生の道標になっている。この「修身」による道徳教育が欠けたことと戦後の少年犯罪とは、無関係ではないように思われる。

そこで「修身」に関する興味ある話を紹介しておく。戦後アメリカは日本教育から「修身」、「歴史」、「地理」を危険科目として削除した。ところが驚くことに、そのアメリカが日本の「修身」による道徳教育を再評価し、既にアメリカ本国で低学年児の道徳教育に利用しているというのである。以下簡単にその概要を述べる。

昭和45年（１９７０年）、日本で小池松次編著の『これが修身だ』が出版された。戦前の小学校の修身教科書および国語教科書から物語92編を選び出し、それを22の徳目に配分して、戦後版修身として公表したものだ。当時の日本では、４大手新聞社が「時代おくれの悪書」と云って厳しく批判した。ところがアメリカの教育庁はこの日本版を見てその教育的価値を認め、日本版をまねたアメリカ版（ベネット著『The book of Virtues』）を出版した。小池が選んだ人物は乃木大将、水戸光圀、楠木正成など92編であり、ベネットはイソップやグリムの逸話、伝説、人物の話など１００編を取り上げた。『The Book of Virtues』はアメリカにおいて道徳教育に使われているだけでなく、「現代の第二の聖書」と呼ばれてベストセラーになり、アメリカからドイツやイギリスにまでも普及しているという。小池松次編著の『これが修身だ』はアメリカやドイツのマスコミにも評価され、国際的な評価が高まっている。これに対し、日本では日本版「修身」はいまなお粗末に扱われ、無視されている。日本人は日本の伝統の良さを未だに評価することができないようである。戦後日本の自信喪失の悪い例である。

1980年代の日本は高度経済成長期であり、経済では日本はアメリカを圧倒していたのである。アメリカは、戦中教育を受けた日本人の頑張りや規則正しさを分析し、「修身」教育が大切な意味を持っていることを探り当て、これを有効利用しようと実行にまでこぎつけたのである。

ドイツは日本と同じく敗戦国となり、しかも日本より一足早く復興した国である。ある時、日本使節団がアデナウワー首相の執務室を訪ねたとき、「何故そんなに速く復興ができたのか」と尋ねると、アデナウワー首相は自分の執務室にかかげた額縁を指し、「これが復興の原動力である」といった。驚くべし、そこにはドイツ語に翻訳された日本の教育勅語があったのである。ドイツは日本が戦後捨てた教育勅語の精神を復興に生かしたのである。

戦前、日本はいかに多くのよき伝統を持っていたか。戦後の日本教育が占領政策で変えられたとは云え、日本は自ら多くのよき伝統を捨て去ったのである。しかも、外国人が再評価することによって、初めて日本人がその真価を再認識するようになるという情けない始末である。戦後日本人のこの愚かさは、戦後生まれた自虐史観と深いつながりがあるように思われる。

2・日本は積極外交に転じよ

外交は基本的に自国の国益のために行なわれるものである。ところが日本は戦後特に１９８０年代に入ってから、中国・韓国から謝罪外交を強いられ、いくつかの非常に大きな傷跡を残してきた。中でも「近隣諸国条項」、「河野談話」、「村山談話」の３つは最も大きな弊害をもたらしている。教科書の検定基準に加えられた「近隣諸国条項」は、日本の自主独立に重要な教科書を、好きなようにコントロールできる権利を中国・韓国に与えているのである。「河野談話」は「日本の官憲が韓国の慰安婦を強制連行したこと」を公式に認め、「日本軍が20万の韓国人女性を性奴隷にした」という韓国外務省の主張を日本政府が公式に了承したことになっている。また「村山談話」は「過去の日本の戦争が侵略戦争であった」ことを日本政府が公式に認めたことになっている。いずれも日本の主権を脅かす大問題であり、このままでは、日本人は自虐史観を永久に引きずってゆくことになる。

まず日本の政治家は、中国や韓国が歴史認識問題を如何に有用な外交カードとして利用しているかを、よく理解すべきである。中国や韓国が外交で歴史認識を取り上げると、自虐史観におびえている日本人はすぐに首をたれ、中国・韓国が常に優位な位置に立つ。そして日本が謝罪すれば、自国に向けた国民の不満を消散させることもできる。この「歴史カード」

は、中・韓にとってはなくてはならない大切な手段になっている。日本政府はこのあたりの事情をしっかり見据え、謝罪する前に事実確認と歴史的検証をしっかり行ない、無用な謝罪とは決別しなければならない。

今日まで投げかけられた日本に対する誹謗は、歴史の歪曲と虚構でつくられたプロパガンダであり、外交においてはほとんど無視してよい事柄である。このような立場から、「近隣諸国条項」、「河野談話」および「村山談話」はすべて破棄もしくは無効にするのが当然である。自国の名誉、そして先人たちや未来の若者たちの名誉を守るためにも、万難を排して謝罪外交の傷跡を消さなければならない。一日も早く普通の国としての外交を取り戻すことが肝要である。

なお、ここで注目すべきことは、中国・韓国の最近の悪意ある策略である。かつてGHQは、東京裁判を成功させるため、日本軍の「南京虐殺事件」をナチス・ドイツの「ホロコースト」と同レベルの残虐行為として日本を断罪した。「ホロコースト」は世紀の国家的大量虐殺であり、膨大な物証、証言および文献によって裏付けられた犯罪である。にもかかわらず、ドイツではこれを否定もしくは修正する論が今日現れ始めているという。これは「ホロコースト否定論」もしくは「歴史修正主義」と云われ、歴史研究の問題というよりも、ネオナチズムの再興を標榜するイデオロギーとして警戒されている。今日日本が「南京虐殺事件」

の虚構を主張すると中国・韓国はホロコーストの「歴史修正主義」と関連付け、「日本＝ナチス」というイメージを欧米に植え付けるべく「ディスカウント・ジャパン運動」を展開している。この「ナチの歴史修正主義」と関連させた外交戦略に対しては、日本は極めて慎重に対応し、ときには大胆に対抗してゆく必要がある。

日本は、「侵略国である」という吹っかけられた非難を払いのけ、自信ある外交をスタートさせなければならない。外交交渉においてて、歴史の歪曲や捏造に出くわせばその都度抗議し、歴史の真実を主張し続けなければならない。そのためには、政治家はもちろん日本国民もすべて歴史の真実をしっかり勉強しておく必要がある。そして、最も重要なことは日本のマスコミも国の主張をしっかり応援することである。マスコミの応援は絶対必要である。

日本は戦後忠実に中国・韓国に巨額の経済支援・技術支援を続けてきた。しかし、日本の支援について中国政府もまた韓国政府も国民に一切公開していない。日本の好意や貢献は両国民に全く伝わっていないのが現状である。国際的な外交は当該国のみならず常に世界を対象にして行動し、こちらが行なった貢献や業績の内容は広く世界にも公開し、日本の国益としてゆくことが肝要である。

3・日本の活躍はアジア諸国から期待されている

既に繰り返し述べてきたように、中国・韓国が日本を厳しく非難するのは、日本が過去にしてきた行動に基づいているというより、自国の団結と発展を進めるための手段であり外交である。

戦後、日本は連合国などから罪悪国と決めつけられ、いまでもその傷跡は消えていない。かつて日本を罪悪国とみなした国々はアメリカ、カナダ、オーストリア、ニュージランド、ソ連、イギリス、オランダなどである。しかし、戦後70年も経た今日まで、相変わらず日本を非難し続けている国は中国、韓国、北朝鮮に限られており、他の多くの国は年とともに親日性を増してきている。北欧、東欧や南欧、中南米やアラブ、アフリカなどは最初から日本批判をせず、むしろ、日本に好意的であり、親日的である。

大東亜戦争において日本は、アジア諸国にいた西欧列強の軍を、次々とアジア人の眼前で撃破した。この日本軍の勝利が、植民地下で苦しんでいた多くのアジア人に自主独立の勇気を与えたことは、先のアジア要人の言葉（第13章1節）からも容易に分かる。さらに、日本軍はビルマ、インド、マレーシア、インドネシア、フィリピンの独立に直接間接に貢献しており、これが各国独立の要因の一つとなったことも明らかである。

日本軍は東南アジアの各地を戦争に巻き込み、各国に多くの被害を与えたことは確かである。日本がアジア諸国に与えた被害については、これまでしばしば日本のマスコミ・左翼グループが盛んに報道してきた。しかし、アジア諸国の独立に対する貢献は意識的にか日本のマスコミはほとんど伝えていない。左翼はむしろ否定してきた。したがって、多くの日本人はアジア諸国の独立に対する日本の貢献をほとんど知らないのが現状である。

しかし、先の要人の言葉（第13章1節）、あるいは最近の新情報から実情が次第に分かってきた。アジア要人の一部は、自国独立に果たした日本の貢献を感謝するばかりでなく、現在の日本が自虐史観で消極的になっていることを心配し、再度奮起してアジア諸国のために活躍することを願っている。日本人の活躍がアジアの人々から広く期待されていることは事実であり、この要望に応えるべく日本人は努力しなければならない。いつまでも自虐史観に沈んでいる時期ではない。自信を持って堂々と闊歩《かっぽ》してゆく時が目の前にきているのである。

第5節　日米安保・平和憲法の問題点

1・日米安保条約の地位協定は極めて不平等である

日本がサンフランシスコ平和条約を締結し、正式に独立してから既に70年近く経過した。この間、日本が一度も戦争することなく平和で来られたのは、平和憲法によると多くの日本国民は信じている。しかし実際は平和憲法の効用ではなく、安保条約によるアメリカ軍の駐留そしてアメリカの核の傘の下にいることが、戦争抑止効果になっていることは事実である。

占領下で契約された最初の旧安保条約は極めて不平等であったが、１９６０年に改定された新安保条約は相互防衛を謳った内容に変貌してきた。しかし、安保条約の詳細を規定する日米地位協定は旧安保のままであり、その内容は戦後日本が抱える最大の不平等条約になっている。その不平等の典型は、「アメリカ軍は日本の土地を欲しいだけ、そして欲しい期間使用できる」という内容で、このアメリカの特権は今日も全く変っていない。これはまさに戦勝国の敗戦国に対する権利であり、日本はいまなおアメリカの属国もしくは保護国であると云わざるを得ない。

さらに、日米地位協定を詳細にみると、例えば、①在日アメリカ軍には日本の法律は原則として適用されない。②アメリカ軍基地は日本国内にありながら、日本の国内法が適用されない。だから基地を返還するときに借りる前の状態に回復する義務はない。つまり、基地に加えられた工作物や土壌・環境汚染などを元に戻す義務を負わない。③アメリカ兵の出入国には日本の法律は適用されない。④アメリカ軍は日本の港湾、飛行場、高速道路などを無料で使用できる。⑤基地の維持費はアメリカ側が負担することになっているが、アメリカ軍基地の光熱費や従業員の人件費は「思いやり予算」として日本が支出している。

上記のように、日米地位協定は著しく不平等であり、しかも日本が支払うアメリカ軍駐留予算は全基地経費の75～80％まで占めている。ところが、同じくアメリカ軍が駐留しているドイツと比較すると、ドイツは全駐留費の僅か25～30％しか負担していない。日本外交が弱腰のためいかに長期間国益を損なってきたかがよく分かる。

2・日本が攻撃されたときアメリカ軍は本当に助けにくるか

日本はアメリカ軍に自国を守ってもらうため広大な基地と多額の予算を提供している。したがって、いざというときはアメリカ軍がすぐに助けてくれると、多くの日本国民は信じている。しかし、果たしてそうなのか。日米安保条約の条文から正確に判断してみよう。

例えば尖閣諸島が攻撃されたとする。アメリカ軍は直ちに掩護《えんご》に駆けつけることはできない。先ずアメリカ議会を開いて出兵を審議する。議会は国益を考えて審議するので不承認の場合もあり得る。たとえ出兵するとしても一定の時間を要する。したがって日本は、敵攻撃の最初の間は是が非でもわが自衛隊で死守しなければならない。

しかし、もしアメリカ軍の出兵までに尖閣諸島が敵の手に渡っていれば、アメリカ軍の掩護はもはや期待できないのである。アメリカ軍は敵地には出動できないからである。要するに、日本は他国から攻め込まれたとき、まず自らの力で死守することが絶対に必要であり、死守してはじめてアメリカ軍の助けを期待することができるのである。このように、安保条約は、日本が攻撃されたとき、アメリカ軍は直ちに無条件で駆けつけることになっていない。これをしかと理解しておくべきである。

3・日米安保条約の改変と有事駐留

国防を他国に依存しているままで日本の将来は果たしてよいのだろうか？　国防を他国に依存するということは、国防のみならず国の外交、国の意思そして国の進むべき方向すら他国に依存し委ねることになる。さらに、問題は、自らの国を自らの手で護るという気概が日本人になくなってきたことである。これはまさに属国の状態であり、なるべく早く真の独立国になるよう努力することが肝要である。

日米地位協定が酷い不平等条約であり、今日までそれが放置されてきたことを、多くの日本人は知らない。これはまさに政府およびマスコミの怠慢であり、無責任であると云うべきである。政府・外務省は恐らく困難な仕事として逃げており、無関心を装って専ら対米追従に終始してきたからである。今日までいくつか改正案が検討され改定を試みたことはあったが、アメリカは一方的に拒否したという。日本政府はこのあたりで奮起し、実情を広く公開して国民的世論を盛り上げ、それをバックとして交渉にあたることが必要である。同じ敗戦国のドイツやイタリアもアメリカと地位協定を結んでいるが、両国は既に改定を数回も行ない、その内容はかなり対等なものになっており、拒否権すら用意されているという。日本の外交の弱腰さと、勇気と知恵のなさには驚かされる。

現在、沖縄には全基地の70％が集中し、いまなお戦時中と同じ程度の騒音と危険に曝されている。沖縄の人が新しい基地の建設は絶対に許さないと頑張るのも当然である。

最近の世界情勢をみると、アメリカが圧倒的な軍事力を持ち、世界の警察官的役割を演じた時代は、過ぎ去りつつある。いまや中国がアメリカに匹敵する軍事力と経済力とを持ち、アメリカが台湾や日本を守ることの潜在的なリスクが増大している。アメリカは既に世界の警察官的役割から降りることを宣言した。ならばアメリカにとって、日本に基地を持つことのメリットとデメリットのバランスはどうなるか。「現在の世界情勢から判断すると、日米安保条約を続けることがアメリカにとって最良の政策とは云えない」という考え方がアメリカ高官の中から出始めている。この考え方は「オフショア・バランシング」と呼ばれ、「アメリカ軍の海外プレゼンスを縮小し、欧州やアジアにおける安全保障維持の責任を、地域の諸国に委ねるべきである」という戦略である。したがって近い将来、アメリカが突如日米安保条約の改正あるいは破棄を、一方的に提案してくる可能性がある。日本もいまからこれを覚悟し、アメリカからそろそろ独立する方法を探らねばならない。

そのためにはどうすべきか。日米安保条約・日米地位協定をまず平等な内容に改変し、できればアメリカ軍の駐留を順次減少させ、常時駐留から有事駐留にまでもってゆく必要がある。有事駐留とは事あるときのみ駐留してもらうのである。普通時の国防は自衛隊だけで頑張るということである。これを可能にするには、まず平和憲法を改正し、独立を維持するための最低の軍備を持つ必要があるだろう。この再軍備のレベルはよく検討しなければならないが、例えば、現在の自衛隊の軍備（GNPの1％）をドイツ程度の軍備（GNPの2％程度）まで増加するのも一策である。こうして、日本はアメリカとほぼ対等な立場になり、何とか自主防衛ができる普通の独立国になるのである。

4・平和憲法の問題点とその改訂

（1）日本国憲法には防衛もしくは非常事態の条項がない

平和憲法は「日本の平和を維持している」と多くの日本人から崇《あが》められている。しかし、日本国憲法は戦力保持を禁じ、交戦権も認めていない。もし日本が他国から攻撃された場合にはどうするか。日本国憲法には、防衛に触れた条項が全くない。防衛もしくは非常事態の条項がないのである。非常事態の条項がない憲法は、まさに欠陥憲法であると云わざるを得ない。日本は自分の力で自国を防衛する意志を持っていないことになっている。自国の防衛は国民の生命と財産を守り、国家の主権と独立を守るために必須のものである。日本はサンフランシスコ平和条約を結び、国連に加盟し、自然権としての自衛権を持っている。国際法上、個別的自衛権と集団的自衛権を持っていることは明らかである。しかし、日本人の中には、平和憲法下では自衛隊は違憲であるとして、自衛権を放棄する考え方も根強く存在している。自衛権は自主独立国の主権の核心的な要素であり、これを放棄すれば、自主独立国とは云えない。

現在の日本は自衛権と自衛力を持ちながら、事実上、交戦権は禁じられ、戦争ができない立場になっている。すなわち、アメリカによる日本の主権に対する制限が働いているのである。つまり、日本の主権は制限され、非常事態においても、自らの運命を決める権限がないのである。かつて、占領下において非常大権（注：明治憲法下の天皇の大権の一つで、国家の非常時に国民の権利を制限できる権利）は日本にはなく、マッカーサーにあったのである。それゆえ、従属国・被保護国であった日本には、非常事態条項は必要なかったのである。すなわち、日本の平和憲法は独立国の憲法ではなく、占領下の憲法なのである。

しかし、日本は講和条約を経て法的には独立国家になったのである。それにもかかわらず、日本はいまなお「占領下憲法」にしがみついているのである。現憲法下では、日本が非常事態になればアメリカ大統領が日本を統治することにならなければならない。まさに日本は自主独立国ではなく、アメリカの従属国・被保護国もしくは半植民地である。今日の日本人はこの実情をどこまで理解しているのだろうか。平和ボケから早く目覚め、現実を見据えなければならない。

（2）日本国憲法は権利を主張するが義務を強制しない

日本国憲法は、基本的人権を保障し、国民はその権利を行使するための責任を負っている。しかし、現行憲法の欠陥の一つは、「公共の福祉」という概念があいまいであり、その結果、国民が権利ばかり追求して、義務を軽んじる傾向が生まれていることである。

権利と義務の問題は、民主主義の基本である。日本国憲法は、人権の保障を詳細に規定しているが、国民の義務に関しては、納税の義務、教育の義務、勤労の義務の僅か3つしか定めていない。これは、他国の憲法に比べ、権利が非常に重んじられ、義務が軽んじられたものであり、占領下憲法の特徴を示す。この権利と義務のアンバランスが、戦後日本における、権利のみを主張する利己主義の無責任な社会を生み出しているのである。

西欧社会では、国家が個人の権利を保障するために、「私」より「公」を優先することが前提となっている。国家は個人の人権を保障し、国民はその国家を守る義務を持っている。国民の権利を保障しているのは国家であり、その国家は国民によって守られてこそ、国民の権利を保障し得るのである。それゆえ、欧米の国民は、自分の権利を守るために、国防の義務、徴兵の義務を負うのである。これが欧米における民主主義である。

ところが、日本国憲法には、日本人が日本国を守ることを義務づける規定がない。民主主義の基礎である遵法《じゅんぽう》と国防の義務が定められていないのである。つまり、国民の多くは、税金を払うだけで、自ら国を守ろうという気概を欠き、税金で雇った他国軍で自分の生命と財産を守ってもらっているのである。

国防の義務とは、武器を持って防衛するという狭い意味だけでなく、国民が協力して自国を守ることであり、全国民が精神的に団結することである。すなわち、国防の根本は国民の精神的団結であり、その精神的団結があれば大量殺戮兵器を持たずとも外敵の侵攻を防ぐことも可能であるという。ところが、日本は日米安保条約を結び、日本を守るのは日本人ではなくアメリカ軍となっている。それゆえ、国民は団結するどころか、各人が無制限に自己権利を欲求する「甘え」「わがまま」「無責任」が横行する国になっているのである。

比較のため、世界の国々の防衛を見てみよう。各国はいずれも、自国の民族、文化、伝統を守るため、しっかりした防備体制を準備している。日本がかつて理想の永世中立国として憧れていたスイスも、決して非武装ではない。国防を担う責任は全国民にあることを自覚させ、徴兵制をしき、60歳まで国民は皆兵としている。さらに、憲法には非常事態における軍隊の活動を明記している。今日、コスタリカは非武装中立国家として有名である。日本と同じく憲法によって平時における常備軍の保有を禁止した唯一の国である。しかし、地方警備隊を保有し、総勢７５００名の隊員とミサイルやヘリコプターなどの重装備を持っている。さらに、憲法には自衛権も交戦権も明記し、有事における軍の招集、徴兵制も定めている。そして、実質的国防は集団安全保障すなわちアメリカ軍によって担保されている。

アメリカの占領政策の第一は「日本が再びアメリカの脅威にならないよう弱体化すること」であった。そして、平和憲法をおしつけることによって、実に巧妙に、日本国民の精神を骨抜きにしたのである。多くの日本人はこの憲法の持つ真の意味を理解せず、世界唯一の有り難い理想的憲法であると考え、目の前の具体的国防をすっかり忘れるようになった。まさにアメリカが狙ったように、「平和憲法」によって植民地根性や奴隷意識が日本人に深く植え付けられたのである。そして、この平和憲法を守ることが日本を守ることにつながると、多くの日本人は考えているのである。まさに平和憲法がもたらした植民地根性であり奴隷意識の表れである。この無意識の呪縛が続く限り、日本は滅亡の一途をたどらざるを得ないであろう。

日本は現在危険にさらされているのである。日本人は平和憲法の呪縛にかかり、贖罪意識にとりつかれ、現実の自らの防備を全く拒否しているのが現状である。日本は一日も早くこの押し付けられた「占領下憲法」を捨て、日本民族の理想にかなった憲法をつくり、「日本弱体化政策」の呪縛から脱却し、新しい自由な平和の道を進まなければならない。

第６節　日本は過去の歴史に誇りを持ち、堂々たる道を歩もう

外国人留学生の多い南カリフォルニア大学で教鞭をとった、ある日本人教授の話を紹介する。

南カリフォルニア大学にはインド、中国、台湾、韓国、ペルーなどから多くの留学生が集まっている。留学生はいずれも自信を持って自分の意見を活発に発言する。これがアメリカ社会であり、国際的基準の雰囲気である。

さて、日本人留学生が討論の場で控え目であることはよく聞くが、驚くことには日本の外交もこれに似ていると云う。韓国の李明博大統領はオバマ大統領と対等に対話し、要求もするし、拒否もする。ところが、かつての日本の総理大臣は話すべきことも話さないで、会談を終わる場合が多かったと聞く。日本の政治家は概して国際政治の舞台では「借りてきた猫」のようにおとなしいと云われてきた。オバマ大統領と会談するプーチン大統領のように堂々とした対応は、日本の政治家にはできないようである。

日本国はやはり、何らかの意味で他国と事情が異なっていると考えざるを得ない。中国・韓国に対する日本の弱腰外交は顕著である。日本政府は何故あのように中国や韓国に対して簡単に謝罪するのか。また日本が戦時中受けた「東京大空襲」や「原爆」による大量殺戮、さらにあの非人道的な「シベリア抑留」に対して、何故日本政府そして日本国民は抗議の声をあげ謝罪要求をしないのか。これまた、一般常識を持つ世界の人々が日本に対して抱く大きな疑問であるという。

その答えは、ずばり一言で云えば、日本人に深く刻み込まれた自虐史観であり贖罪《しょくざい》意識である。日本の弱腰外交、謝罪外交が1980年頃から目立ってきたのは、やはり政治家もそして首相になった人も一般国民と同じくこのトラウマを背負っているためである。特に日本を代表して外交交渉にあたる人は、強い責任を感じれば感じるほどこのトラウマに悩まされるのかも知れない。

ところが、幸いなことに戦後60年から70年経過すると、あの戦争をめぐる歴史の評価が大きく変わり始めたのである。我々がいままで知らなかった歴史の真実が見え始めてきた。戦後60年以上経つと、歴史的事実を判断する上で不可欠な重要資料がいくつか公開されるようになってきたからである。

大東亜戦争に負けた日本側の史料は早くから公開されたが、戦勝国側の史料（アメリカ、イギリス、ソ連・中国の史料）は、60年を過ぎてようやく情報公開のルールに従って、次々と公開されるようになった。こうして、史料が歴史の真実を語るようになり、いままで報道されてきた歴史が、予想以上に多くの歪曲や捏造を含んでいることが分かってきた。個々の内容については既に各章に指摘してきたが、私たちがここで自信を持って云えることは、「日本は計画的な侵略国である」と断罪した東京裁判は間違っているということである。これは前述のように、東京裁判を執行した責任者、マッカーサーの証言からも裏付けられている。また、日本無罪論を唱えたインドのパール判事をはじめ、多くの世界有識者が日本評価の声を挙げている。欧米人にとって、「もはや日本はいつ何をするか分からない危ない国ではなくなった」というのである。そして、アジアやアメリカの要人の中には、「日本よ、早く立ち直れ」と日本の復帰を期待している人が多くなってきているのである。

日本は、そろそろこのあたりで目覚めなければならない。目覚めて何をすべきか。まず最初に、現実の日本の国情および世界の動きを正しく直視することである。マッカーサー（GHQ）が強行した戦後教育は、日本を弱体化するために仕組んだ洗脳教育であったことを見破り、歴史の真実を再認識して、日本人の自信と誇りを取り戻さなければならない。そのためには、日本が戦争に追い込まれた当時の状況および経過を正しく認識し、戦前戦中の歴史が占領軍の政策を受けてどのように変貌させられたかを知り、日本の歴史を再構築する必要がある。

次に、日本国を根底から破壊しようとした日教組の左翼教育を変更是正すべきである。日本人は歴史の真実を知ることにより、先人の業績を評価し、日本人の自信と誇りを取り戻し、愛国心を持つようにならなければならない。国は個人の人権を保障する義務を持っているが、同時に国民は国家が充分機能を果たすよう守り育てなければならない。この愛国心こそ民主国家を育てる基礎である。アメリカ民主主義の象徴とも云えるジョン・F・ケネディ第35代大統領は「国家が諸君に対して何をしてくれるかを問うなかれ、諸君が国家のために何をなし得るかを問え」とアメリカ国民に訴えた。日本で今日同じ事を云えば、国家主義者、帝国主義者と非難されるかもしれない。しかしこのあたりが、戦後日本で最も欠けているところであり、愛国心の健全な芽生えを願うものである。

さらに大切なことは、国際関係の改善である。日本人はアメリカと対等な付き合いをしなければならない。そのためには、特に、優れた能力を持った政治家や官僚を育てることが急務である。戦後教育のせいか、現在日本には広い教養と知識を持ち、かつ愛国心をもった「覇気のある大物政治家」が欠けている。戦略的思考に優れ、外交や経済政策について、アメリカと堂々と渡り合う必要がある。現在結んでいる日米安保条約は不平等であり、改定もしくは破棄し、日米が対等な立場で共同防衛ができる体制を構築する必要がある。そしてこれを進めるためには、先ず日本は平和憲法を改定し、自国を自分の力で守ることができる普通の国にしなければならない。

日本人の多くは、「平和憲法は日本の平和に対する姿勢の現れであり、９条こそ日本が二度と同じ戦争をしないと世界に誓った証である」と、平和憲法に必要以上に期待している。確かにこれは一理ある。しかし、日本の現状は、自国の防衛を完全に他国に委ねての平和憲法である。滑稽な茶番劇としか云いようがない。

日本が本当に平和憲法のもとで生きるためには、本来ならばあのガンジーのように日本は完全に丸腰となって非武装・無抵抗主義に徹するべきである。しかし、現在の日本人には到底できることではない。自主独立の立場を築き、足らざるところは他国に頼らざるを得ないだろう。いずれにしても、自国の防衛を他国に委ねた、属国の立ち位置は早く脱却しなければならない。自国防衛の基礎を整えた普通の国になるのが賢明であろう。

そして、大切な問題は近隣諸国とどう付き合うかである。日本は侵略国でないことを自覚し、平常な付き合いをするよう努力しなければならない。他の国が軍事力をもった独立国である以上、日本も自国防衛が自分でできる「普通の国」になるべきである。常に防衛力のバランスを取りながら外交交渉を維持していく必要がある。軍備の裏付けのない外交はほとんど功を奏さないからである。

中国および韓国がしかけてくる「歴史戦争」に対しては、日本は外交的に真正面から立ち向かう必要がある。「南京虐殺事件」や「従軍慰安婦」問題についてはしっかり研究して真実を求め、その結果を広く世界に情報公開することが、私たちの反論の第一歩である。

中国や韓国は今日まで自分の都合がよいように歴史を大きく歪曲し捏造してきた。しかし、日本は既に歴史の真実をつかみ、中国・韓国がどのように歪曲し捏造して来たか、日本人がその大要を把握することができる環境は整っている。歴史認識において、たとえ激しい議論になるとも、真実に基づいて主張すれば日本が負けることはあり得ない。歴史的事実の間違いにはとことん反論し、真実を貫かなければならない。勿論、喧嘩をするのではなく、将来の友好的な付き合いを築くための話し合いである。

「村山談話」、「河野談話」、「宮澤談話」は日本を衰退へ導く元凶である。中国・韓国に対して歴史の歪曲・捏造を糺《ただ》すことと並行して、近い将来、国会でこれら悪の元凶を排除決議する必要がある。そして、それを世界へ公表しなければならない。

こうして日本は、自虐史観から脱脚し、戦後の悪夢を振り払い、普通の独立国になって、世界の平和に貢献できる国になるのである。過去の戦争を貴重な体験として生かし、世界の情報と英知をしっかり集め、慎重で確実な国の歩みができれば、日本の未来は自ずから拓けてくるだろう。

あとがき　―日本人自身による過去の歴史総括を―

　私は昭和3年（1928年）岡山の山村に生まれ、奇しくも青春を戦争とともに生きる運命をたどった。津山中学1年生のとき真珠湾攻撃が起こり、日米戦争へ突入した。中学3年になると、学徒動員として郡是《ぐんぜ》工場へ派遣され、朝から晩まで飛行機の部品作りに励んだ。卒業前に広島高校への進学が決定したが、戦局が急を告げ、昭和20年4月以降も、津山中学の動員先でそのまま働くことになった。

　このような生活の中で、私ははからずも学徒動員先で「麻疹《はしか》」にかかり肺浸潤《はいしんじゅん》をも併発し、故郷の田舎で療養することになった。田舎で療養中、広島高校から「広島へ集合せよ」との通知を受けたが、世の中が騒然としていたので、そのまま故郷の田舎で1年間休学療養することにした。しかしいま思えば、この休学の選択が私の命を救う結果になるとは、そのときは予想だにしなかった。8月6日あの忌まわしい原子爆弾が広島に投下されたのである。広島に招集された私の同級生は直接被爆し、即死する者、重症となる者、その惨状は目を覆うものがあったという。休学で命拾いをした運命をつくづく感謝した。これが戦争に関する私の忘れがたい最初の体験であった。これを「原爆ショック」と呼ぶことにする。

この「原爆ショック」の後、私はさらに戦争に関連した二つの大きなショックを連続して受けた。その第一は父の突然死である。軍の需要（飛行機燃料の松根油を製造するため）で松根掘りに行き、そこで大事故にあった。山腹から落下してきた松根にはね飛ばされ、父が瀕死の重傷を負ったのである。急遽病院へ運び込まれ治療を受けたが、入院後数日で息を引き取った。変わり果てた父の遺体を目の前にし、病身の私は強いショックに打ち砕かれた。「父の突然死ショック」である。

そして、第二は、父の葬式の準備をしているとき、さらに大きな悲報が飛び込んできたのである。あの敗戦を伝える「玉音放送」である。必勝を信じていた私には、この「敗戦のショック」は筆舌に尽くしがたく、生きる支柱を失い、絶望感と虚無感に打ちひしがれた。もしあの状態が続いていたら、私は気が狂うか、あるいは死を選んでいたかもしれない。しかし、幸いにして、あのとき私は嘆き悲しむ暇を持ちあわせていなかった。目の前の処理しなければならない父の葬式、占領下社会への対応、そして食べるための農作業などに忙殺されていたのである。不思議や、いつのまにか病気は直り心身共に回復していった。云うまでもなく、それは私にとって貴重な救いであり、将来を支配する経験ともなった。

必勝を信じ戦争に協力した日本人は「敗戦のショック」で叩きのめされ、落ち込んでいた。この苦境にある日本国民に向けて、GHQは占領政策として数々の厳しい情報を投げかけ、「日本の近隣国への侵略、残虐・非道な戦争行為」を繰り返し報道した。日本の過去における非道を初めて知り、真面目な日本人ほど自国に絶望し、「国家不信のショック」を感じた。戦後、日本に「反日日本人」と呼ばれるグループが生まれ、あたかも祖国を捨てたかのように、国を憎み国を激しく糾弾した。あの「敗戦のショック」と「国家不信のショック」を連続して体験すれば、純粋な人ほど「反日日本人」に変貌する可能性は十分あった。しかし、多くの日本人は「反日日本人」になることなく、「日本は戦争で悪いことをした、謝罪しなければならない」といった自虐史観《じぎゃくしかん》、謝罪《しゃざい》意識に深くとり憑かれるようになったのである。

ところが、ここ十数年来、戦争に関する新しい文献、情報が公開され、予期せぬ新しい事態が展開してきた。日本人が教え込まれてきた歴史の多くは歪曲され捏造されており、隠された歴史の真実が次第に暴露され始めてきたのである。GHQ、中国、韓国、そして左翼グループが日本を陥れるため工作したプロパガンダが、崩壊し始めたのである。これは日本人にとってはまさに神の救いであり、「福音ショック」と呼ぶべきである。

その後、私は旧制広島高校から京大農学部に入学し、卒業後ただちに大学助手になった。

ついで大学講師、助教授を経て教授となり、食品領域の研究と教育に没頭するようになった。そして大学を定年で退職するまで研究生活に専念したのである。その結果、私は戦後日本社会の渦中から離れ、社会の戦後推移をむしろ客観的に眺めるという人生をたどってきた。お陰で戦争の強いショックを受けながら、「反日日本人」などに惹かれることなく、自国を愛する普通の日本人として生きるようになった。ところが、比較的最近、はからずも数々の「福音ショック」情報に触れ、強い驚きを受けるとともに、底知れぬ憤りを感じるようになった。さらに、歴史の歪曲や捏造に強く毒されている日本の現状を知るにつけ、「国のあり方」をより深く考えさせられるようになった。

歴史の歪曲や捏造に基づいた日本人の自虐史観や謝罪意識は意外に根深く、一般国民にとどまらず、日本をリードするインテリや政治家そして首相にまで浸透し、戦後70年の今日まで続いているように思われる。この危惧を強く感じさせるのが、中国・韓国に対する日本の謝罪外交である。1980年代に入ってから、日本の歴代首相あるいは官房長官は毎年のように戦争の「反省」と「謝罪」を繰り返してきた。記録によると、中国・韓国に40回以上も謝罪をしてきたという。

数世紀にわたって行なわれた西欧列強のアジア・アフリカへの侵出は、資源獲得を目的とした典型的な「侵略」であり「植民地化」であり、白人の横暴を示した疑う余地のない歴史的事実である。しかし、西欧列強は被害国に対して賠償もしないし謝罪も一切しなかった。これとは対照的に、日本は、ひたすら中国・韓国に謝罪をし、経済的支援を繰り返してきた。果たして日本は列強以上の悪行を近隣国にしたのであろうか?

否、歴史を正しく読み解けば、「日本は、列強の侵略を防ぐために立ち上がり、勝利した。しかしその後、執拗な敵の挑発と策略にはまって、望まぬ戦争に引き込まれ、敗北したのである」。列強が競ってやったあの侵略や植民地化とは基本的に異なる自衛戦争であった。GHQの占領政策を指揮したあのマッカーサー自身ですら、退任後、「日本が行なったのは侵略戦争ではなく、自衛戦争であった」と述懐している。世界の要人もまた日本のたどってきた行為を非難するのではなく、むしろ評価する人がかなりいると伝えられている。これらの実情を知るとき、「日本の謝罪外交」は外交としてもまた日本国のあり方としても、放置できない多くの問題を示唆しているように思える。

「福音ショック」の到来は、苦境に立たされた日本のまたとない復活の好機である。にもかかわらず、日本の主要マスコミは全く無視して報道しないし、また、歴史の真実を理解しようとする意欲ある日本人はまだ少ないようである。一度叩き込まれた人間の記憶は容易に消えず、「日本悪し」という日本の全過去を否定する考え方が、日本の中でまだまだ生き続けているのである。安倍首相の「戦後70年談話」の作成時において、「侵略」、「植民地化」、

「謝罪」、「お詫び」などのキーワードを入れるよう、国民からかなりの要望があったと伝えられている。これらの現状をみるとき、いま、日本にとって最も大切なことは、日本人自身が各自勉強して正しい歴史認識を持つことである。自覚のない人々やマスコミの声に押し流され、いつまでも謝罪外交に縛られている日本の今日の現状は、国として実に悲しいことであり、また国の重大な危機であるとも云える。

このような観点から、私は全く専門外であるが、新しい文献やそれを紹介した著書などを参考にして、日本が戦争へ突入するに至った道筋を歴史的に検証することを試みた。インターネット上の情報なども活用し、戦争前後の歴史の大きな流れを分かり易く整理することを心掛けた。さらに、歴史の間違って伝えられている点や反省すべき点などをとりあげ、日本の過去をできるだけ正確に理解するよう努めた。参考資料のうち、主なものを巻末に記した。そのすべてを紹介することは出来ないが、ここに厚く感謝申し上げる。

戦中戦後を生きた人間の責務として、日本人の誇りとアイデンティティを取り戻すべく、さらに、日本の将来の道標をさぐる一助として、この本を企画した。独断や勉強不足の点は、厳しくご批判いただければ幸いである。

この本をまとめるに当たって多くの文献・記録・エッセイを参考にしたが、『大東亜戦争の正体』（清水馨八郎、祥伝社黄金文庫、２０１１年）および『マッカーサーの呪いから目覚めよ日本人！』（目良浩一、井上雍雄、今森貞夫、桜の花出版、２０１２年）は、特に共鳴するところが多く、参考にさせて貰いました。ここに厚く御礼申し上げます。

平山　修

２０１６年8月15日

編：著者は、擱筆後、２０１６年8月、癌の為逝去された。

主な参考文献

『あの戦争と日本人』半藤一利、文芸春秋、2011
『嘘だらけの日中近現代史』倉山満、扶桑社、2013
『終わらない〈占領〉』孫崎享・木村朗、法律文化社、2013
『検証　旧日本軍の「悪行」　歪められた歴史像を見直す』田辺敏雄、自由社、2002
『ここがおかしい中国・韓国歴史教科書』日本政策研究センター、2005
『戦後史の正体　1945～2012』孫崎享、創元社、2012
『完全版三光』中国帰還者連絡会編、晩聲社、1984
『大東亜戦争への道』中村粲、展転社、1990
『大東亜戦争肯定論』林房雄、番町書房、1964
『続・大東亜戦争肯定論』林房雄、番町書房、1965
『大東亜戦争の正体』清水馨八郎、祥伝社黄金文庫、2011
『大東亜戦争とスターリンの謀略―戦争と共産主義』三田村武夫著、自由選書、1987
『どうする日米安全保障条約―21世紀の課題』間瀬正一、文芸社、2003
『独立の思考』孫崎享、カレル・ヴァン・ウォルフレン、角川学芸出版、2013

『中国の旅』本多勝一、朝日新聞社、1972
『「南京事件」の総括』田中正明、小学館文庫、2007
『日米同盟の正体~迷走する安全保障』孫崎享、講談社現代新書、2009
『日本人が知ってはならない歴史』若狭和朋、朱鳥社、2004
『日本興国への道』渡部昇一、致知出版社、2015
『日中戦争知られざる真実』黄文雄、光文社知恵の森文庫、2014
『日本人としてこれだけは知っておきたいこと』中西輝政、PHP新書、2006
『日本防衛論　グローバル・リスクと国民の選択』中野剛志、角川新書、2013
『日本人に生まれて良かった』櫻井よしこ、悟空出版、2015
『パール判事の日本無罪論』田中正明、小学館文庫、2001
『二つの戦後・ドイツと日本』大嶽秀夫、日本放送出版協会、1992
『マッカーサーの呪いから目覚めよ日本人!』目良浩一、井上雍雄、今森貞夫、桜の花出版、2012
『マオ―誰も知らなかった毛沢東』ユン・チアン、ジョン・ハリディ、講談社、2005
『渡部昇一の昭和史(正)(改訂版)』渡部昇一、ワック、2008

平山　修（ひらやま　おさむ）

1928年7月岡山県勝田郡広戸村奥津川に生まれる。1945年3月岡山県立津山中学校卒業。1949年3月旧制広島高等学校卒業。1952年3月京都大学農学部農林化学科卒業。1952年4月京都府立大学農学部助手。1958年11月京都府立大学農学部講師。1963年10月京都府立大学農学部助教授。1969年4月島根大学農学部教授。1980年9月～1980年11月日米科学技術協力事業「光合成による太陽エネルギーの転換」による共同研究実施のためアメリカ合衆国カリフォルニア州デービス校へ出張。1991年4月島根大学名誉教授。1991年4月～2000年3月近畿大学農学部教授。2016年8月逝去。

誰が日本に罪を着せたのか

2016年11月24日　初版第1刷発行

著　者　平山修

発行者　山口春嶽

発行所　桜の花出版株式会社

〒194-0021　東京都町田市中町1-12-16-401
電話 042-785-4442

発売元　株式会社星雲社

〒112-0005　東京都文京区水道1-3-30
電話 03-3868-3275

印刷・製本　モリモト印刷株式会社

ISBN978-4-434-22488-1 C0021

日本によって近代化した真実の朝鮮史

欧米の識者が語った3部作。韓国人が言っていることはでたらめだった！

『THE NEW KOREA　朝鮮《コリア》が劇的に豊かになった時代《とき》』

アレン・アイルランド著　桜の花出版編集部編　日英対訳

植民地研究の第一人者 アレン・アイルランドの日韓併合分析　★超一級の歴史資料　希少文献！

韓国人はいつも日本による朝鮮支配が酷いものだったと批判するが、本書を読めば、事実は全く異なることが明らかになる。日韓併合前は、いかに朝鮮の環境が劣悪であり、人々の生活水準が低かったか、そして併合後、日本による 莫大な投資の結果、朝鮮が飛躍的に豊かになり、朝鮮人の生活がいかに劇的に改善されたかが、学者の目から客観的な証拠を元に分析されている。韓国人を納得させるのに、非常に有意義な書である。
知識人必読の書！（A5 判並製 695 頁　定価 2800 円＋税）

『１９０７』IN KOREA WITH MARQUIS ITO

ジョージ・T・ラッド著　桜の花出版編集部編　日英対訳

米国イェール大学教授ラッド博士が、日韓併合前の朝鮮を訪問し、当時の実情を記録した第一級資料！

日本による韓国併合（1910 年）直前の朝鮮半島の様子を外国人の目で伝えているという点と、この時期の中心人物であった伊藤博文侯爵の言動を近くで見聞する機会に恵まれた人物の記録という点で本書は類を見ない。（原著は 1907 年に書かれ、1908 年に米国で発売）100 年以上前、当時の知識人がどのように朝鮮を見ていたかを確認することは、現在の問題解決につながるものと考える。本書はいまこそ読まれるべき歴史の証言である。（A5 判並製 590 頁　定価 2270 円＋税）

『朝鮮はなぜ独立できなかったのか』

1919 年朝鮮人を愛した米宣教師の記録　アーサー・J・ブラウン著
桜の花出版編集部訳

1900 年代初頭のアジア情勢を分析した書！

アメリカ人のプロテスタント宣教師で神学博士のアーサー・ジャドソン・ブラウン（1856 ～ 1963）は、1901 ～ 2 年、及び 1909 年に朝鮮に赴き、その時の見聞と膨大な資料に基づく研究とを踏まえて、1919 年にアメリカで本書（原題「極東の支配」）を出版した。その本の初の邦訳本。本書には日本と朝鮮双方の良い面、悪い面が記されており、日本人にとっては海外からどのように見られていたのかを知る良いチャンスとなるだろう。（A5 判並製 828 頁　定価 4400 円＋税）

ダ・ヴィンチ・コードを遥かに超える衝撃の内容

『失われた福音』

―「ダ・ヴィンチ・コード」を裏付ける衝撃の暗号解読

シンハ・ヤコボビッチ＊バリー・ウィルソン著
翻訳監修 守屋彰夫

アメリカで大論争を巻き起こした問題作　初邦訳！　今世紀最大の衝撃！

『ダ・ヴィンチ・コード』の著者、ダン・ブラウンも薄々気付いていたことだが、イエスが、マグダラのマリアと結婚し、子供ももうけていたことが、今ここに文書の形で証拠としてある。さらには、この新たな発見によって、初期イエス運動とはどのようなものだったか、そして、その中で男女の性的関係が意外な役割を果たしていたことなどもわかってきた。そして、イエスの磔刑の裏にあった政治的策略や、それに関する事件や人物像までも浮かび上がってきたのである。（序章より）

イエス・キリスト、その空白の３０年間の真相とは !?

（四六判並製 765 頁　定価 2300 円＋税）

身の回りに溢れる危険を考える

『メイド・イン・PRC の恐怖』　郡司和夫 著

汚染物質垂れ流しの中国製品と食品から身を守らなければ、病に倒れるだけでなく、日本そのものが滅んでしまう！

中国産の毒商品を多くの日本人は「安ければいい」という理由だけで身につけ、口にしているのです。

こうした汚染まみれの商品を国民が買い続けることの本当の怖さは、あなたと家族の命の危険です。更に、安くないからとの理由で国民が国産の安全な商品を買わなくなれば、日本の農林水産業と生産業そのものを衰退させ、国家を疲弊させてしまいます。安全な食と健康の守り手を失わないためにも、消費者は賢い判断をしなければなりません。格安だが危険な中国商品は日本に必要ありません。

（四六判 並製 216 頁　定価 1000 円＋税）